HAÏKUS D'ARGENT

SILVER HAIKUS

HAÏKUS D'ARGENT

L'Asie photographiée
par Michael Kenna

SILVER HAIKUS

Asia Photographed
by Michael Kenna

SKIRA

Guimet

Cet ouvrage est publié à l'occasion de l'exposition
« Haïkus d'argent. L'Asie photographiée par
Michael Kenna », organisée par le musée Guimet
du 11 juin au 29 septembre 2025.

Commissariat
Édouard de Saint-Ours, *conservateur des
collections photographiques, musée Guimet*

Guimet – musée national des arts asiatiques
Yannick Lintz, *présidente*
Anne Yanover, *directrice de la programmation et
du public*
Anne Quillien, *responsable du pôle Expositions*
Gabriella Minin, *coordinatrice d'expositions*
Cécile Becker, *responsable du pôle Médiation
culturelle et Publics*
Aude Ferrando, *responsable du pôle Éditions*
Sophie Paulet, *responsable de l'auditorium*
Maïté Vicedo, *responsable du pôle Médiation
muséographique et signalétique*
Nicolas Ruyssen, *directeur de la communication*
Claire Soléry, *chargée de projets numériques*
Pierre Baptiste, *directeur des collections et de la
conservation*
Hourya Gaubert, *responsable du pôle Régie
ainsi que l'ensemble des équipes.*

Conception scénographique
Scénographie : Juliette Dupuy, Augustine Leray et
Théo Ciora (studio Formule)
Graphisme : Margaux Valadeau (studio Mamä)
Éclairage : Stéphanie Daniel (Agence Stéphanie
Daniel)

Prêteurs
Michael Kenna
Médiathèque du patrimoine et de la photographie,
France

This book has been published to mark the
exhibition 'Silver Haikus. Asia Photographed by
Michael Kenna', held from June 11 to September
29, 2025, organized by the Guimet.

Curator
Édouard de Saint-Ours, *curator of photography
collections, the Guimet*

The Guimet – National Museum of Asian Arts
Yannick Lintz, *president*
Anne Yanover, *director of programming and
audience development*
Anne Quillien, *head of exhibitions*
Gabriella Minin, *exhibition manager*
Cécile Becker, *head of cultural mediation and
audience engagement*
Aude Ferrando, *head of publications*
Sophie Paulet, *head of the auditorium*
Maïté Vicedo, *head of visitor experience and
signage*
Nicolas Ruyssen, *director of communication*
Claire Soléry, *head of digital projects*
Pierre Baptiste, *director of collections and
conservation*
Hourya Gaubert, *head of collections management
and all the museum staff.*

Exhibition design
Exhibition design: Juliette Dupuy, Augustine Leray
and Théo Ciora (Studio Formule)
Graphic design: Margaux Valadeau (Studio Mamä)
Lighting: Stéphanie Daniel (Agence Stéphanie
Daniel)

Lenders
Michael Kenna
Media Library of Heritage and Photography, France

Cette exposition n'aurait pu avoir lieu sans la confiance et le soutien constant des personnes suivantes :

Claire Bettinelli, Richard Bonnet, Gilles Désiré dit Gosset, Florence Ertaud, Ronan Guinée, Julie Kleinfinger, Sophie Marchand, Matthieu Rivallin, Mark Silva, Taka Kawachi, Sabine Troncin-Denis.

Que soient chaleureusement remerciés les prêteurs qui, par leur généreuse collaboration, ont rendu possible cette exposition.

Pour leur précieux concours à ce catalogue, nous exprimons toute notre reconnaissance à :

Haely Chang, conservatrice associée d'art d'Asie de l'Est, Hood Museum of Art, Dartmouth
Pico Iyer, écrivain et essayiste.

This exhibition was made possible by the constant support of the following individuals:

Claire Bettinelli, Richard Bonnet, Gilles Désiré dit Gosset, Florence Ertaud, Ronan Guinée, Julie Kleinfinger, Sophie Marchand, Matthieu Rivallin, Mark Silva, Taka Kawachi, Sabine Troncin-Denis.

And by the generous collaboration of the lenders, to whom our warmest thanks are extended.

For their invaluable contributions to this book, we would like to express our gratitude to:

Haely Chang, Jane and Raphael Bernstein Associate Curator of East Asian Art, Hood Museum of Art, Dartmouth
Pico Iyer, writer and essayist.

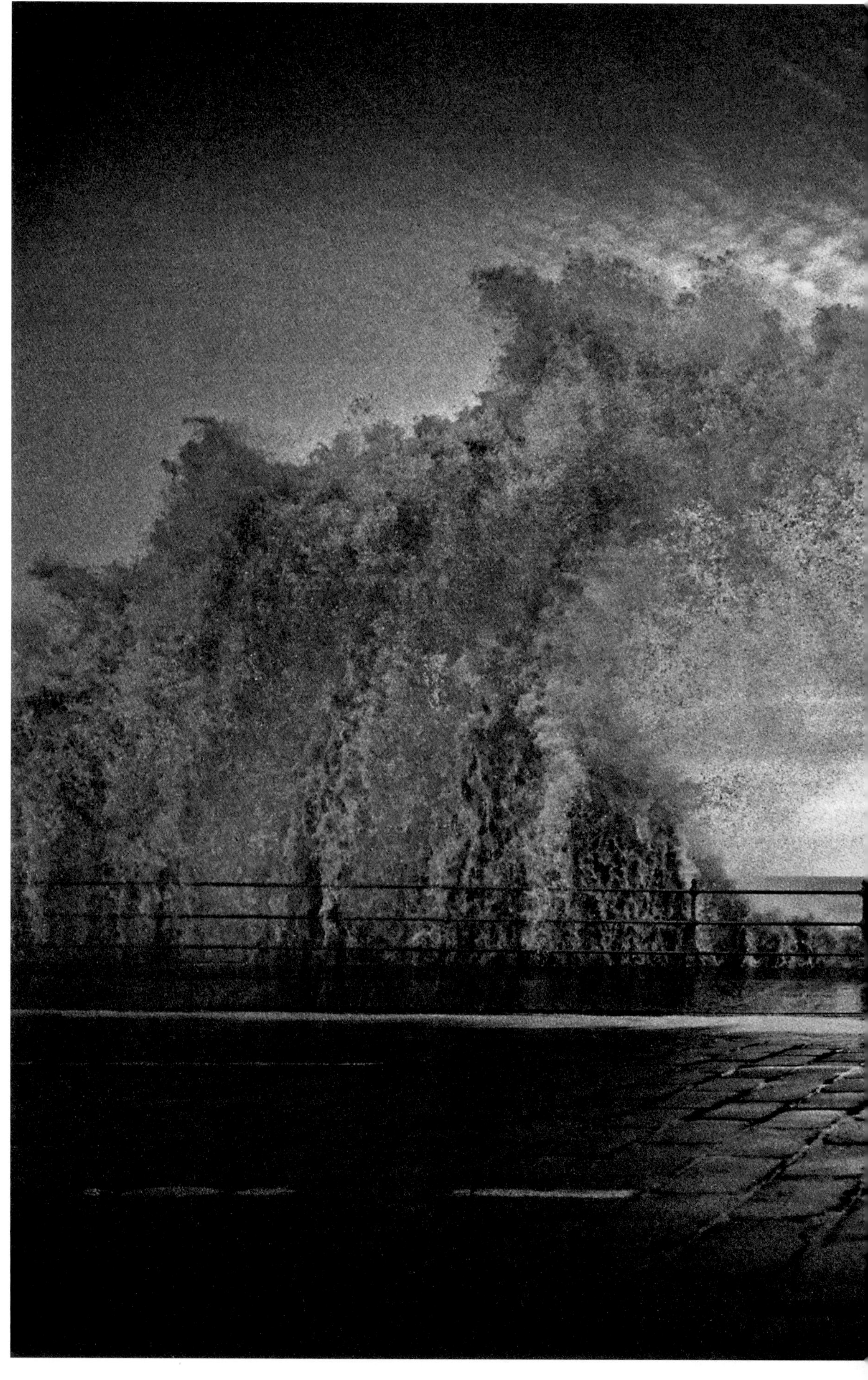

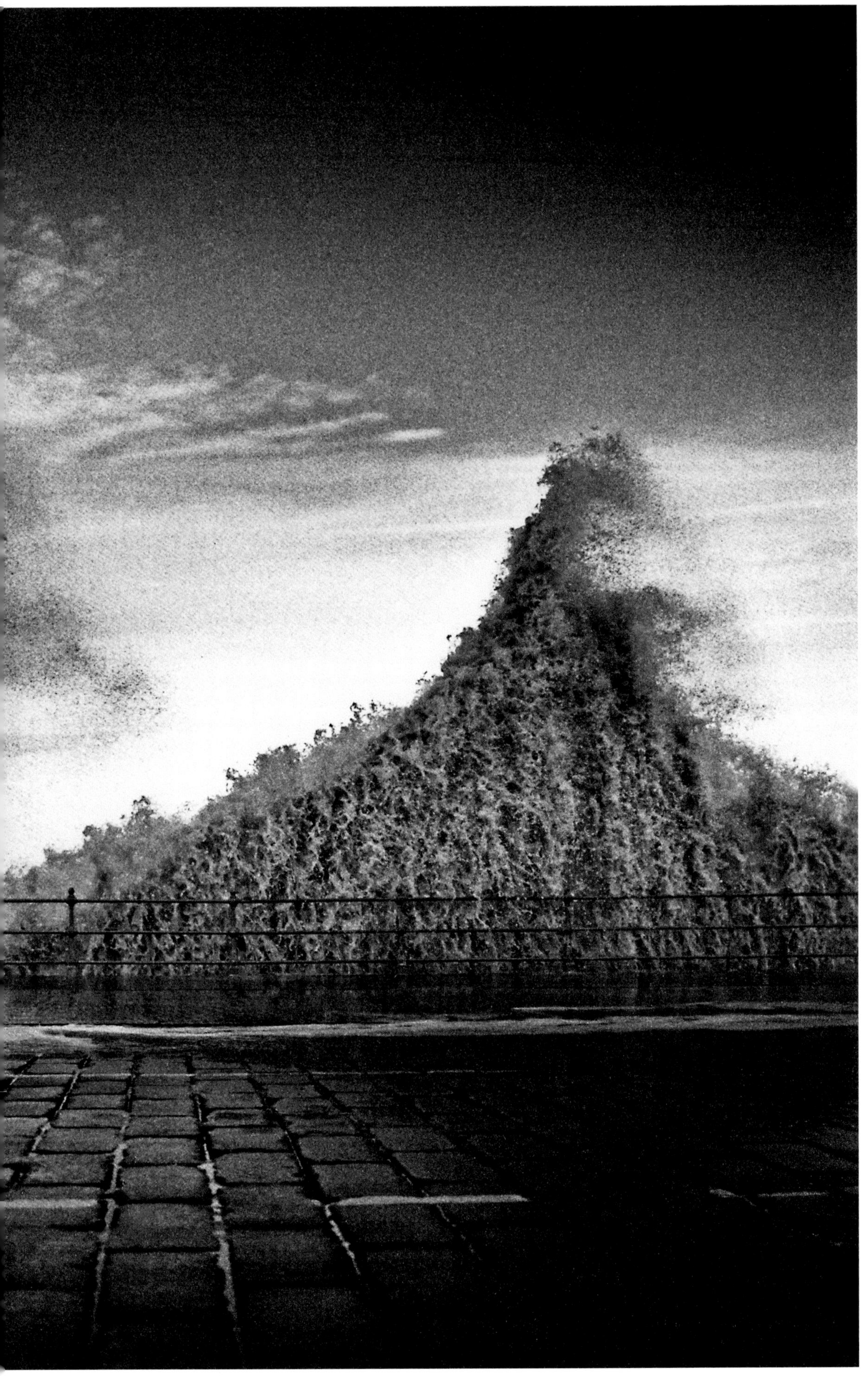

L'exposition «Haïkus d'argent. L'Asie photographiée par Michael Kenna» constitue un événement majeur dans la riche programmation du musée Guimet consacrée à la photographie. S'inscrivant dans la lignée de plusieurs expositions marquantes, telle que la superbe monographie «Marc Riboud. Histoires possibles», en 2021, ou bien «Portrait éphémère du Japon. Photographies de Pierre-Élie de Pibrac» en 2023, elle donne à voir la place éminente que tient l'Asie dans le travail de Michael Kenna depuis quarante ans, dévoilant la singularité, la sensibilité et la finesse de son regard sur les paysages de ce continent magnifique.

Cet art si généreux a été lui-même l'objet d'une générosité exceptionnelle, puisque le 10 novembre 2022, Michael Kenna faisait don à la France de l'intégralité de son œuvre photographique. Depuis, 4 000 tirages originaux ont rejoint les fonds conservés par la Médiathèque du patrimoine et de la photographie. À terme, plus de 180 000 négatifs, accompagnés de leurs planches-contacts, près de 8 000 tirages de travail et toutes les archives liées à l'activité artistique de Michael Kenna depuis un demi-siècle viendront enrichir les collections nationales. Citoyen britannique et américain vivant aux États-Unis, Michael Kenna traduit de cette manière par un geste remarquable toute son affection pour notre pays, qu'il a si souvent arpenté et photographié, et sa confiance dans nos institutions patrimoniales.

La part de la photographie dans le paysage culturel français ne cesse de grandir au fil des ans et le musée Guimet y apporte une précieuse contribution par ses publications, ses expositions et ses acquisitions. Les fonds photographiques du musée constitués depuis sa fondation par Émile Guimet en 1879 continuent ainsi de s'enrichir : ils comptent près de 600 000 photographies réalisées en Asie depuis l'introduction de la technologie au milieu du XIXe siècle jusqu'à la production contemporaine. La toute nouvelle Villa Guimet, centre de recherche international sur les arts d'Asie créé à la fin de 2024 par le musée Guimet, a vocation à poursuivre et à développer l'important travail d'inventaire, de catalogage, préservation, restauration et valorisation de ce patrimoine exceptionnel.

À l'approche du bicentenaire de la photographie, qui sera célébré officiellement en France de septembre 2026 à septembre 2027, je suis heureuse de pouvoir rendre ainsi hommage à la fois à l'immense talent de Michael Kenna et à ce fascinant continent qu'est l'Asie.

The exhibition 'Silver Haikus. Asia Photographed by Michael Kenna' is a landmark event in the Guimet's rich offering of photography shows, following such major exhibitions as the superb solo exhibitions 'Marc Riboud. Histoires possibles' [Marc Riboud. Possible stories] in 2021, and "Portrait éphémère du Japon. Photographies de Pierre-Élie de Pibrac" [Ephemeral Portrait of Japan. Photographs by Pierre-Élie de Pibrac] in 2023. It highlights the importance of Asia in Michael Kenna's photographic work over the past forty years, in particular the uniquely sensitive and subtle gaze he brings to bear on magnificent landscapes across the continent.

The breadth of his artistic vision was matched by his outstanding generosity when he donated his entire photographic oeuvre to France on November 10, 2022. Four thousand original prints are now held in collections curated by the Médiathèque du patrimoine et de la photographie. Eventually, over 180,000 negatives with their contact sheets, along with nearly 8,000 working prints and archives accumulated over half a century of his creative career, will enrich France's national collections. This exceptionally generous donation by Michael Kenna—a British and U.S. citizen resident in the United States—reflects his abiding love of France, a country where he has travelled far and wide with his camera, and his complete trust in our heritage institutions.

Photography has become an increasingly prominent feature of France's cultural landscape over the decades. The Guimet has contributed to this development through publications, exhibitions, and acquisitions. Photographic collections have had a home in the museum since it was founded by Émile Guimet in 1879: they have grown steadily over the decades and now total nearly 600,000 photographs of Asia, from the very early days of the emergent technology in the mid-19th century to the modern day. The newly inaugurated Villa Guimet—an international Asian art research center established in late 2024 by the Guimet—has been mandated to continue the important work of inventorying, cataloguing, preserving, restoring, and promoting this exceptional cultural heritage.

As we near the bicentenary of photography, to be marked officially in France from September 2026 to September 2027, I am delighted to take this opportunity to pay homage to both Michael Kenna's immense talent and the ever-fascinating continent of Asia.

Yannick Lintz
Présidente du musée Guimet

Yannick Lintz
President of the Guimet

ÉTUDES
EN RENONCEMENT

par /by
Pico Iyer

STUDIES
IN SURRENDER

Les montagnes ont l'air de sanctuaires où des poètes de la dynastie Tang auraient classé leurs vers ; les arbres sont des amis qui nous rappellent comment, à Kyoto, les camphriers millénaires, désignés trésors nationaux vivants, protègent la ville moderne. En parcourant les paysages nets, épurés de Michael Kenna, comment ne pas songer à la peinture à l'encre ou bien aux haïkus ? Ses images noir et blanc nous suggèrent qu'il nous est à jamais impossible de morceler le monde en catégories commodes qui distingueraient l'art de la nature, l'ancien du nouveau, ou même vous et moi.

Voici des photographies qui résonnent aussi clairement qu'une cloche de temple à travers un paysage enneigé. Depuis plus de cinquante ans, Michael œuvre avec une patience, une attention et un dévouement hors du commun pour nous offrir le monde dans toute sa sereine intensité. Travaillant parfois avec des temps de pose de onze heures, passant des jours et des nuits dans sa chambre noire à produire artisanalement son art, il nous invite pour l'essentiel à rester immobiles. À regarder la lumière tandis qu'elle transforme le monde et nous-mêmes. À nous purifier de nos idées préconçues.

Bien entendu, dans certaines de ses photos, il y a du tumulte, de l'industrie, de la précipitation. Michael a gagné une renommée internationale avec les images qu'il a rapportées d'Italie et de son Angleterre natale, de l'île de Pâques et de Rio de Janeiro. Mais par nature, le temps et l'espace sont dans son travail dépourvus de pertinence. Ce sont des photographies d'intériorité, aussi éloignées du calendrier et des frontières que pourrait l'être un bouddha assis au milieu des arbres d'Ayutthaya.

Même les images qui proviennent de France me ramènent assez souvent au Japon, la patrie secrète de Michael, et la mienne, où nous débarquâmes tous deux en 1987. Bien que des personnages puissent occuper le premier plan des bois gravés classiques d'Hiroshige, leur sujet est au fond plus vaste : une chute de neige, des feuilles virevoltantes, une montagne au loin. L'artiste ne nous impose ni sa vision ni sa personnalité ; au contraire, il se met plutôt en retrait de sorte que le monde puisse nous parler sans intermédiaire, ou nous regarder simplement en silence.

Ce que le monde nous dit, c'est qu'une géométrie, un ordre sont dissimulés tout autour de nous, même si nous ne les saisissons pas toujours. Des clôtures ressemblent à des traits calligraphiques, une araignée tisse son propre *sutra* devant un texte sacré. Retirons les intrusions ; reste

The mountains look like sanctuaries where T'ang dynasty poets might have composed their verses; the trees are friends reminding us how, in Kyoto, thousand-year-old camphors are designated as National Living Treasures that guard the modern city. It's hard not to think of classic pen-and-ink drawings or haikus as you make your way through Michael Kenna's clean and uncluttered landscapes; his black-and-white images recall to us that we can never cut the world up into easy divisions of art and nature, old and new, or even you and me.

Here are photographs that ring as clearly as a temple bell across a snow-filled landscape. For more than fifty years now, Michael has been working with uncommon patience, attention and devotion to give us the world in all its composed intensity. Choosing at times to use 11-hour exposures, spending days and nights in the darkroom producing his art by hand, he's essentially inviting us to sit still. To watch the light as it transforms the world and us. To cleanse ourselves of preconceptions.

Of course there is tumult in some of his pictures, industry and rush. Michael has won a worldwide following with the images he's brought back from Italy and his native England, from Easter Island and Rio de Janeiro. But at a deeper level, time and space in his work become beside the point. These are photographs of something within, as far from the calendar and borders as a Buddha sitting among the trees in Ayutthaya might be.

Even the images that come from France take me back, quite often, to Michael's secret home, and mine, Japan, where both of us arrived in 1987. In any classic Hiroshige woodcut, after all, though there may be figures in the foreground, the subject is at heart something larger: the falling snow, the turning leaves, a mountain in the distance. The artist is not imposing his vision or personality on us; rather, he's stepping out of the way so that the world can speak to us unmediated—or simply look back at us in silence.

What it's saying to us is that there is a hidden geometry all around, an order, even if one we cannot always grasp. Fences look like strokes of calligraphy, a spider weaves her own sutra in front of a sacred text. Take away intrusions, and we are left with a beauty that lies beyond all explanations.

Chancing to visit the Guimet, a friend for fifty years now, two days before the Paris Olympics transfixed the world in the summer of 2024, I stepped into a hall of vast stone figures. Buddhas watched me from every side, having

alors une beauté qui réside au-delà de toute explication. Me hasardant au musée Guimet, un ami depuis cinquante ans, deux jours avant que les Jeux olympiques de Paris ne subjuguent le monde à l'été 2024, j'ai pénétré dans une salle occupée par d'immenses figures de pierre. Des bouddhas, qui avaient fait le voyage depuis la Thaïlande, le Pakistan, la Chine, me regardaient de tous les côtés. Des *apsara* dansaient en frises le long des murs, des *thangka* offraient des instruments de méditation. J'y ai vu des maquettes du temple du Bayon à Angkor, des photos de procession dans les rues du Népal. Pourtant, j'eus le sentiment que ce à quoi j'assistais vraiment, c'était à l'art de la contemplation.

Michael Kenna et le musée Guimet vont de pair, aussi naturellement que la lumière et l'eau. Tous deux nous montrent comment l'Asie peut prendre racine en Europe et comment les œuvres d'art et la nature perdurent, même si nous allons et venons. Les photographies de Michael ouvrent une fenêtre sur tout ce qui ne change pas dans notre monde de flux, sur tout ce qui survit aux aspirations et à l'ambition de l'être humain. Elles nous révèlent l'existence, sous notre agitation, de quelque chose de profond, d'immobile et de calme. Ce sont, en définitive, des œuvres orantes et méditatives , mais aussi d'observation, pour autant que l'on se rappelle que les moines observent leurs offices aussi fidèlement que les artistes observent le monde.

Nara, Japon
Novembre 2024

made the trip from Thailand, from Pakistan, from China. Apsaras were dancing along the walls in friezes, thangkas were offering tools for meditation. I saw models of the Bayon in Angkor, pictures of processions through the streets of Nepal. Yet what I was really witnessing, I felt, was the art of contemplation.

Michael Kenna and the Guimet go together as naturally as light and water. Both remind us how Asia can take root in Europe and how works of art and nature endure even as we come and go. Michael's photographs open a window on all that doesn't change in our world of flux, all that outlasts human longing and ambition. They remind us of something deep and still beneath our agitation. In the end, these are works of prayer and meditation as well as of observation—so long as we recall that monks observe their offices as faithfully as artists observe the world.

Nara, Japan
November 2024

Cat. 3

Clôture à flanc de colline, étude 7,
Teshikaga, Hokkaidō, Japon, 2004.

Hillside Fence, Study 7, Teshikaga,
Hokkaidō, Japan, 2004.

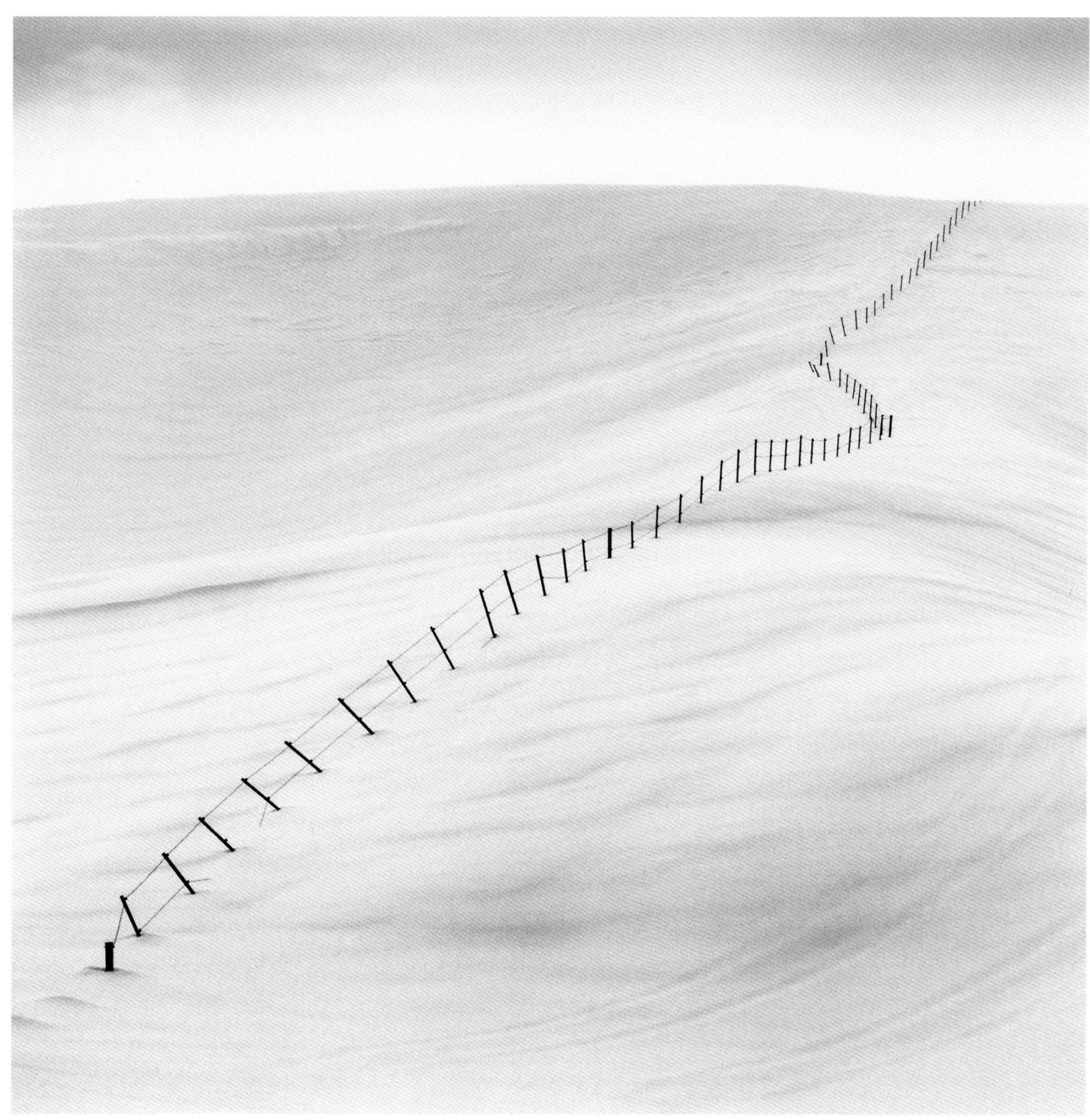

L'ASIE DE MICHAEL KENNA : UN VOYAGE POUR LA CRÉATION D'UN POÈME VISUEL

par/by
Haely Chang

MICHAEL KENNA'S ASIA: A JOURNEY FOR A VISUAL POEM

L'Asie occupe une place importante dans l'œuvre de Michael Kenna. À partir de 1987, date de son premier séjour au Japon, le photographe étend le rayon d'action de ses explorations à travers le continent, voyageant vers le sud et l'est, de l'Inde à la Thaïlande et du Vietnam à la Chine et à la Corée du Sud. Toujours accompagné de ses boîtiers et de son trépied, Kenna s'est aventuré au cœur de chaque pays, braquant fréquemment son objectif vers la nature sous ses aspects les plus sereins et les plus inhabités. Après avoir positionné avec soin son appareil et cadré pour obtenir la composition idéale, il photographie souvent chaque scène en recourant à des techniques de poses longues, de sorte que seuls les sujets immobiles restent fixés par l'image et que tout élément mobile se dissipe.

Les études précédemment publiées consacrées aux photographies asiatiques de Kenna envisagent son travail sous l'angle de deux éléments déterminants : les efforts qu'il déploie pour découvrir des sujets moins connus et l'adoption des techniques de poses longues. Les commentateurs soulignent en général à quel point ses décisions techniques révèlent la beauté essentielle de l'Asie, mettant au jour la nature cachée de la région au moyen de son appareil photographique[1]. Certes, ces analyses reconnaissent à juste titre le caractère international et exploratoire du travail de Kenna, mais elles véhiculent immanquablement un sentiment d'orientalisme, réitérant le cliché de la rencontre de « l'héroïsme technologique et de la maîtrise subjective » des photographes occidentaux et leur quête de l'Asie en tant que sujet aussi inexploré qu'exotique[2]. En attirant de manière systématique l'attention sur le statut d'étranger de Kenna et l'altérité de l'Asie, elles créent une relation asymétrique entre le photographe et son sujet, les dépossédant tous deux de leur autonomie en les représentant comme éternel étranger et comme signifiants exotiques. Ce qui est souvent négligé, ce sont les photographies mêmes, sporadiquement présentées comme attestant le contact visuel du photographe occidental avec les paysages orientaux.

Le présent essai déplace le point focal de l'analyse des séries asiatiques de Kenna, le détournant du photographe et de son sujet pour privilégier les photographies mêmes en examinant son travail en chambre noire. Le tirage est pour Kenna une opération qui se déroule étape par étape, chacune étant marquée par les différents choix subjectifs du photographe. De la sélection des négatifs les plus convaincants à leur agrandissement, leur exposition à la lumière et leur développement sur une feuille de papier photosensible, les modalités de ce travail, la retouche de la composition, des tonalités et des dimensions, reflètent une succession de décisions rigoureuses prises au bénéfice de l'expression créative.

Asia holds a significant place in Michael Kenna's body of work. From his first visit to Japan in 1987, the photographer broadened his explorations across the continent, traveling south and east to countries ranging from India, Thailand, and Vietnam to China and South Korea. Always accompanied by his cameras and tripod, Kenna ventured deep into the heart of each nation, often turning his lens toward nature in its most serene and uninhabited states. After carefully setting up his camera for the ideal composition, he captured each scene, often using long exposure techniques, which allowed stationary subjects to remain fixed while moving elements dispersed.

Previous studies of Kenna's photographs of Asia consider his work vis-a-vis two key factors: his efforts to uncover lesser-known subjects and his embrace of long-exposure techniques. Commentators often highlight how his technique uncovered the essential beauty of Asia, revealing the region's hidden nature through his camera.[1] While such analysis duly acknowledges the international and exploratory nature of Kenna's work, it inevitably carries a sense of Orientalism, reiterating the clichéd encounter between the "technological heroism and subjective mastery" of Western photographers and their pursuit of Asia as an unexplored and exotic subject.[2] The continued focus on Kenna's foreignness and Asia's otherness creates an asymmetrical relationship between the photographer and his subject, disempowering both by casting them as a permanent outsider and exotic signifiers. What is often overlooked are the actual photographs themselves, which are sporadically presented as evidence of the Western photographer's visual contact with Eastern landscapes.

This essay shifts the focus of analysis in Kenna's Asian series from the photographer and his subject matter to the photographs themselves by exploring his darkroom work. For Kenna, printing is a step-by-step process, with each stage infused with the photographer's subjective choices. From selecting the most compelling negatives to enlarging, exposing, and developing them on pre-coated photographic paper, the process reflects meticulous decisions and creative expression in adjusting composition, tonality, and size.

Kenna's darkroom printing serves as an analytical lens through which to understand Asia in his photography, not simply as a central subject, but as a component that aligns with his visual principles and poetic approach to the medium. Kenna often emphasizes "interpretation and suggestion" over precise representation, challenging the widespread belief in photography's inherent nature as an accurate copy of reality, while expanding its potential as a form of poetic expression for abstract emotions and ideas.[3] Asia becomes more integral to Kenna's work when the focus shifts from his exploration of the land to his

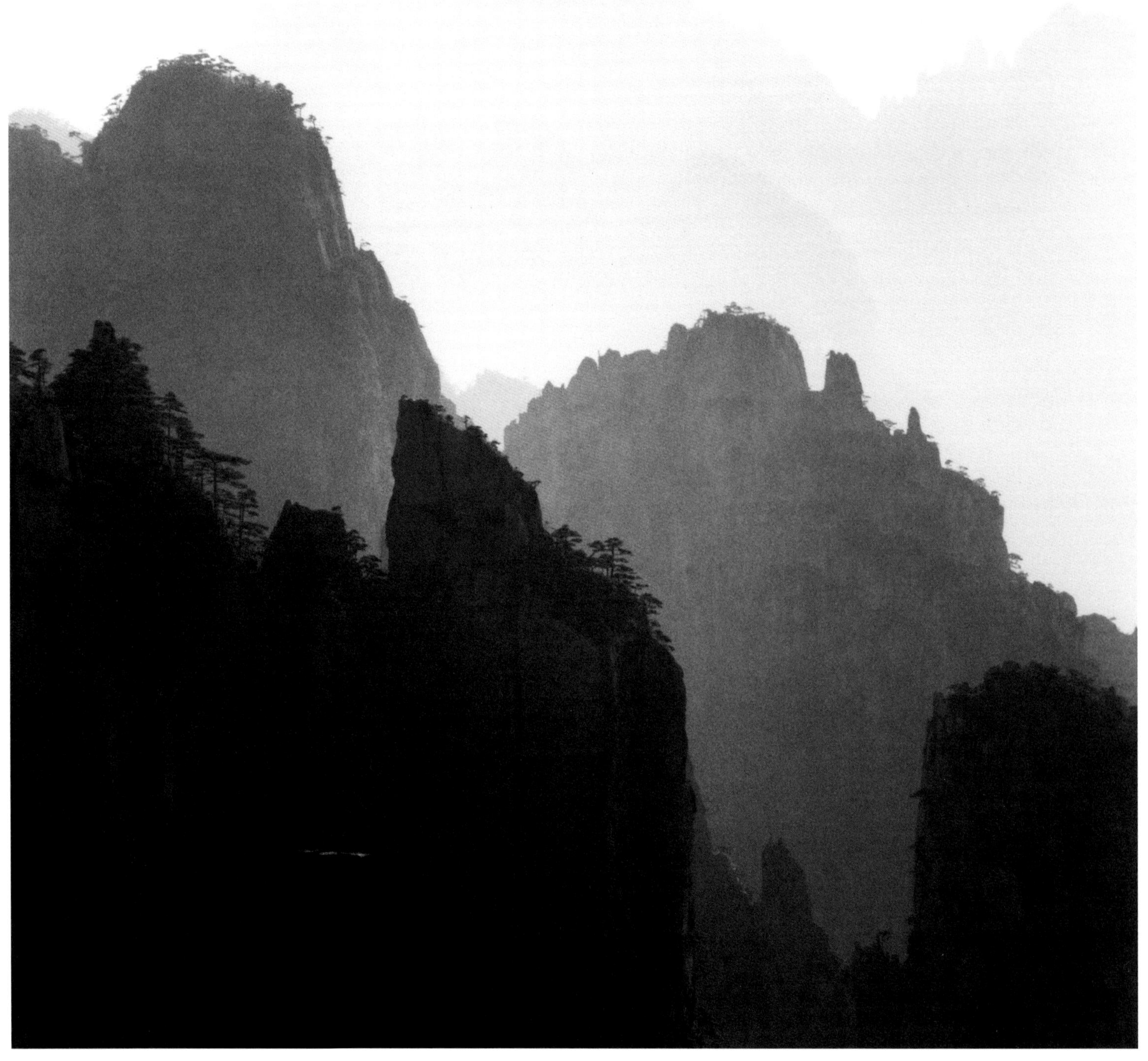

1.

Monts Huangshan, étude 10,
Anhui, Chine, 2008.

Huangshan Mountains, Study 10,
Anhui, China, 2008.

Les tirages en chambre noire de Kenna servent ici de lentille analytique au travers de laquelle comprendre l'Asie dans son œuvre photographique, non seulement en tant que sujet central, mais aussi comme une composante s'inscrivant dans le droit fil de ses principes visuels et son approche poétique du médium. Kenna met souvent en avant « l'interprétation et la suggestion », de préférence à la précision de la représentation, questionnant ainsi l'opinion très répandue selon laquelle la photographie serait, par essence, une copie fidèle de la réalité, tout en amplifiant son potentiel de forme d'expression poétique propre à susciter émotions et idées abstraites[3]. L'Asie fait plus complétement partie intégrante du travail de Kenna lorsque l'on se focalise moins sur son exploration du territoire que sur son exécution magistrale d'éléments expressifs, à travers lesquels il affine sa vision esthétique pour produire des photographies qui lui appartiennent en propre.

LES MONTS HUANGSHAN : COMPOSITION ABSTRAITE

En décembre 2007, Kenna se rend pour la première fois dans les monts Huangshan, dans la province de l'Anhui, en Chine. Envoûté par la beauté des paysages, il reviendra quatre fois dans la région au cours des dix années suivantes et y réalisera une série de photographies des innombrables sommets, transcrivant l'atmosphère constamment changeante qui prévaut dans ce massif[4]. *Monts Huangshan*, étude 10 (fig. 1), par exemple, figure une série infinie de chaînes de montagnes s'étageant dans le lointain, mais demeurant identifiables par la grâce de subtiles gradations de tons gris, les strates allant des plus sombres au premier plan aux plus claires au loin.

D'apparence sereine et méditative, cette photographie est en fait l'aboutissement d'un épuisant travail de terrain, mis à rude épreuve par l'environnement accidenté et les conditions météorologiques imprévisibles. Kenna rappelle souvent comment il lui fallut effectuer de nombreuses prises de vue en toute hâte, car la dérive rapide du brouillard et des nuages limitait la visibilité, ne laissant aux monts Huangshan que quelques minutes, voire quelques secondes, pour révéler dans toute leur splendeur leurs panoramas majestueux[5].

Les difficiles conditions de travail rencontrées dans le massif du Huangshan ont peut-être ajouté une dimension supplémentaire à l'attente fébrile de Kenna quand il rapporta ses pellicules dans sa chambre noire. De par sa nature, la photographie argentique exclut toute vérification des négatifs sur place : ce n'est qu'après le développement chimique qu'ils sont visibles et utilisables pour le tirage. Toutefois, Kenna ne précipite jamais cette dernière étape. De retour de voyage, il sous-traite le développement

masterful realization of expressive elements, through which he refines his aesthetic vision to produce photographs that are uniquely his own.

HUANGSHAN MOUNTAINS: ABSTRACT COMPOSITION

In December 2007, Kenna made his first visit to Huangshan, a mountain range in Anhui province, China. Captivated by its scenic beauty, he returned to Huangshan four times over the next ten years, creating a series of photographs that capture its countless peaks and ever-changing atmosphere.[4] *Huangshan Mountains*, Study 10 (fig. 1), for example, portrays an endless array of mountain ranges, overlapping yet remaining distinguishable through subtle tonal shifts, with layers ranging from the darkest in the foreground to the faintest in the distance.

Seemingly serene and meditative, this photograph was in fact the outcome of toilsome fieldwork onsite challenged by the mountain's rugged terrain and unpredictable weather. Kenna often delineates how he had to make many photographs in haste, as the swiftly flowing fog and clouds limited visibility and only allowed a few minutes, if not seconds, for Huangshan to fully disclose its majestic views.[5]

The difficult conditions at Huangshan may have added an extra layer of excitement for Kenna when he brought his film back from the field to the darkroom. The nature of film photography precludes checking negatives onsite. Only once the film is chemically developed can the negatives be seen and used for printing. However, Kenna never rushes this last stage. After returning from his travels, Kenna outsources the development of his film rolls into negatives and then creates contact sheets from them.[6] Neatly organized by date and location, the contact sheets remain in his inventory for days, months or even years before he begins printing (fig. 2). During this interval, Kenna allows the memories and emotions from the field to gradually fade, preparing him to adopt a more objective perspective when selecting the few negatives from the hundreds he has created. At this stage, he approaches the scenery as an abstract arrangement of lines, surfaces, shapes, and tonalities.

Kenna's pre-darkroom process marks a pivotal shift in understanding his Huangshan photographs. While Huangshan serves as the subject, it is not the central focus of his artistic practice. Kenna rarely photographs well-known landmarks, such as Lotus Peak, Tiger Head Rock, or Sounding String Spring. Instead, he directs attention to unnamed peaks and trees that demonstrate the best balance among all elements within the frame. His pre-darkroom phase provides a creative interlude, allowing the artist to prioritize artistic interpretation over a simple replication of reality.

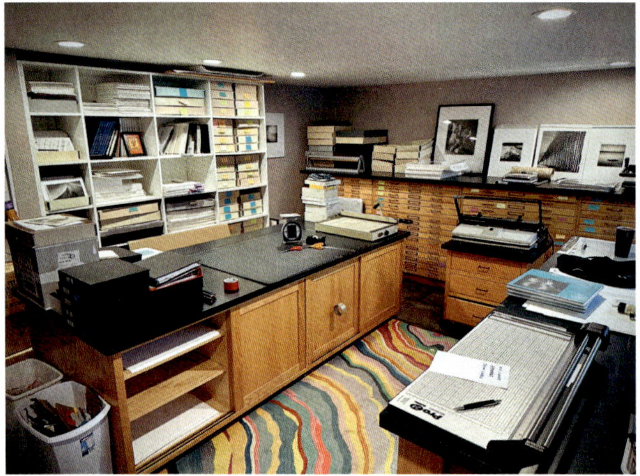

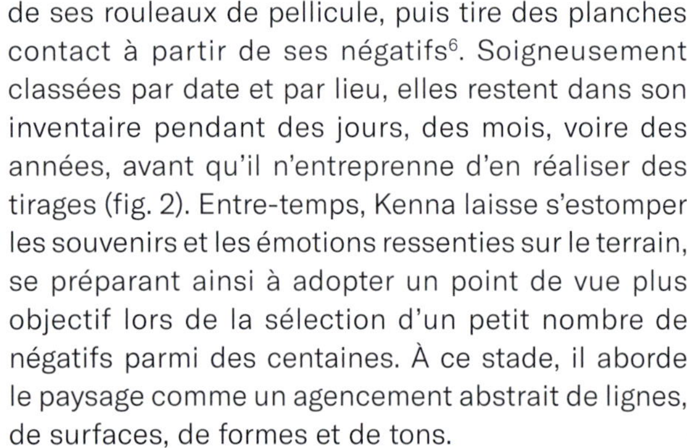

2.
Espace de travail de Michael Kenna.
Michael Kenna's studio.

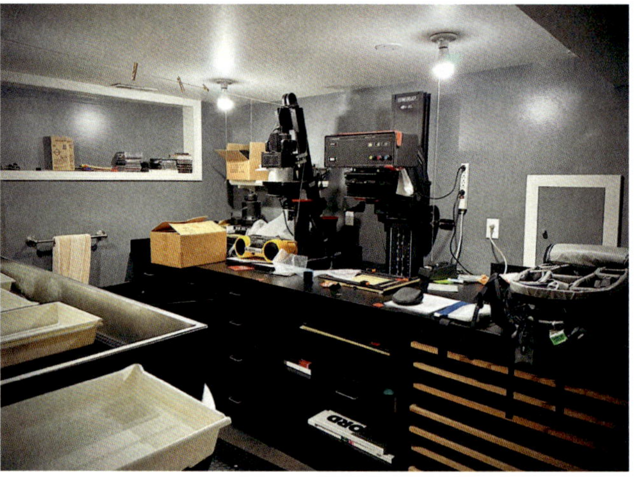

3.
La chambre noire de Michael Kenna, équipée de deux agrandisseurs.
Michael Kenna's darkroom, equipped with two enlargers.

de ses rouleaux de pellicule, puis tire des planches contact à partir de ses négatifs[6]. Soigneusement classées par date et par lieu, elles restent dans son inventaire pendant des jours, des mois, voire des années, avant qu'il n'entreprenne d'en réaliser des tirages (fig. 2). Entre-temps, Kenna laisse s'estomper les souvenirs et les émotions ressenties sur le terrain, se préparant ainsi à adopter un point de vue plus objectif lors de la sélection d'un petit nombre de négatifs parmi des centaines. À ce stade, il aborde le paysage comme un agencement abstrait de lignes, de surfaces, de formes et de tons.

Les modalités du travail de Kenna qui précède la chambre noire marquent un tournant décisif dans la compréhension de ses photographies des monts Huangshan. Si ces derniers font office de sujet, ils ne constituent pas la préoccupation principale de sa pratique artistique. Il photographie en effet rarement des sites connus, tels que le pic du Lotus, le rocher de la Tête de tigre ou la source de la Corde chantante, préférant porter son attention sur des sommets et des arbres dépourvus de nom, qui montrent le meilleur équilibre de l'ensemble des éléments situés dans le cadre. La phase précédant son travail en chambre noire est un prélude créatif qui lui offre la possibilité de privilégier l'interprétation artistique plutôt que la simple reproduction de la réalité.

Au début du xxe siècle, les peintres de *guohua* – artistes chinois modernes pratiquant une peinture traditionnelle – adoptèrent une ligne de conduite semblable à celle de Kenna. Ils considéraient les monts Huangshan comme un site idéal pour mettre à l'épreuve le rapprochement de « nouvelles conceptions de la vision et des motifs conventionnels » dans la peinture de paysage[7]. *Paysage de Huangshan*, peint par Liu Haisu (1896-1994), un maître du *guohua*, trouve un écho dans les photographies de Kenna du même sujet, reflétant l'adhésion des deux artistes au motif

In the early 20th century, *guohua* painters—Chinese modern artists who practiced traditional painting—employed an approach similar to Kenna's. They viewed Huangshan as an ideal site to experiment with bridging "new understandings of vision with conventional motifs" in landscape painting.[7] *Huangshan*, portrayed by a leading *guohua* artist, Liu Haisu (1896–1994), resonates closely with Kenna's photographs of the same subject, reflecting both artists' embrace of the mountains as a platform for pictorial experimentation. Over the course of his life, Liu visited Huangshan ten times, capturing the ever-stretching mountain ranges through the blending of the bird's-eye perspective characteristic of traditional Chinese landscape painting with the linear composition techniques of Western art. Unconstrained by local specificity, Liu encapsulates the mountain's grandeur and beauty through his own interpretation of the landscape, transforming it into a vessel for artistic exploration.

Standing before the vast expanse of mountain ranges that filled their cameras and sketchbooks, Kenna and Liu shared more than just their location; they embraced the endless possibilities of the landscape for creative visual experimentation.

HEUKSAN ISLAND: TONALITY IN LAYERS OF DARKNESS

In 2012, Kenna's travels in Asia took in Heuksan, a solitary island in Shinan province at the southern end of the Korean peninsula. *Island Trees* is one of the series taken from his travels to Shinan (fig. 4). At the bottom of the frame, the tip of the island appears in the foreground, bordered by a cluster of trees along its edge. The island and trees are projected in the darkest tone in the scene, while surrounding the island is a clear white sky that gradually darkens above.

des montagnes en tant que vecteur d'expérimentation picturale . S'étant rendu dix fois à Huangshan durant sa vie, Liu représenta cette chaîne de montagnes s'étendant vers le lointain en associant à la perspective à vol d'oiseau spécifique à la peinture de paysage traditionnelle chinoise les techniques de composition linéaire de l'art occidental. Affranchi des spécificités locales, Liu synthétise le caractère majestueux et la beauté de la montagne dans une interprétation personnelle du paysage, le transformant en un vecteur d'exploration artistique.

Face à l'immense étendue du massif montagneux qui emplissait le cadre de leur appareil photo et leur carnet de dessins, Kenna et Liu ont partagé bien plus que leur lieu de travail ; ils ont adopté les possibilités infinies qu'offre le paysage aux expérimentations visuelles créatives.

L'ÎLE DE HEUKSAN : NUANCES DE TON DANS DES ÉPAISSEURS D'OBSCURITÉ

Les voyages de Kenna en Asie le conduisirent en 2012 à Heuksan, une île isolée de la province de Shinan, située à l'extrémité sud de la péninsule coréenne. *Arbres de l'île* est une photographie extraite des séries qu'il a réalisées lors de ses séjours à Shinan (fig. 4). Dans la partie inférieure du cadre, la pointe arrondie de l'île figure au premier plan, délimitée par une rangée d'arbres se succédant le long de son bord. L'île et les arbres sont projetés dans les tons les plus sombres de la scène, tandis qu'autour de l'île s'étend un ciel d'un blanc clair qui s'assombrit progressivement vers le haut.

L'analyse critique s'est longtemps focalisée sur les tons monochromes des photographies de Kenna, souvent comparés à la peinture à l'encre asiatique traditionnelle[8]. Les subtils dégradés du noir au blanc qui rappellent la fluidité de l'encre sur le papier renforcent cette corrélation. Mais un examen plus approfondi des modalités du tirage en chambre noire tel que réalisé par Kenna révèle une relation plus complexe, qui va au-delà de ces similitudes superficielles.

Kenna obtient une profondeur tonale par la superposition de différentes intensités d'exposition à la lumière – une caractéristique déterminante de la photographie. Une analyse de sa pratique en chambre noire donnera un aperçu sur l'art du tirage photographique en noir et blanc. Sa chambre noire est divisée en deux zones : une sèche et une humide, chacune étant adaptée à des étapes spécifiques de sa méthode de travail. Dans la zone sèche, il emploie un agrandisseur pour projeter l'image négative sur une feuille de papier photosensible (fig. 3). Il commence par réaliser une série de tirages de travail avec des durées d'exposition variables pour déterminer le

The monochromatic tones in Kenna's photographs have long been a focal point of critical analysis, often compared to traditional Asian ink painting.[8] The subtle gradations between black and white, reminiscent of the fluidity of ink on paper, strengthen this connection. However, a closer look at Kenna's darkroom printing process reveals a more complex relationship, extending beyond these surface similarities.

Kenna achieves tonal depth by layering light—a defining feature of photography. An examination of his darkroom practice offers insight into the artistry of black-and-white photo printing. His darkroom is divided into two areas: a dry side and a wet side, each tailored to specific stages of the process. On the dry side, he uses an enlarger to project the negative image onto pre-coated paper (fig. 3). Here, he begins by creating a series of reference prints with varying exposure durations to determine the optimal exposure time and identify elements to emphasize or soften.

In subsequent rounds of exposure, Kenna employs traditional monochrome photo printing techniques, including dodging and burning, to adjust tonal balance. For dodging, he uses wire-mounted paper cutouts to block specific areas from light exposure, brightening those parts in the final image. Burning, on the other hand, involves increasing exposure in targeted areas to darken them, often by using hands or boards to shield unaffected regions. While digital and phone cameras now automate this process with algorithms to adjust exposure levels, many analog photographers, including Kenna, consider these manual methods essential to their artistic practice. These techniques highlight the photographer's meticulous craftsmanship, skillfully 'sculpting' each image through a dynamic interplay of light, time, and movement. As a result, no two prints can ever be identical—a uniqueness Kenna enthusiastically embraces.

The fact that Kenna utilizes light as a medium for tonality, rather than ink and pigment, does not invalidate previous reviews, linking his work to ink painting. Instead, his darkroom process shifts the focus of comparative analysis from ink painting to ink aesthetics. Kenna engages with the aesthetics of ink not simply through his use of monochromatic tonality, but by perceiving photography as an interplay of various layers of light and dark.

The Korean literati, deeply immersed in the aesthetics of ink through calligraphy and painting, had a nuanced understanding of darkness shaped by their experience with ink. In 1801, the Korean scholar Jeong Yakjeon (1758–1816) was persecuted for his Christian beliefs and subsequently exiled to Heuksan. Instead of the island's original name, Heuksan, Jeong referred to it as Jasan, an epithet he used in letters to his family. Both Heuksan and Jasan can be translated as 'black mountain', but the two terms, derived from

temps d'exposition optimal et identifier les zones à accentuer ou à adoucir.

Lors des phases d'exposition suivantes, Kenna utilise les techniques traditionnelles du triage photographique noir et blanc appelées *dodging* et *burning* afin d'ajuster l'équilibre des tons. Le *dodging* implique de manipuler des découpes de carton montées sur fil de fer pour faire obstacle à la lumière sur certaines zones du tirage dans le but de les éclaircir dans l'image finale. L'opération inverse, appelée *burning*, consiste à augmenter le temps d'exposition dans les zones ciblées pour les assombrir, en se servant de ses mains ou de cartons découpés pour masquer toutes les autres zones du tirage. Tandis que les boîtiers numériques et les téléphones portables automatisent désormais ces opérations au moyen d'algorithmes ajustant les niveaux d'exposition, de nombreux photographes argentiques, dont Kenna, considèrent ces méthodes manuelles comme essentielles à leur pratique artistique. Ces techniques mettent en valeur le travail méticuleux du photographe, son savoir-faire qui lui permet de « sculpter » avec dextérité chaque image dans une interaction dynamique de la lumière, du temps et du mouvement. En conséquence, il n'existe pas deux tirages identiques de la même image : une singularité que Kenna adopte avec enthousiasme.

Le fait que Kenna utilise le médium de la lumière pour créer des gammes de tons, de préférence à l'encre et aux pigments, n'invalide pas les précédentes analyses de son œuvre, qui associent son travail à la peinture à l'encre. Au contraire, sa méthode de travail en chambre noire déplace le point de mire de l'analyse comparative de la peinture à l'encre vers l'esthétique de l'encre. Kenna dialogue avec cette dernière non seulement par le truchement de son emploi de la tonalité monochrome, mais aussi par sa conception de la photographie comme une interaction entre la lumière et l'ombre.

Profondément immergés dans l'esthétique de l'encre par la calligraphie et la peinture, les lettrés coréens partageaient une connaissance nuancée de l'ombre et de l'obscurité, façonnée par leur expérience de l'encre. Le savant coréen Jeong Yakjeon (1758-1816), persécuté pour sa foi chrétienne, fut exilé en 1801 à Heuksan. Il donnait à cette île le nom de Jasan, une épithète qu'il utilisait dans sa correspondance avec sa famille. Heuksan et Jasan se traduisent tous deux par « montagne noire », mais les deux termes, dérivés de caractères chinois différents, véhiculent des nuances extrêmement différentes.

Heuksan s'écrit avec le caractère *heuk* (黑) qui est associé au bois brûlé et signifie le noir comme une couleur sans profondeur, avec une connotation négative renvoyant aux concepts de Mal et de Peur[9]. La dénomination de l'île Heuksan reflète le mépris des locuteurs pour son isolement et son supposé

different Chinese characters, convey profoundly different nuances.

Heuksan is written with the character *heuk* (黑), which is associated with burnt wood and signifies black as a depthless color, carrying a negative connotation that implies evil and fear.[9] By naming the island Heuksan, people reflected their disdain for its isolation and perceived backwardness. In contrast, Jasan begins with the character *ja* (玆), which depicts small objects covered by larger ones, suggesting darkness with a sense of depth. This name evokes imagery of a night sky and an infinite universe, representing an untouchable and indecipherable sense of remoteness.[10] Jeong's decision to replace Heuksan with Jasan indicates his perception of the island as possessing dimension—embracing its black as an accumulation of various layers of space rather than as a flat surface.

Two centuries later, Kenna observes the same landscape as Jeong, capturing its subtle tonal variations. While outsiders might dismiss the island as a mere dot on a map, both Kenna and Jeong embraced its shadows, transforming them into a vibrant, multidimensional space. Here, Kenna's photography resonates with the tradition of ink painting because he engages with its aesthetic of perceiving black with depth and dimensionality—rethinking the color as an accumulation of spatial layers and using it to convey the dramatic and dark qualities of the landscape before him.

KUSSHARO LAKE TREE: CONCENTRATION AND CONTEMPLATION

Kenna formed a deep connection with Huangshan Mountain and Heuksan Island through his repeated visits. However, among all the places he explored, an oak tree on the shore of Kussharo Lake in Hokkaido, Japan, may have been his most intimate subject during his Asian journey. From his first encounter with the tree in 2002 until its felling in 2009, Kenna returned to it multiple times. *Kussharo Lake Tree*, Study 6 (fig. 5) emerged from this relationship. In the photograph, the tree's stark contours—its dry trunk and bare branches—stand out against the snowy Hokkaidō winter, conveying a metaphysical presence through its delicate, minimal lines.

The strength of Kenna's *Kussharo Lake Tree* series lies in its ability to focus the viewer's attention on its main subject. Positioned as the central element in the image, the tree readily captures the viewer's gaze with its abstract forms and deep black color against the monochromatic background. This concentration of attention seems to occur inevitably and instantly due to the conspicuous highlights given to the subject. However, this effect is the result of a carefully

4.
Arbres de l'île, Heuksan-do, Shinan, Corée du Sud, 2012.
Island Trees, Heuksan-do, Shinan, South Korea, 2012.

aspect arriéré. En revanche, la première syllabe de Jasan est le caractère *ja* (玆), qui décrit de petits objets recouverts par de plus grands, suggérant une obscurité suscitant une impression de profondeur. Évoquant l'image d'un ciel nocturne et d'un univers infini, ce nom traduit un éloignement inatteignable et indéchiffrable[10]. En substituant Jasan à Heuksan, Jeong indique qu'il perçoit l'île comme dotée de dimension, adoptant l'idée que son noir est moins une surface plane qu'une accumulation de diverses strates d'espace.

Deux siècles plus tard, Kenna observe le même paysage que celui que voyait Jeong, et en saisit les subtiles variations de tons. Alors qu'un étranger dénierait toute importance à l'île, n'y voyant qu'un simple point sur une carte, Kenna et Jeong se sont tous deux ralliés à ses ombres, les transformant en un vibrant espace pluridimensionnel. Ici, la photographie fait écho à la tradition de la peinture à l'encre, car Kenna mobilise son esthétique de la perception du noir comme profondeur et dimensionnalité, repensant la couleur comme une accumulation de strates spatialisées et l'utilisant pour traduire les qualités dramatiques et sombres du paysage qui s'offre à lui.

L'ARBRE DU LAC KUSSHARO : CONCENTRATION ET CONTEMPLATION

Kenna a noué des liens profonds avec les monts Huangshan et l'île de Heuksan au fil de ses visites répétées. Cependant, au nombre de tous les lieux qu'il a explorés, un chêne sur la rive du lac Kussharo, à Hokkaidō, Japon, représente probablement le sujet le plus personnel qu'il ait abordé au cours de ses périples en Asie. De sa première rencontre avec l'arbre, en 2002, jusqu'à l'abattage de celui-ci, en 2009, Kenna est revenu à plusieurs reprises sur le site. *Arbre du lac Kussharo*, étude 6 (fig. 5) est né de cette relation. Sur la photographie, les austères contours de l'arbre, son tronc sec et ses branches nues se détachent sur le fond enneigé d'Hokkaidō en hiver, exprimant une présence métaphysique au moyen de ses lignes délicates et minimalistes.

La force de la série de l' « Arbre du lac Kussharo » réalisée par Kenna réside dans sa capacité à focaliser l'attention du spectateur sur son sujet principal. Élément central de l'image, l'arbre attire immédiatement le regard par ses formes abstraites et l'intensité de sa couleur noire contrastant avec le fond monochrome. Cette focalisation de l'attention semble aussi inéluctable qu'instantanée en raison de la mise en évidence du caractère saillant du sujet. Or cet effet est l'aboutissement d'une méthode de travail rigoureusement structurée et guidée, prédéterminée par un ajustement minutieux des différents cadres, éléments et tonalités dans ses photographies.

structured and guided process, preordained by Kenna's meticulous tuning of different frames, elements, and tonalities in his photographs.

The second half of Kenna's darkroom practice illustrates how he directs the viewer's gaze in his photographs. After exposing the negative on pre-coated paper, Kenna brings the blank white sheet to the wet side of his darkroom. While the photograph remains wet after development in various chemical solutions, Kenna examines it from multiple perspectives—close up, from a distance, upside down, and under varied lighting. As the photograph dries, he further examines it by reflecting it in a mirror. Often, he leaves the darkroom for some minutes with the print set up for viewing. This meticulous observation aids Kenna in engaging with the image with fresh eyes, allowing him to anticipate how viewers' attention might be directed. By identifying elements that disturb the flow of gaze, he either crops them out of the frame, erases them through later retouching, or neutralizes them by accentuating other equal elements within the same image (fig. 6). Kenna repeats this process of revision in each of his reprints, transforming latent imagery into finished art prints with a clear focal point.

Kenna's careful direction of the viewer's gaze is intertwined with time and movement. He perceives the photograph as a sphere in which the eyes rest on various elements for differing lengths of time. When Japanese print artist Kasamatsu Shirō (1898–1991) designed *Kinokunisaka in the Rainy Season* in 1938 (cat. 20), he likely employed a similar visual strategy to Kenna's, concentrating the viewer's gaze on the pine tree at the center of his print. Beyond its dominant size, the tree's dark color and placement close to the foreground establish it as the most conspicuous element in the composition. The artist allows all others, including a pair of pedestrians and the background landscape, to recede toward the horizon, diminished in scale and muted in color.

The deliberate focus on a tree in both Kenna's photograph and Kasamatsu's print conveys the message of slow viewing. For Kasamatsu, the tree functions as a symbol of nostalgia for Japan's past amidst the tumultuous social changes of the early 20th century.[11] The resilience of the tree against the passage of time starkly contrasts with the societal shifts of modernity, subtly indicated by a small gaslight standing in the background. Similarly, Kenna's tree serves as a visual anchor in bustling contemporary society, inviting the viewer to focus and engage in prolonged contemplation amidst the rapid transformations of the present era.

Kenna's photograph resonates with Kasamatsu's print, as both artists recognized images as being more than simple representation. Kenna cast the tree as a lens for patient observation, an approach refined through his meticulous darkroom editing.

5.

Arbre du lac Kussharo, étude 6, Kotan,
Hokkaidō, Japon, 2007.

Kussharo Lake Tree, Study 6, Kotan,
Hokkaidō, Japan, 2007.

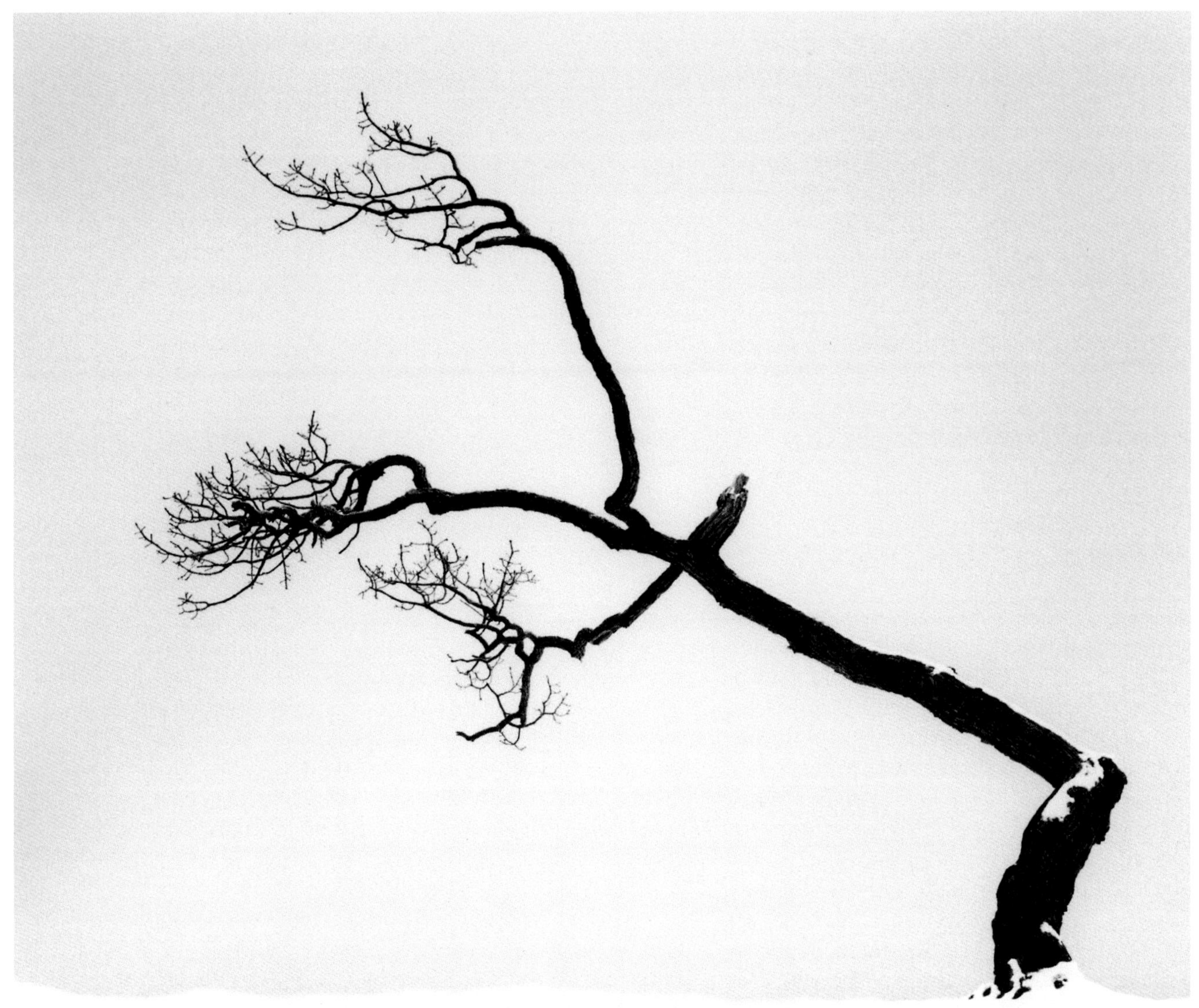

La seconde partie du travail de Kenna dans sa chambre noire illustre la manière avec laquelle il dirige le regard du spectateur dans ses photographies. Après avoir projeté le négatif sur la feuille de papier photosensible, Kenna déplace celle-ci dans la zone humide de sa chambre noire. Après le développement de la photographie dans divers bains chimiques, Kenna l'étudie encore humide sous différents angles : de près, de loin, à l'envers et sous différents éclairages. Pendant qu'elle sèche, il l'examine plus en détail en observant son reflet dans un miroir. Il lui arrive fréquemment de quitter la chambre noire pendant quelques minutes, le tirage étant installé pour être observé de près. L'observation minutieuse aide Kenna à aborder l'image avec un œil neuf, ce qui lui permet d'anticiper comment l'attention du spectateur pourrait être dirigée. Après avoir identifié les éléments qui perturbent les trajets du regard, il les élimine par recadrage, les efface par des retouches ultérieures ou les neutralise en accentuant dans la même image d'autres éléments équivalents (fig. 6). Kenna répète cette méthodologie de retouche à l'occasion de chacune de ses épreuves de travail, transformant des images latentes en tirages d'œuvres d'art achevées, au centre de gravité clairement identifié.

La direction donnée par le photographe à la vision du spectateur entremêle le temps et le mouvement. Kenna appréhende la photographie comme une sphère dans laquelle les yeux se posent sur différents éléments pendant des durées variables. L'artiste japonais Kasamatsu Shirō (1898-1991), en concevant, en 1938, *Pin sous la pluie sur la colline Kinokuni* (cat. 20), a probablement mis en œuvre une stratégie visuelle similaire à celle de Kenna, focalisant le regard du spectateur sur le pin qui occupe le centre de l'estampe. Outre le caractère prédominant de l'arbre, ses coloris sombres et son emplacement à proximité du premier plan en font l'élément le plus remarquable de la composition. L'artiste donne à tous les autres détails, y compris au couple de piétons et au paysage en arrière-plan, des dimensions réduites et des couleurs atténuées qui les estompent vers le lointain.

La mise en évidence délibérée d'un arbre, dans la photographie de Kenna comme dans l'estampe de Kasamatsu, communique le message d'une vision contemplative. Pour Kasamatsu, l'arbre symbolise la nostalgie du passé nippon au cœur des bouleversements sociaux du début du xxᵉ siècle[11]. La résilience de l'arbre face au temps qui défile contraste puissamment avec les changements sociétaux imposés par la modernité, subtilement indiqués par le petit lampadaire à gaz à l'arrière-plan. De même, l'arbre de Kenna fait office d'ancrage visuel dans l'agitation de la société contemporaine, invitant le spectateur à se concentrer et à s'adonner à une contemplation

Here, photography transcends its role as a replication of reality, becoming a medium for emotional and aesthetic impact.

CONCLUSION

The visual characteristics of Kenna's photography through his darkroom process and his technique and poetic approach have manifested in his work across East Asia, creating a unique resonance with Asian visual culture. Each location and subject discussed is a metaphor that embodies Kenna's worldview, translated into the lines, stanzas, and prose of his visual poems.

I would like to conclude this essay with a brief analysis of *Mamta's Lotus Flower* (cat. 53), exemplifying Kenna's approach to photography as an act of poetic interpretation. In this photograph, Kenna's perception of beauty is realized through the meticulous fine-tuning of the flower's lines and tonal values. The fact that the flower depicted is actually a lily, rather than a lotus as suggested by the title, does not detract from the interpretation.[12] The photograph engages in a compelling dialogue with *Orchids* (cat. 52) by the Korean ink painter Ahn Jung-sik (1861–1919), despite the differences of time period and medium. Their connection arises from their shared conceptual approach to their subjects. When Ahn wielded his brush, he was not simply depicting a specific orchid but using the flower as a metaphor for the fidelity and grace of the literati—values he sought to integrate into his art and express as part of his identity. Similarly, Kenna's photograph captures the essence of the flower not through direct representation but through poetic abstraction, aligning it with his own artistic vision. Here, Kenna and Ahn use their art to convey deeper symbolic truths, bridging cultural and temporal divides.

Recontextualizing Asia within the framework of Kenna's poetic photography is a long-overdue yet essential step in situating his Asian series in the broader scope of his work and the larger landscape of art history, moving beyond the binary division between East and West. The emphasis on Asia as subject matter has often overshadowed a more critical and essential interpretation of his series as a study in poetic elements. When the image is decoupled from its subject, however, what emerges more clearly is Kenna's visual experiment—substituting photography's indexical nature with a more interpretive and poetic vision.

prolongée au milieu des transformations rapides imposées par notre époque.

La photographie de Kenna fait écho à l'estampe de Kasamatsu, car les deux artistes reconnaissent que les images sont davantage qu'une simple représentation. Kenna fait apparaître l'arbre comme un système optique sur lequel prend appui une observation patiente, une approche affinée par son méticuleux travail de retouche en chambre noire. Dans ce contexte, la photographie transcende son rôle de reproduction de la réalité pour devenir vecteur d'émotion et de choc esthétique.

CONCLUSION

La culture visuelle asiatique trouve un écho unique dans l'œuvre de Kenna réalisée en Extrême-Orient, dans les caractéristiques formelles de sa photographie telle qu'elle résulte de sa méthode de travail en chambre noire, de sa technique et de son approche poétique. Chacun des lieux et sujets envisagés ici est une métaphore incarnant sa vision du monde traduite par les vers, les strophes et la prose de ses poèmes visuels. Je conclurai le présent essai par une brève analyse de *La fleur de lotus de Mamta* (cat. 53), qui illustre la conception de Kenna de la photographie comme acte d'interprétation poétique. Avec cette photographie, Kenna concrétise sa perception de la beauté par le réglage minutieux des délinéaments de la fleur et l'ajustement des valeurs tonales. La fleur représentée est en réalité un lys, non un lotus comme l'indique le titre, mais cela n'enlève rien à l'interprétation[12]. Au-delà des différences d'époques et de supports, cette photographie entretient un dialogue fascinant avec *Orchidées* (cat. 52) du peintre à l'encre coréen Ahn Jung-sik (1861-1919). Ce qui les réunit, c'est une voie d'approche conceptuelle commune de leurs sujets. Quand Ahn manie son pinceau, il ne se contente pas de représenter une orchidée spécifique, mais se sert de la fleur comme métaphore de la loyauté et de l'élégance des lettrés, des valeurs qu'il cherchait à intégrer dans son art et à exprimer comme constitutives de sa personnalité. De même, la photographie de Kenna restitue l'essence de la fleur, non par une représentation directe, mais par une abstraction poétique mise en adéquation avec sa vision artistique personnelle. Kenna et Ahn utilisent dans le cas présent leur art pour traduire des vérités symboliques plus profondes, surmontant les clivages culturels et temporels.

La recontextualisation de l'Asie dans le cadre de la photographie poétique de Kenna est une étape primordiale, attendue depuis longtemps, pour situer ses séries asiatiques dans le champ plus large de son œuvre et dans le plus vaste paysage de l'histoire de l'art, au-delà de la division binaire entre l'Orient

[1] "Michael Kenna," *The New Yorker*, January 27, 2003, 18; Kristina Feliciano, "Quiet Time," *PDN: Photo District News* 23, no. 1, (2023), 100-101; Chuyoung Lee, "Beautiful Silence," in *Michael Kenna: Shinan*, by Michael Kenna (Paso Robles, CA: Nazraeli Press, 2013), n.p.

[2] Rosalind C. Morris, "Introduction," in *Photographies East: The Camera and Its Histories in East and Southeast Asia*, ed. Rosalind C. Morris (Durham: Duke University Press, 2009), 2; Ali Behdad and Luke Gartlan, "Introduction," in *Photography's Orientalism: New Essays on Colonial Representation*, ed. Ali Behdad and Luke Gartlan (Los Angeles: Getty Research Institute, 2013), 1-2.

[3] Anne W. Tucker, "Inventing Peace," in *Michael Kenna: Retrospective Two*, by Michael Kenna (Portland, OR: Nazraeli Press, 2005), n.p.

[4] Michael Kenna, "Huangshan: The Yellow Mountain," in *Huangshan: The Yellow Mountain* (Paso Robles, CA: Nazraeli Press, 2017), n.p.

[5] Ibid.

[6] The descriptions of Michael Kenna's darkroom practices in this essay are drawn from his unpublished manuscript.

[7] Yi Gu, *Chinese Ways of Seeing and Open-Air Painting* (Cambridge, MA: Harvard University Asia Center, 2020), 70.

[8] Jinam Kang, "Concentrating His Own Pine Tree," *Shin Dong-a*, (February 24, 2015): Chang-gil Kim, "Notebooks on Photography," *Kyunghyang Shinmun*, (June 7, 2018).

[9] Xueqing Zhao 赵学清, *Shuo wen bu shou tong jie* 说文部首通解 [A general introduction to the radicals in *Shuowen jiezi*] (Beijing: Zhonghua shu ju, 2019), 272-73.

[10] Ibid., 114-15.

[11] Hollis Goodall-Cristante, "Shin-Hanga: Traditional Prints in a New World," in *Shin-Hanga: New Prints in Modern Japan*, ed. Kendall H. Brown and Hollis Goodall-Cristante (Los Angeles: Los Angeles County Museum of Art, 1996), 17-21.

[12] Michael Kenna, "Mamta's Lotus Flower, Ban Viengkeo, Luang Prabang, Laos, 2015," in *Photographs & Stories: 1973-2023* (Paso Robles, CA: Nazraeli Press, 2023), n.p.

et l'Occident. L'accent mis sur l'Asie comme sujet a souvent occulté une interprétation plus critique et plus essentielle de ses séries en tant qu'étude de thèmes poétiques. Cependant, lorsque l'image est dissociée de son sujet, c'est l'expérimentation visuelle de Kenna qui est plus clairement mise en évidence, substituant à la fonction indicielle de la photographie une vision plus interprétative et poétique.

[1] « Michael Kenna », *The New Yorker*, 27 janvier 2003, p. 18 ; Kristina Feliciano, « Quiet Time », *PDN : Photo District News* 23, nº 1, 2023, p. 100-101 ; Chuyoung Lee, « Beautiful Silence », dans Michael Kenna, *Shinan. Photographs by Michael Kenna*, Portland, Nazraeli Press, 2013, n.p.

[2] Rosalind C. Morris, « Introduction », dans Rosalind C. Morris (dir.), *Photographies East. The Camera and Its Histories in East and Southeast Asia*, Durham, Duke University Press, 2009, p. 2 ; Ali Behdad et Luke Gartlan, « Introduction », dans Ali Behdad et Luke Gartlan (dirs.), *Photography's Orientalism. New Essays on Colonial Representation*, Los Angeles, Getty Research Institute, 2013, p. 1-2.

[3] Anne W. Tucker, « Inventing Peace », dans Michael Kenna, *Retrospective Two*, Portland, Nazraeli Press, 2005, n.p.

[4] Michael Kenna, « Huangshan. The Yellow Mountain », dans *Huangshan. The Yellow Mountain*, Paso Robles, Nazraeli Press, 2017, n.p.

[5] *Ibid.*

[6] Dans le présent essai, la description de la pratique de Michael Kenna en chambre noire est extraite de son manuscrit non publié.

[7] Yi Gu, *Chinese Ways of Seeing and Open-Air Painting*, Cambridge, Harvard University Asia Center, 2020, p. 70.

[8] Jinam Kang, « Concentrating His Own Pine Tree », *Shin Dong-a*, 24 février 2015 ; Chang-gil Kim, « Notebooks on Photography », *Kyunghyang Shinmun*, 7 juin 2018.

[9] Xueqing Zhao 赵学清, *Shuo wen bu shou tong jie* 说文部首通解 [Introduction générale aux radicaux du *Shuowen jiezi*], Pékin, Zhonghua shu ju, 2019, p. 272-273.

[10] *Ibid.*, p. 114-115.

[11] Hollis Goodall-Cristante, « Shin-Hanga: Traditional Prints in a New World », dans Kendall H. Brown et Hollis Goodall-Cristante (dirs.), *Shin-Hanga : New Prints in Modern Japan*, dir. Kendall H. Brown et Hollis Goodall-Cristante, Los Angeles, Los Angeles County Museum of Art, 1996, p. 17-21.

[12] Michael Kenna, « Mamta's Lotus Flower, Ban Viengkeo, Luang Prabang, Laos, 2015 », dans *Photographs & Stories. 1973-2023*, Paso Robles, Nazraeli Press, 2023, n.p.

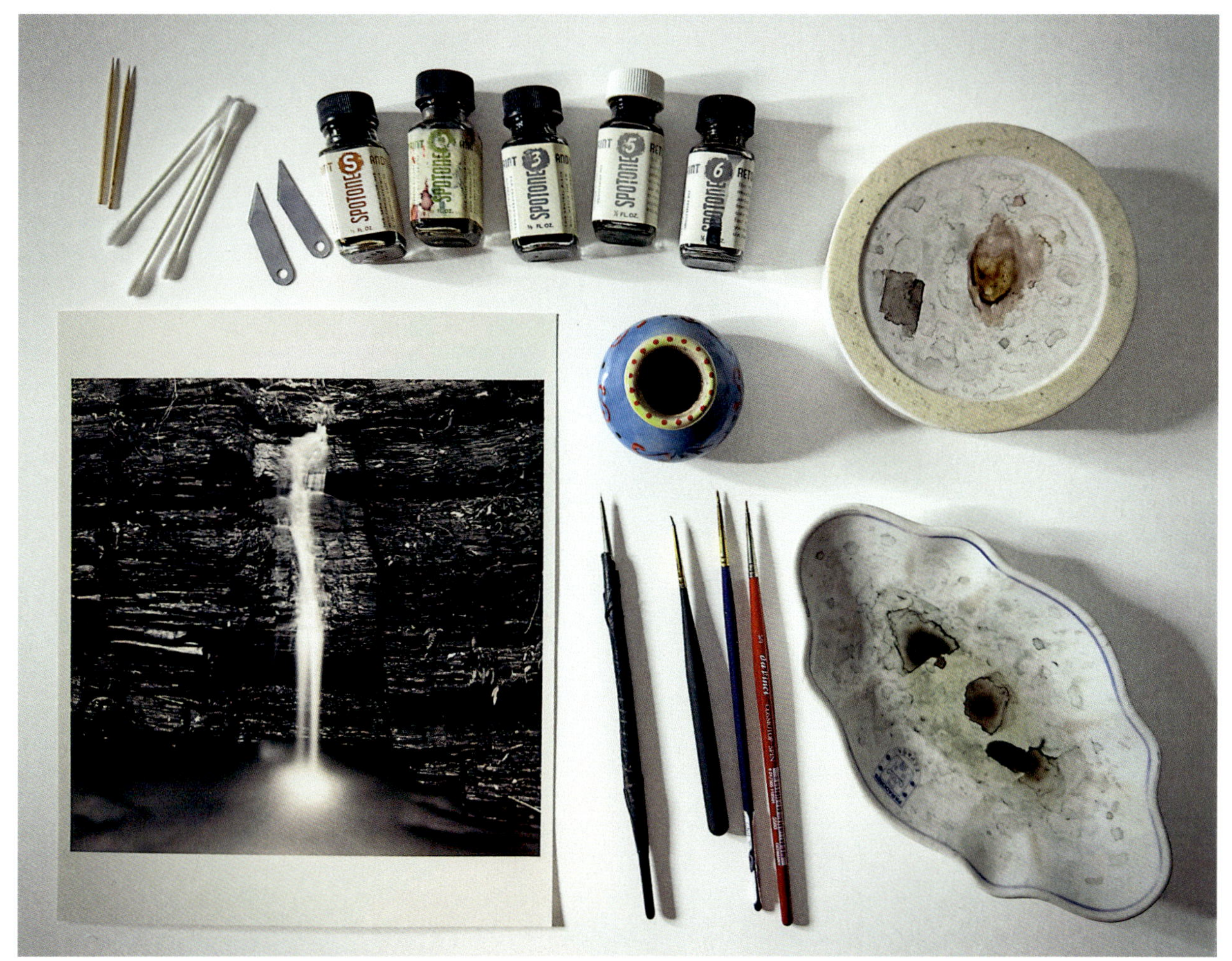

6.
Matériel de retouche
de Michael Kenna.
Michael Kenna's print
retouching materials.

PHOTOGRAPHIER L'INVISIBLE.
UNE CONVERSATION
AVEC MICHAEL KENNA

par/by
Édouard de Saint-Ours

PHOTOGRAPHING THE INVISIBLE.
A CONVERSATION
WITH MICHAEL KENNA

É. S-O. *Certains photographes choisissent de travailler chez eux ou en studio, d'autres dans leur quartier, leur ville, leur pays. L'essentiel de votre travail est réalisé loin de chez vous, hors du Royaume-Uni et des États-Unis. Qu'est-ce qui vous a incité à regarder vers l'extérieur, à rechercher des paysages étrangers ?*

M. K. Pour le dire simplement, j'adore voyager et découvrir de nouveaux lieux. Mais ce n'est pas seulement la destination, le voyage en soi me paraît souvent tout aussi plaisant, fascinant et instructif. Il me semble que si je vivais en Asie, je voyagerais au Royaume-Uni et aux États-Unis pour photographier. En l'état actuel des choses, je fais l'inverse. Mon amie photographe et mentor, la regrettée Ruth Bernhard, conseillait volontiers, à ses élèves et à moi-même, de photographier à moins de trois mètres de notre lit, pour découvrir la beauté et le caractère unique de ce qui se trouve tout le temps en notre présence. À l'évidence, je n'étais pas son meilleur élève, car je préférais faire des milliers de kilomètres à la recherche de l'inspiration. C'est peut-être la rengaine de l'herbe qui est toujours plus verte ailleurs. Ce qui est sûr, c'est que mes sens sont plus aiguisés quand je sors de mon train-train et de mon travail quotidien. Je suis moins distrait par mes routines personnelles et les choses que je considère allant de soi, sans même en être conscient.

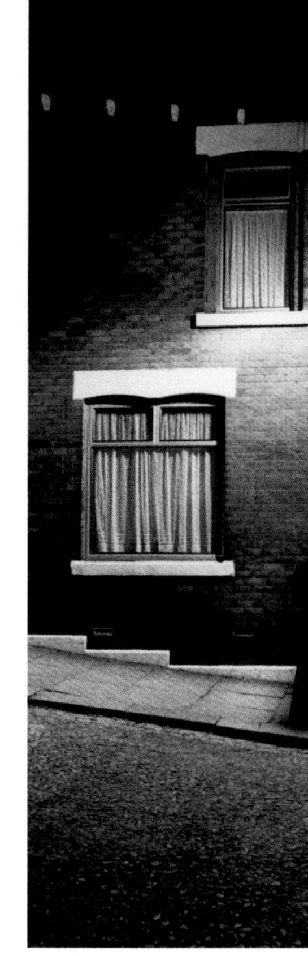

1.

Rue pentue, Blackburn, Lancashire, Angleterre, 1985.

Steep Street, Blackburn, Lancashire, England, 1985.

Après avoir passé quelques années aux États-Unis, par exemple, je suis retourné en Angleterre au début des années 1980, pour photographier, et j'y ai trouvé une infinité de nouveaux sujets (fig. 1). Aujourd'hui, il m'arrive fréquemment de « remonter le temps » vers des endroits que je connaissais depuis des années pour les redécouvrir. Il me semble que voyager vers des lieux inconnus fonctionne d'une manière analogue. Lorsque je descends d'un avion, d'un train, d'un bateau ou d'un bus dans un nouvel endroit, j'ai d'abord envie de le voir d'un œil neuf, comme si c'était la première fois. Bill Brandt, que je n'ai jamais rencontré mais qui est pour moi un autre mentor, avait l'habitude de décrire son travail comme une façon d'observer plus intensément ce qui se trouvait devant lui, avec des yeux d'enfant, dans la surprise et l'étonnement. Les photographies qui en résultent expriment cela. Une fois lancé sur la piste de la découverte, chaque connexion mène à une autre,

É. S-O. *Some photographers choose to work at home or in the studio, others in their neighborhood, their city, their country. Most of your work is done far from home, outside of the UK and US. What has led you to look outwards and seek foreign landscapes?*

M. K. Simply put, I love to travel and see new places. It is not just the destination either, I often find the voyage to be equally enjoyable, fascinating and illuminating. I suspect that if I lived in Asia, I would be making trips to the UK and USA to photograph. As it is, I do it the other way round. My friend and mentor, the late photographer Ruth Bernhard, would often tell me, and her students, to photograph within ten feet of our beds in order to discover the beauty and uniqueness of what is in our presence all the time. I was, obviously, not her best student as I preferred instead to travel thousands of miles to seek inspiration. Perhaps it is the old story of the grass being apparently greener on the other side. Certainly, I find that my senses are heightened when I step out of my everyday home and work situation. I am less distracted by my own routines as well as the things that I take for granted without even being conscious of them. After spending some years in the USA, for example, I returned to England to photograph in the early Eighties and found endless new material (fig. 1). I have now often gone "back in time" to places I have known for years in order to rediscover them. I suspect travel to unknown and new places works in a similar way. When I first get off a plane, train, boat or bus in a new place, I want to see it afresh, as if for the first time. Bill Brandt, whom I never met but still regard as another mentor, used to describe his way of working as being an effort to regard what was in front of him with childlike eyes, with surprise and astonishment. The resulting photographs express that. Once embarked on the trail of discovery, each connection leads to another with the ultimate destination unknown, and I have always been attracted to the unknown.

É. S-O. *Your steps took you to Japan quite early in your career after working mostly in the US and Western Europe. What took you there in the first place? How do you recall that first trip to Asia? And what did you find*

la destination finale étant inconnue, et j'ai toujours été attiré par l'inconnu.

É. S-O. *Assez tôt dans votre carrière, vos pas vous ont mené au Japon, après avoir travaillé essentiellement aux États-Unis et en Europe occidentale. Quelle était votre motivation première pour vous y rendre ? Quels souvenirs gardez-vous de ce premier voyage en Asie ? Et qu'avez-vous trouvé au Japon dont vous n'aviez jamais fait l'expérience auparavant ?*
M. K. J'ai fait mon premier voyage au Japon, et d'ailleurs en Asie, en automne 1987. J'avais été invité au vernissage d'une exposition monographique consacrée à mon travail, à la galerie Min à Tokyo, dans l'arrondissement de Meguro, et j'étais à la fois enthousiasmé et stressé. Je ne me rappelle pas comment j'ai trouvé mon

in Japan that you had not experienced before?
M. K. My first visit to Japan, and indeed to Asia, took place in the Fall of 1987. I had been invited to attend a solo exhibition of my work at Gallery Min in the Tokyo ward of Meguro, and I was both thrilled and nervous. I don't remember how I found my way to a business hotel close to the gallery, but I do remember quite vividly walking alone along orange sodium lit streets, in the middle of a steamy, humid night, dazed yet unable to sleep, courtesy of jet lag. The exhibition opening overflowed with visitors, the accompanying catalogue was elegant and beautiful, and I was treated with great kindness by everybody, before being accompanied to the Shinkansen train for my first visit to Kyoto and Nara; which is where and when, I think, my eyes and heart were truly opened to Japan. I can recall, with

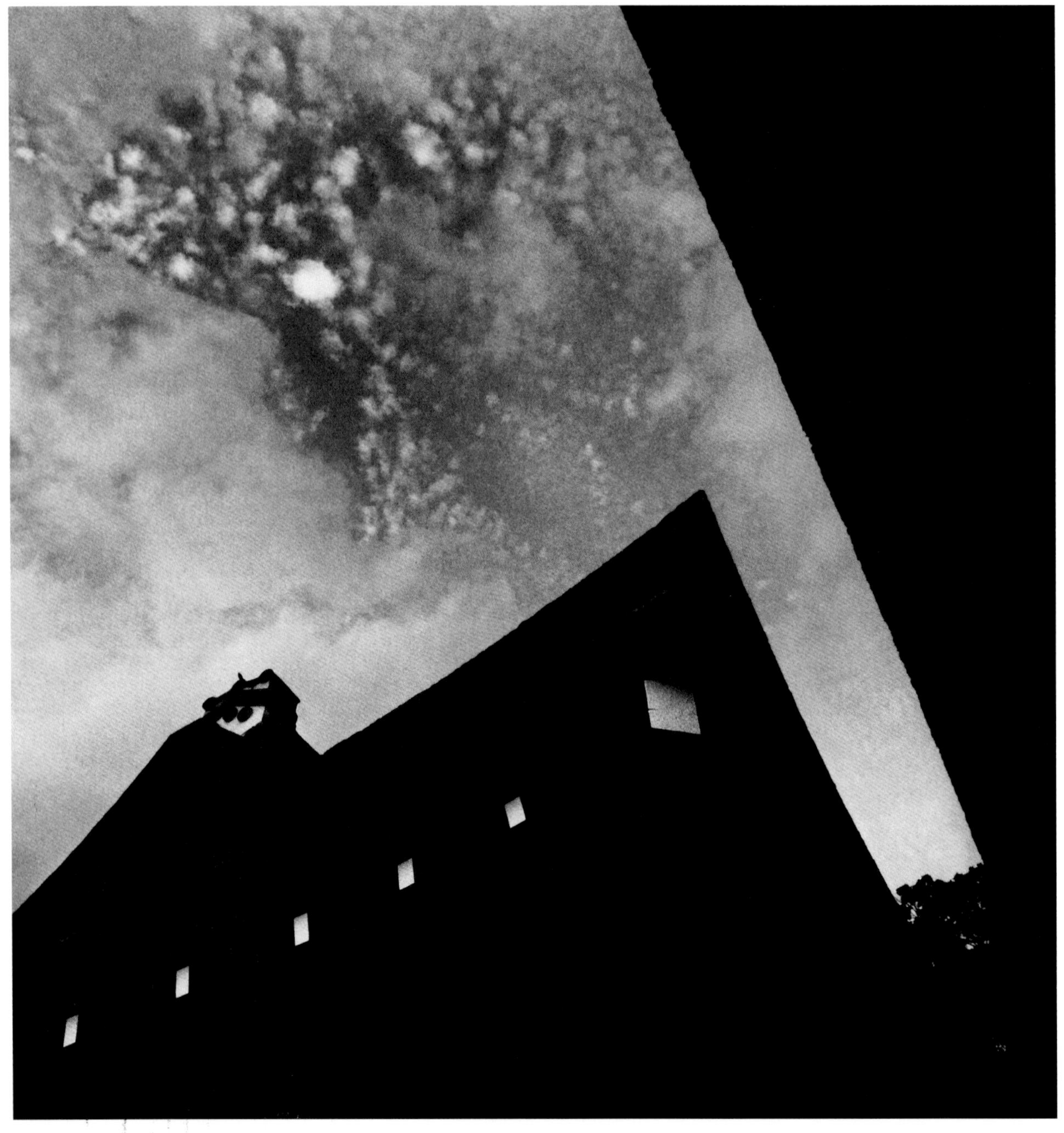

2.
Carrés blancs,
Kyoto, Japon, 1987.

White Squares,
Kyoto, Japan, 1987.

chemin vers l'hôtel pour voyageurs d'affaires non loin de la galerie, mais je me souviens très bien avoir marché seul dans des rues éclairées par la lumière orange des lampes au sodium, au milieu d'une nuit torride et humide, hébété, mais incapable de dormir en raison du décalage horaire. Lors du vernissage, la galerie était pleine à craquer, le catalogue était élégant et magnifique, et tout le monde me traitait avec beaucoup de gentillesse, avant qu'on m'accompagne au Shinkansen pour ma première visite à Kyoto et à Nara ; je pense que c'est là, et à ce moment-là, que mes yeux et mon cœur se sont véritablement ouverts au Japon. Je me souviens avec une certaine nostalgie de cette première introduction à l'ancienne capitale, il y a maintenant presque quarante ans, quand pour moi tout était frais, neuf et enthousiasmant. J'observais tout ce que je pouvais observer. J'explorais à toute heure et parfois je faisais même des photos (fig. 2). Je me souviens avoir erré dans les ruelles de Gion, être entré timidement dans des temples bouddhistes plongés dans l'obscurité et des sanctuaires shinto baignant dans des couleurs vives. J'ai assisté à des cérémonies du thé, je me suis émerveillé devant des rouleaux de papier ornés de caractères indéchiffrables. J'ai découvert les mystères des bains chauds *ofuro* et je dormais sur des tatamis dans une vieille auberge *ryokan.* Je dînais dans des superettes de quartier [*kombinis*] et tentais mes premiers mots hésitants en japonais. Tomber amoureux du Japon, rapidement, paisiblement et inexorablement, était inévitable.

En 2001, je me suis lancé dans ce qui allait devenir un pèlerinage de toute une vie au Japon, en allant au nord, au sud, à l'est et à l'ouest. Selon le critique d'art Kōtarō Iizawa, ces voyages ont semé des graines qui ont fini par s'épanouir en une véritable histoire d'amour avec ce pays magique. Le Japon partage de nombreux points communs avec l'Angleterre, mon pays natal : c'est un pays plutôt petit, entouré d'eau, habité depuis des siècles, où chaque lopin de terre et chaque bout de côte sont riches d'histoires. Le paysage japonais a quelque chose de merveilleusement mystérieux, séduisant et singulier, qui se manifeste visuellement dans les interactions omniprésentes de la terre, du ciel et de l'eau, et dans les saisons constamment changeantes. On le perçoit dans l'intimité attachante de l'échelle de son territoire et dans le profond sens de l'histoire que renferme sa terre. Au Japon, on remarque et on ressent un respect, une vénération de la terre qui est honorée avec conscience. Les portiques *torii* en tous lieux le symbolisent souvent, qui nous rappellent que les divinités et l'univers résident dans la terre, les arbres, les rochers et l'eau, tout autant que dans les sanctuaires et les temples. C'est une croyance animiste chère à mon cœur.

Puis il y a Hokkaidō, un lieu fascinant et attirant, surtout durant les mois d'hiver quand tout est gelé. Je le perçois comme doucement séduisant, dangereusement sauvage et irrémédiablement romantique. C'est un endroit où l'atténuation des distractions senso-

some degree of nostalgia, memories from this initial introduction to the ancient capital, almost four decades ago now, when everything was fresh, new and exciting to me. I observed everything I could. I explored at all hours and occasionally even photographed (fig. 2). I remember wandering along the lanes of Gion, shyly entering dark Buddhist temples and colorful Shinto shrines. I attended tea ceremonies, marveled at scrolls adorned with inscrutable characters. I discovered the mysteries of hot *ofuro* bathing and slept on tatami floors in an old *ryokan*. I dined in convenience stores and attempted my first faltering words in Japanese. Falling in love with Japan, then and there, quickly, quietly, and inexorably, was inevitable.

In 2001, I embarked on something of a lifelong Japanese pilgrimage, going north, south, east, and west. In the words of the art critic Kōtarō Iizawa, these trips planted seeds which eventually blossomed into a full-grown love affair with this magical land. Physically, Japan shares many similarities with my home country of England: relatively small, surrounded by water, inhabited for centuries, with every patch of land and segment of coast full of rich histories. There is something wonderfully mysterious, alluring and singular in the Japanese landscape. It is visually manifested in the omnipresent interactions between earth, sky, and water, and in the constantly changing seasons. It can be felt in the engaging intimacy of scale in its terrain, and in the deep sense of history contained in its earth. In Japan, one sees and feels a conscious respect, reverence, and honor shown towards the land. It is often symbolized by the ubiquitous torii gates, which remind us that deities and the universe reside in the land, trees, rocks, and water, as well as in shrines and temples. It is an animistic belief dear to my heart.

Then there is Hokkaidō, an intriguing and attractive place, particularly in the frozen winter months. I experience it as gently seductive, dangerously wild, and hopelessly romantic. It is a place where the reduction of sensory distractions, absence of color, and eerie silences accentuate an awareness of the elements, and encourage a more concentrated and pure focus on the land. Minimalism and sparseness are perhaps the inevitable results, which align perfectly with my own interests and influences. Let's not forget the hot *onsens* after a hard day's work in cold conditions, great food, delicious sake, and, of course, the potential for late night karaoke!

É. S-O. *Did Japan leave an imprint on your work?*
M. K. Looking back, I believe a sea change occurred in my work as a direct result of my first experience of Japan. It would take some time to grow, and back then I was not conscious of it. Another fourteen years would go by before I took the deep dive into Japanese culture and began obsessively traveling throughout the country. But, somehow, I am certain that something changed within me in 1987.
I was born and brought up in the northwest of England

rielles, l'absence de couleur et les silences inquiétants accentuent la conscience des éléments et favorisent une approche plus focalisée et plus pure du paysage. Le minimalisme et le dépouillement en sont peut-être l'aboutissement incontournable ; ils sont en phase totale avec mes influences et intérêts personnels. N'oublions pas les *onsen*, les sources chaudes, après une dure journée de travail dans le froid, l'excellente nourriture, le délicieux saké et, bien sûr, la possibilité d'un karaoké en fin de soirée !

É. S-O. *Le Japon a-t-il laissé une empreinte sur votre travail ?*
M. K. Avec le recul, je suis convaincu qu'il y a eu un changement radical dans mon travail, qui résulte directement de ma première expérience du Japon. Il a fallu du temps pour qu'il prenne forme, et je n'en étais pas conscient à l'époque. Quatorze années se sont écoulées avant que je fasse le grand plongeon dans la culture japonaise et que je ne commence à voyager de manière compulsive à travers le pays. Mais d'une manière ou d'une autre, je suis certain que quelque chose a changé en moi en 1987.

Je suis né et j'ai grandi dans le nord-ouest de l'Angleterre et je suis convaincu que mes racines photographiques sont profondément ancrées dans une tradition pictorialiste européenne. Je pourrais citer un grand nombre de maîtres qui ont influencé un Kenna jeune et impressionnable, y compris des noms célèbres tels Eugène Atget, Bill Brandt, Brassaï, Mario Giacomelli et Josef Sudek, que je placerais en haut de ma liste. Ces photographes étaient tous uniques, ils possédaient un style très personnel, forgé au cours de nombreuses années de travail photographique. En les considérant en tant que groupe, il serait possible de généraliser, de mettre en évidence des thèmes communs, des atmosphères, des émotions et des compositions graphiques puissantes. Je les associerais tous à une école plutôt romantique que classique. J'ai le sentiment que leur sujet et leur lumière émanent des profondeurs d'espaces sombres et concaves, et il me semble que la plupart de mes premiers travaux se conforment à ce modèle.

Si la première moitié de ma carrière a été influencée par ces géants européens, je suis convaincu que la seconde a été guidée par mon exposition de plus en plus longue à l'art, à la culture, aux philosophies et à la géographie asiatiques. Je pense tout à fait plausible que le simple fait de marcher dans une rue d'Asie et d'être incapable de lire le moindre de ces caractères censés transmettre des informations doit modifier la nature de l'observation et de la compréhension en profondeur. Être confronté à des rouleaux magnifiquement peints couverts de caractères *kanji* indéchiffrables alignés verticalement et constituant un aspect dynamique de la composition, cela a dû m'éloigner de manière décisive des normes que j'avais acceptées en matière de créativité. Passer du temps au nord, dans l'île d'Hokkaidō, immergé dans un monde gelé, minimaliste,

and I think my photographic roots are firmly embedded in a pictorialist European tradition. I could cite many masters who influenced a young and impressionable Kenna, including the well-known names of Eugène Atget, Bill Brandt, Brassaï, Mario Giacomelli, and Josef Sudek, who would be at the top of my list. All of these photographers were unique, with individual styles, forged over many years of photographic work. Looking at them as a group, however, we might generalize and point out common themes, such as atmosphere, emotion, and strong graphic compositions. I would place them all in a Romantic rather than Classical school. I sense that their subject matter and light emanates from the depths of dark, concave spaces, and I think most of my own early work follows this pattern.

If the first half of my career was influenced by these European giants, I believe the second was guided by my growing exposure to Asian art, culture, philosophies, and geography. It seems to me to be quite believable that just walking down an Asian street and not being able to read any of the characters which should convey information, must greatly change the nature of observation and comprehension. Being exposed to gorgeously painted scrolls with inscrutable *kanji* characters vertically aligned and forming a dynamic aspect of the composition must have been a compelling push away from my accepted norms of creativity. Spending time in the northern island of Hokkaidō immersed in a frozen, minimal world inevitably engages and sparks different creative synapses. Sitting and praying in Buddhist temples, listening to chanting monks, being solitary and humble enough to acknowledge a lack of any understanding, allows, perhaps, the unconscious imagination to wander. The list of influences could fill a book, albeit I have no scientific evidence to back up my theories. In short, even if the seeds had already been planted from earlier images and experiences, I strongly suspect that my first visit to Japan helped me to see and photograph in different ways.

É. S-O. *How do you choose your destination? And then how do you choose your subject matter? Or is it the other way around?*
M. K. If only I knew the answer to this question! It is far from straightforward. For example, did I choose to visit Japan, or is it more accurate to say that Japan chose me to visit? After all, I was invited by a Japanese gallery. The same could be said for many of the projects that I have worked on. I spent twelve years photographing Nazi concentration camps around Europe, before giving all the material away to France. I have often considered that I didn't really have a choice—the project chose me. How do we choose the roads we walk on? Objectivity or subjectivity? Head or heart? Milan Kundera alludes to this question in *The Unbearable Lightness of Being*. Choosing one path eliminates possibilities on the other. It is just a matter of making choices. But how and why do we make those choices? More questions than answers...

SI LA PREMIÈRE MOITIÉ DE MA CARRIÈRE A ÉTÉ
INFLUENCÉE PAR CES GÉANTS EUROPÉENS,
JE SUIS CONVAINCU QUE LA SECONDE A ÉTÉ
GUIDÉE PAR MON EXPOSITION DE PLUS EN PLUS
LONGUE À L'ART, À LA CULTURE, AUX PHILOSOPHIES
ET À LA GÉOGRAPHIE ASIATIQUES.

IF THE FIRST HALF OF MY CAREER WAS
INFLUENCED BY THESE EUROPEAN GIANTS,
I BELIEVE THE SECOND WAS GUIDED BY MY
GROWING EXPOSURE TO ASIAN ART, CULTURE,
PHILOSOPHIES, AND GEOGRAPHY.

cela déclenche et fait de manière inévitable intervenir des synapses créatives différentes. S'asseoir et prier dans les temples bouddhistes, écouter psalmodier les moines, être suffisamment solitaire et modeste pour reconnaître son manque absolu de compréhension, cela permet peut-être à l'imagination inconsciente de vagabonder. On pourrait remplir un livre avec la liste des influences, même si je n'ai aucune preuve scientifique pour étayer mes théories. Bref, même si les graines avaient déjà été semées par des images et des expériences antérieures, je soupçonne fort que mon premier séjour au Japon m'a aidé à voir et à photographier de manière différente.

É. S-O. *Comment choisissez-vous votre destination ? Et ensuite, comment choisissez-vous votre sujet ? Ou bien est-ce l'inverse ?*
M. K. Si seulement je connaissais la réponse à cette question ! C'est loin d'être simple. Par exemple, ai-je choisi d'aller visiter le Japon, ou serait-il plus juste de dire que le Japon m'a choisi pour aller le visiter ? Après tout, j'ai été invité par une galerie japonaise. On pourrait en dire tout autant de nombreux projets sur lesquels j'ai travaillé. J'ai consacré douze ans à photographier les camps de concentration nazis en Europe, avant de donner tout le matériel à la France. J'ai souvent pensé que je n'avais pas vraiment le choix : c'est le projet qui m'avait choisi. Comment choisissons-nous les chemins que nous empruntons ? Objectivité ou subjectivité ? La tête ou le cœur ? Milan Kundera fait allusion à cette question dans *L'Insoutenable Légèreté de l'être*. Le choix d'un chemin supprime toute possibilité en faveur de l'autre. Il s'agit simplement de choisir. Mais comment et pourquoi faisons-nous ces choix ? Plus de questions que de réponses...
Avec tous les sujets qui s'offrent à la photographie et tous les lieux à visiter, il n'est pas facile de prendre une décision, et pourtant, d'une manière ou d'une autre, des priorités sont définies, des décisions sont prises, des avions, des trains, des hôtels, des guides sont trouvés et réservés, le matériel photographique est nettoyé

With all the subject matter available to photograph, and all the places to visit, it is not easy to make decisions, and yet, somehow, priorities are decided, decisions are made, planes, trains, hotels, guides are found and booked, camera equipment is cleaned and film purchased. I can be guided by personal proclivities, professional commissions, book publication possibilities and/or exhibition ideas. Family obligations, logistics and finances are certainly strong elements in the process. I work closely with my wife Mamta and generally schedule out a year or more ahead to make the most efficient use of time and resources. I don't know if the process could be described in terms of art or science, but it seems to work!

Having made the big decisions about where to go, once I reach a location, I try to be guided by the words of the 13th-century Persian poet Rumi: "Let yourself be silently drawn by the strange pull of what you really love. It will not lead you astray." Following his advice, I look for what attracts me in our three-dimensional world and attempt to translate or interpret subject matter into two-dimensional black-and-white negatives which will eventually become photographic prints. I search for subject matter with visual patterns, interesting abstractions and graphic compositions. The essence of the image often involves the juxtaposition of our human-made structures with the more fluid and organic elements of the landscape (fig. 3). I enjoy places that have mystery and atmosphere, perhaps a patina of age, a suggestion rather than a description, a question or two. I look for memories, traces, evidence of the human interaction with the landscape. Sometimes I photograph pure nature, at other times urban structures. The presence of absence has been an integral element in my images throughout the years.
I also like what Garry Winogrand said about photographing to see "what the world looks like photographed." I do not usually make any elaborate preparation before I go to a location. Essentially, I walk, explore and photograph. I never know whether I will be there for some minutes, hours or days. I feel photographing is akin to

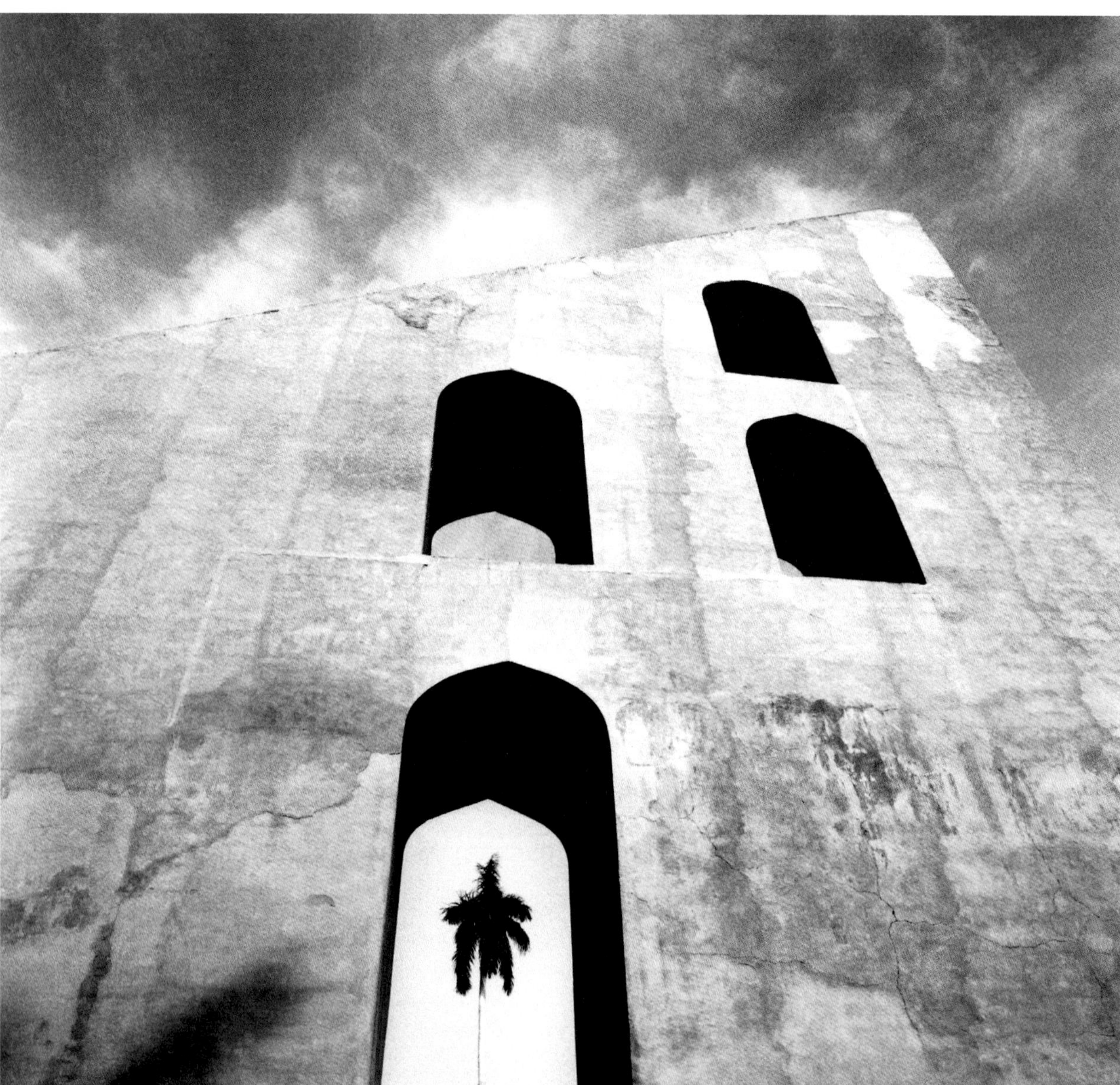

Observatoire de Jantar Mantar, étude 2, Delhi, Inde, 2006.

Jantar Mantar Observatory, Study 2, Delhi, India, 2006.

et les pellicules sont achetées. Je peux être guidé par mes inclinations personnelles, des commandes professionnelles, des possibilités de publication de livres et/ou des idées d'expositions. Les obligations familiales, la logistique et les finances sont certainement des éléments importants qui entrent aussi en ligne de compte. Je travaille en étroite collaboration avec mon épouse Mamta et j'établis en général un programme un an à l'avance, voire davantage, pour utiliser le plus rationnellement mon temps et mes ressources. J'ignore si cet échéancier peut être qualifié d'artistique ou de scientifique, mais il semble fonctionner !

Après avoir pris les grandes décisions concernant le lieu où aller, une fois arrivé à destination, j'essaie de me laisser guider par les paroles de Rûmi, poète persan du XIIIᵉ siècle : « Laisse-toi silencieusement attirer par la force étrange de ce que tu aimes vraiment. Elle ne pourra pas t'égarer. » En suivant son conseil, je recherche ce qui m'attire dans notre monde tridimensionnel et tente de traduire ou d'interpréter le

meeting a person and beginning a conversation. How does one know ahead of time where that will lead, what the subject matter will be, how intimate the relationship will become, and how long it will last? Certainly, a sense of curiosity and a willingness to allow the subject matter to reveal itself, are important elements in this process. There have been many occasions when interesting images have appeared from what I considered uninteresting places. The reverse has been equally true and relevant. One needs to fully accept that surprises often happen and control over outcome is not always necessary or even desirable. Ultimately, a photograph is the result of a collaborative effort between photographer, subject matter, and viewer.

Photography can, and often is, a solitary pursuit, and with all due respect to my wonderful family, friends and associates, I enjoy the time photographing, usually alone, out walking for hours, and then printing in the darkroom, or just sitting quietly in sacred spaces such as churches, temples, and shrines. I believe that photogra-

sujet au moyen de négatifs bidimensionnels noir et blanc qui deviendront un jour des tirages photographiques. Je recherche des sujets présentant des motifs visuels, des abstractions intéressantes et des compositions graphiques. L'essence de l'image implique souvent la juxtaposition de nos constructions faites de main d'homme avec les éléments plus fluides et organiques du paysage (fig. 3). J'aime les lieux qui ont du mystère et une atmosphère, peut-être la patine du temps, une suggestion plutôt qu'une description, une question ou deux. Je recherche des réminiscences, des traces, des preuves de l'interaction humaine avec le paysage. Parfois, je photographie la nature à l'état pur, d'autres fois, des constructions urbaines. La présence de l'absence a fait partie intégrante de mes images au fil des années. J'aime bien aussi ce que dit Garry Winogrand à propos de la photographie faite pour voir « à quoi ressemble le monde photographié ». En général, je ne fais pas de préparation minutieuse avant de me rendre sur place. En fait, je marche, j'explore et je photographie. Je ne sais jamais si je vais y rester quelques minutes, quelques heures ou quelques jours. J'ai le sentiment que la photographie, c'est comme rencontrer quelqu'un, comme le début d'une conversation. Comment savoir à l'avance où cela va nous mener, quel sera le sujet, jusqu'à quel point la relation sera intime et combien de temps elle durera ? Une certaine curiosité et faire preuve de bonne volonté pour laisser le sujet se révéler lui-même sont sans aucun doute des aspects importants. Il est arrivé de très nombreuses fois que des images intéressantes apparaissent dans des lieux que j'avais jugés inintéressants. Mais l'inverse est tout aussi vrai et pertinent. Il faut accepter sans réserve que des surprises surviennent fréquemment et que la maîtrise du résultat n'est pas toujours nécessaire ni même souhaitable. En fin de compte, toute photographie est l'aboutissement d'une collaboration entre le photographe, le sujet et le spectateur.

La photographie peut être une quête solitaire, et elle l'est souvent, et avec tout le respect que je dois à ma merveilleuse famille, à mes amis et à mes associés, j'aime le temps que je passe à photographier, en général seul, à marcher pendant des heures, puis à faire mes tirages en chambre noire, ou à m'asseoir tranquillement dans des espaces sacrés tels que les églises, les temples et les lieux saints. Je crois que la photographie est un procédé de partage social, magique et alchimique, avec lequel le photographe entame des conversations, silencieuses ou non, avec le sujet rencontré. De sorte que je considère mes photographies comme le souvenir visuel de relations personnelles, de collaborations et d'amitiés. En fin de compte, du moins pour moi, le comment et le pourquoi sont sans importance.

phy is a magical and alchemical social-sharing process where the photographer engages in conversations, silently or otherwise, with the subject matter encountered. In that sense, I regard my photographs to be visual souvenirs of personal connections established, collaborations entered into, and friendships shared. The how and why is, at least to me, ultimately irrelevant.

É. S-O. *There is hardly ever a human or animal presence in the photographs you choose to exhibit and publish. Has this been a conscious choice from the start?*
M. K. It is an accurate observation on your part. I have photographed minimalistic frozen landscapes, parks and gardens, empty seafronts, abandoned urban neighborhoods, old industry, power stations, and Nazi concentration and deportation camps. I have photographed outside, in nature, in the elements, day and night. I have also photographed inside, schools, factories, churches, temples, monasteries and museums, where one would expect to see people. But, in my work, we don't see them, for I try to attain what is perhaps unattainable—I wish to record and interpret the presence of human absence. I search for the memories, traces and evidence of residual atmospheres left behind after human activities. I try to photograph the relationship, juxtaposition, and tension between the land and the structures that we humans place on it. I have often used the analogy of the theatre stage because I also look for the atmosphere before the performance, when the orchestra is warming up and anticipation is high, when we use our imagination to create stories. I look for memories after an event, with their shifting subjective interpretations and fleeting mind's-eye recall. Whether or not these proclivities have been conscious choices from the start is difficult for me to ascertain, but I suspect so. I have just followed the muse and this is where I have landed.

É. S-O. *The desire to interpret rather than reproduce is another common denominator in your work, and it seems that most of the defining elements of your style derive from this core principle: the use of black-and-white film, long exposures, framing and geometry. What are, according to you, the virtues of interpretation? Where do your visual principles originate? And what do they entail in the field?*
M. K. I have never been interested in producing a copy of what I see—an interpretation has always seemed more stimulating. Early on, I took risks and experimented with double exposures, the use of harsh grain, high contrast printing, long exposures, infra-red film, plastic cameras and extensive retouching; all these efforts in order to escape a literal rendition of what was in front of me. Of course, I failed most of the time, but in retrospect, these failures were key components to whatever successes I subsequently achieved. I also remember that when I attended exhibitions or viewed in books the images of well-known and admired photographers, I sincerely believed that they all knew exactly

M.K. C'est une remarque très juste. J'ai photographié des paysages gelés minimalistes, des parcs et des jardins, des fronts de mer vides, des quartiers urbains abandonnés, des usines désaffectées, des centrales électriques, ainsi que des camps de concentration et de déportation nazis. J'ai photographié en extérieur, dans la nature, dans les éléments, de jour comme de nuit. J'ai également photographié en intérieur, des écoles, des usines, des églises, des temples, des monastères et des musées, des lieux où l'on s'attendrait à voir des gens. Mais dans mon travail, on ne les voit pas, car j'essaie d'atteindre ce qui est peut-être inaccessible : je souhaite enregistrer et interpréter la présence d'une absence humaine. Je recherche les souvenirs, des traces et des preuves attestant les atmosphères résiduelles qui subsistent après les activités humaines. J'essaie de photographier les relations, la juxtaposition et la tension entre la terre et les constructions que nous, les humains, y plaçons. J'ai fréquemment utilisé l'analogie de la scène de théâtre parce que je recherche aussi l'atmosphère qui précède le spectacle, lorsque l'orchestre s'échauffe et que l'anticipation est à son comble, lorsque nous faisons appel à notre imagination pour créer des histoires. Je recherche les souvenirs qui restent après un événement, avec leurs interprétations subjectives, changeantes, et leur éphémère évocation par un regard mental. Il m'est difficile d'affirmer que ces tendances furent depuis le début des choix conscients, mais je le suppose. J'ai tout simplement suivi la muse et c'est là que j'ai atterri.

É. S-O. *Le désir d'interpréter plutôt que de reproduire est un autre dénominateur commun dans votre travail. Il semblerait même que l'essentiel des aspects qui définissent votre style provient de ce principe central : le recours au noir et blanc, aux poses longues, au cadrage et à la géométrie. Quelles sont, selon vous, les vertus de l'interprétation ? Quelle est l'origine de vos principes visuels ? Et qu'est-ce qu'ils supposent sur le terrain ?*
M.K. Produire une copie de ce que je vois ne m'a jamais intéressé. Il m'a toujours paru plus stimulant d'en faire une interprétation. Très tôt, j'ai pris des risques et expérimenté avec les doubles expositions, un gros grain, les tirages à fort contraste, les longues poses, la pellicule infrarouge, les appareils photo en plastique et un important travail de retouches, tous ces efforts pour échapper à une représentation littérale de ce qui se trouvait devant moi. Bien entendu, j'échouais la plupart du temps, mais rétrospectivement, ces échecs ont été essentiels aux réussites auxquelles je suis parvenu. Je me souviens par ailleurs que lorsque je visitais des expositions ou regardais dans des livres les images faites par des photographes connus et admirés, je croyais sincèrement qu'ils savaient tous avec exactitude ce qu'ils faisaient. Peut-être que j'aspirais moi aussi à une clarté d'expression analogue, mais je considère maintenant que cette prétendue clarté est une illusion. Je suis convaincu que je n'ai jamais

what they were doing. Perhaps I aspired to a similar clarity of expression, but today, I regard this presumed clarity to be an illusion. I am convinced that I have never really had a clear idea, and still have little idea now, of what I do or should do in photography. I even have these vague fears that if I analyze too much, if I find the formulas, answers and pathways, I will consciously or unconsciously use them as shortcuts to creativity, which might ultimately make my work more predictable and boring. Perhaps this is why I have little interest in teaching photography. A road with an unknown destination has more appeal to me than one with a defined end point. I think it is in the twists and turns, the detours and deviations, that creativity has more possibilities to flourish. I suspect that I probably know less about creativity now than when I started out on my journey. My ignorance is, I think, ultimately a very good friend, and I both appreciate and embrace living in this "cloud of unknowing." As the wonderful Japanese architect Tadao Andō tells us, "our imagination is piqued by what we cannot see."

É. S-O. *The choice of suggestion over description is also a defining element in several artistic traditions in East Asia, especially ink wash painting (shuimohua in China, sumughwa in Korea, sumi-e in Japan). Have these had an influence on your work? And what else may have proved an inspiration for you in Asia?*
M. K. I have been greatly influenced and inspired by Asian artists, particularly Japanese, albeit I find it difficult to specifically allocate those influences. I was first exposed to *ukiyo-e* woodblock prints at school, when I was aged seventeen, during "A-Level" History of Art classes. I loved the graphic nature of those prints—especially the *Great Wave* by Hokusai (cat. 4). It surely would have been the influence behind my own wave photograph made in Scarborough in 1981, even though I didn't recognize this when I made the photograph (cat. 1). At various times in my life I have been drawn to *haiku* poems, particularly by the great master, Matsuo Bashō. I have read and thoroughly enjoyed the works of modern writers such as Kōbō Abe, Yasunari Kawabata, Haruki Murakami and Kazuo Ishiguro. The music of Ryūichi Sakamoto has long haunted me—perhaps since watching *Merry Christmas, Mr Lawrence* in the early Eighties. I have recently become enamored of the pottery of Kitaōji Rosanjin, to the point that I have been extensively photographing his works at the Kahitsukan Museum of Contemporary Art in Kyoto with a view to making a sort of homage to him. The list could go on to include Tadao Andō's architecture, the Sado Island drummers, and most recently I have been following the salt works of Motoi Yamamoto. As for Asian photographers, there are too many to mention, but they have to include Don Hong-Oai, Masahisa Fukase, Eikō Hosoe, Fan Ho, Kenro Izu, Daidō Moriyama, Shōji Ueda, Wang Wusheng, and so many others.
As an aside, I am often asked what *wabi-sabi* means to me but I admit that it remains somewhat inscrutable.

Katsushika Hokusai (1760-1849),
Sous la vague au large de Kanagawa
Japon, époque d'Edo, 1831-1833, série
des « Trente-six vues du mont Fuji » ,
estampe polychrome nishiki-e,
H. 25,5 cm, l. 38,2 cm, musée Guimet,
legs Raymond Koechlin (1932), EO 3285.

Katsushika Hokusai (1760–1849),
Under the Wave off Kanagawa
Japan, Edo period, 1831–33, series
of *Thirty-Six Views of Mount Fuji*,
polychrome *nishiki-e* print, H. 25.5 cm,
W. 38.2 cm, Guimet Museum, bequest
by Raymond Koechlin (1932), EO 3285.

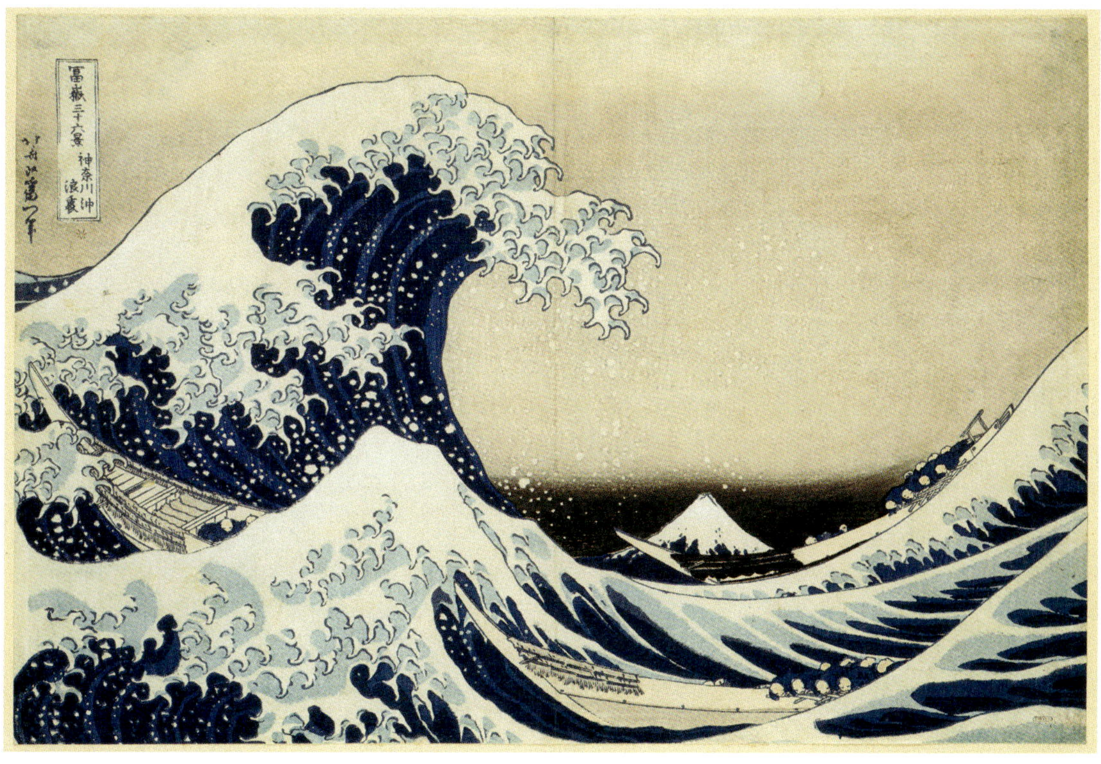

Vague,
Scarborough, Yorkshire, Angleterre, 1981.

Wave,
Scarborough, Yorkshire, England, 1981.

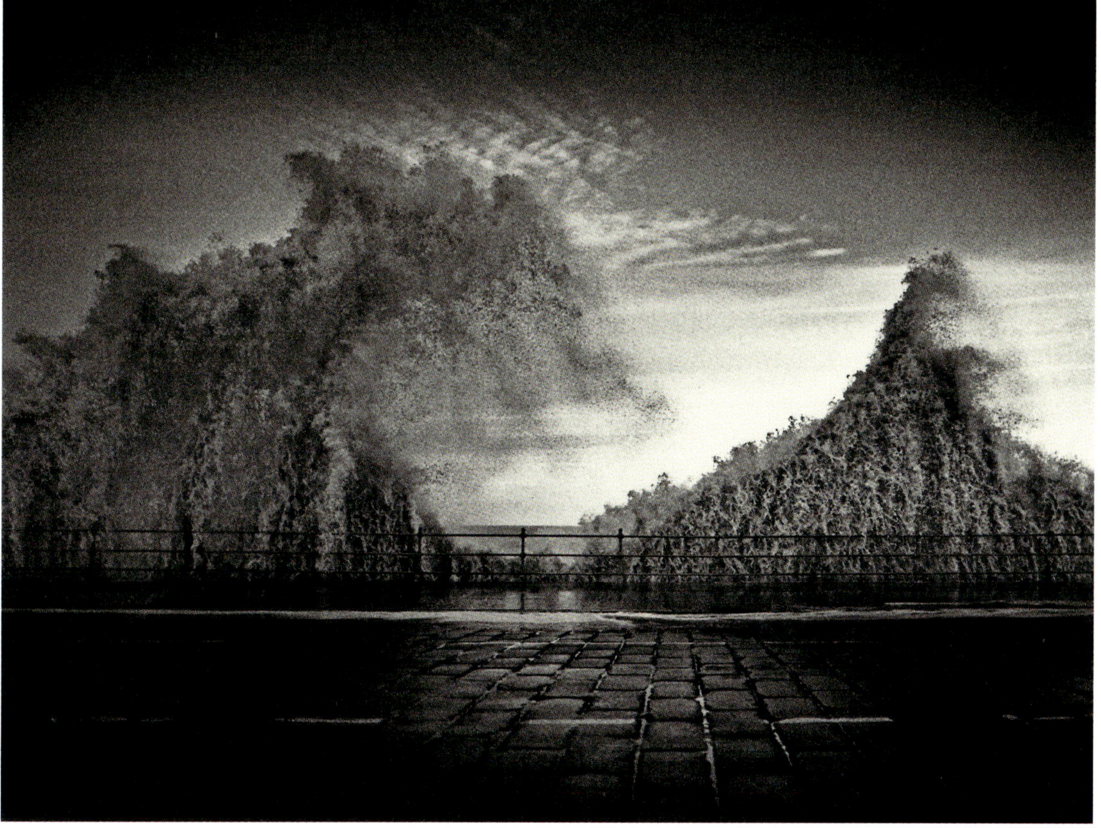

vraiment eu une idée claire, et que j'en ai encore très peu aujourd'hui, à propos de ce que je fais ou devrais faire en photographie. Je crains même vaguement que, si j'analyse trop, si je trouve les formules, les réponses et les filières, je les utiliserais de manière consciente ou inconsciente comme des raccourcis vers la créativité, ce qui risquerait de rendre mon travail en définitive plus prévisible, et plus ennuyeux. C'est peut-être pour cela qu'enseigner la photographie m'intéresse si peu. Une route dont la destination est inconnue m'attire davantage qu'une route dont l'aboutissement est défini. Je pense que c'est dans les tours et détours, dans les méandres et les déviations que la créativité a le plus de possibilités de s'épanouir. Je soupçonne que j'en sais probablement moins sur la créativité aujourd'hui que lorsque j'ai commencé mon voyage. Mon ignorance, j'en suis convaincu, est en définitive une très bonne amie, et j'apprécie et j'accepte de vivre dans ce « nuage de l'inconnaissance ». Ainsi que l'a dit le merveilleux architecte japonais Tadao Andō, « notre imagination est stimulée par ce que nous ne pouvons voir ».

É. S-O. *Privilégier la suggestion au détriment de la description est également un élément déterminant de plusieurs traditions artistiques d'Asie de l'Est, en particulier la peinture au lavis d'encre (shuimohua en Chine, sumughwa en Corée, sumi-e au Japon). Ces traditions ont-elles influencé votre travail ? Quelles autres sources d'inspiration avez-vous trouvées en Asie ?*
M. K. J'ai été très influencé et inspiré par des artistes asiatiques, en particulier japonais, encore qu'il me soit difficile d'identifier spécifiquement ces influences. J'ai eu un premier contact avec les bois gravés *ukiyo-e* à l'âge de dix-sept ans, en classe de terminale, pendant les cours d'histoire de l'art. J'ai adoré le graphisme de ces estampes, en particulier *La Grande Vague* de Hokusai (cat. 4). Elle a sans doute influencé la photographie de vague que j'ai réalisée à Scarborough en 1981, même si je n'en étais pas conscient lorsque je l'ai photographiée (cat. 1). À différentes périodes de ma vie, j'ai été attiré par les haïkus, entre autres par ceux du grand maître Matsuo Bashō. J'ai lu et énormément apprécié les œuvres d'auteurs modernes comme Kōbō Abe, Ya-

What I can say, however, in my very limited knowledge of the concept, is that many aspects associated with it greatly appeal to me, including imperfection, impermanence, incompleteness, the patina of the past, and the transience and fragility of the present. *Kintsugi* or *kintsukuroi*, a connected concept, is the Japanese art of repairing broken pottery by mending the areas of breakage with *urushi* lacquer dusted or mixed with powdered gold, silver, or platinum. As a philosophy, the imperfect is again embraced rather than disguised, and history is emphasized rather than covered up. These aspects are certainly relevant and influential to my own work.

É. S-O. *Huangshan occupies a prominent place in your photographs of China, as it does in Chinese traditional painting and literature. What drew you to this place in particular? Has the Chinese landscape/mountain painting tradition influenced your approach to the site?*
M. K. I would like to say that I studied Chinese landscape/mountain painting, or at least that I was well aware of this rich cultural tradition before my first encounter with Huangshan. Alas, I do not remember consciously preparing myself for the experience. The mountain was suggested to me by a guide in Hong Kong, which is no surprise as Huangshan is one of China's most popular tourist destinations. In retrospect, I feel somewhat fortunate to have been introduced to the mountain without the benefit of prior study. I even think that perhaps not knowing the history of art inspired by the mountain gave me an opportunity to appreciate the experience without prior expectations or assumptions so that I had the chance to be more objective and, paradoxically, subjective as well.

É. S-O. *Another one of your major series in Asia is the derelict lifeguard towers on the shores of South Korea. How did you encounter this subject and what motivated you to pursue it?*
M. K. On my first visit to South Korea in 2005 for an exhibition opening, the gallery I worked with in Seoul kindly took me for some days to explore the landscape outside of the city. We travelled to mountains, lakes, forests, and temples, along the Gangwon-do coastline

sunari Kawabata, Haruki Murakami et Kazuo Ishiguro. La musique de Ryūichi Sakamoto me hante depuis longtemps, peut-être depuis que j'ai vu le film *Merry Christmas, Mr Lawrence* [*Furyo*] au début des années 1980. Je me suis passionné, il y a peu, pour la poterie de Kitaōji Rosanjin, jusqu'à aller photographier de manière exhaustive ses œuvres au musée Kahitsukan d'art contemporain de Kyoto, dans l'idée de lui rendre une forme d'hommage. Je pourrais continuer la liste avec l'architecture de Tadao Andō, les percussionnistes de l'île de Sado et, plus récemment, les installations en sel de Motoi Yamamoto. Quant aux photographes asiatiques, ils sont trop nombreux pour être tous cités, mais il faut inclure Don Hong-Oai, Masahisa Fukase, Eikō Hosoe, Fan Ho, Kenro Izu, Daidō Moriyama, Shōji Ueda, Wang Wusheng et tant d'autres.

Soit dit en passant, on me demande souvent ce que le *wabi-sabi* signifie pour moi, mais je dois reconnaître que cela reste assez impénétrable. Cependant, ce que je peux dire avec ma connaissance très limitée du concept, c'est qu'un grand nombre de ses aspects m'attire beaucoup, notamment l'imperfection, l'impermanence, l'incomplétude, la patine du passé, ainsi que le caractère transitoire et la fragilité du présent. Un concept qui lui est associé, le *kintsugi* ou *kintsukuroi* est l'art japonais de réparer les poteries cassées en rejoignant les morceaux avec une laque *urushi* saupoudrée d'or ou mélangée à de la poudre d'or, d'argent ou de platine. C'est une philosophie où l'imperfection est ici encore acceptée plutôt que cachée, et l'histoire est mise en valeur et non dissimulée. Ces aspects sont certainement pertinents pour mon travail personnel et l'ont influencé.

É. S-O. *Les monts Huangshan occupent une place importante dans vos photographies de Chine, comme dans la peinture et la littérature traditionnelles chinoises. Qu'est-ce qui vous a attiré vers ce lieu en particulier ? La tradition chinoise de la peinture de paysages et de montagnes a-t-elle exercé une influence sur votre approche du site ?*

M. K. J'aimerais pouvoir dire que j'avais étudié la peinture chinoise de paysages et de montagnes, ou du moins que j'étais bien conscient de la richesse de cette tradition culturelle avant ma première rencontre avec Huangshan. Hélas, je ne me souviens pas m'être consciemment préparé à cette expérience mémorable. C'est un guide à Hong Kong qui m'a indiqué la montagne, ce qui n'est pas étonnant, puisque Huangshan est l'une des destinations touristiques les plus prisées de Chine. Rétrospectivement, j'ai l'impression d'avoir eu plutôt de la chance de découvrir la montagne sans avoir bénéficié d'une préparation préalable. Je pense même que le fait de ne pas connaître l'histoire de l'art inspirée par la montagne m'a peut-être permis d'apprécier cette découverte sans attentes ni suppositions préalables, ce qui m'a donné l'occasion d'être plus objectif et, paradoxalement, plus subjectif en même temps.

and up as far as the Demilitarized Zone (DMZ) which divides North and South Korea. One reason South Korea is so different from other countries I have photographed is that it is, at least technically, a country at war with its neighbor. This fact dramatically and visually affects its appearance and atmosphere. For example, I had never before seen public beaches protected by barbed wire, with camouflaged watchtowers embedded in the hillsides, and electronic surveillance devices constantly monitoring the coastal waters. Lifeguard towers may feel innocuous on most beaches in most countries, but in South Korea they immediately struck me as being strangely ominous, particularly those closest to the DMZ. I couldn't help being reminded of the Nazi concentration camp watchtowers that I had photographed in Europe between 1988 and 2000. I felt an inner echo which made me want to photograph all the old beach towers I could, before they were replaced with new structures. As with much of my work, I did not initially ask why. Rather, I followed an instinct which has so far proven to be a most productive compass for creativity. I could not make these same photographs again today, for indeed, most of these towers have now been replaced.

É. S-O. *In many ways your photographs of nudes from the* Rafu *series are the opposite of your landscapes. They are made indoors, in the intimacy of the studio, with a person as subject, and involve some degree of collaboration with the sitter. How did you negotiate this change in subject matter?*

M. K. Although I am probably most known for my landscape work, I have photographed a wide variety of subject matter in my fifty-year career, much of it indoors. However, you are absolutely correct that *Rafu* is the only series involving photographing people, and has involved significant practical and creative challenges —which was perhaps a large part of the incentive to do this work.

I like to always think of myself as a student. It is not so well known that my senior photographic project at the London College of Printing, back in the Seventies, was a study of body motion, in color, and inspired by the stroboscopic work of Harold Edgerton. Ever since, I have remained interested in photographing nudes, even if I have opted to concentrate on other subject matters for the most part.

As alluded to earlier, I have been greatly influenced by the photographer Ruth Bernhard. I first met her in the late Seventies, in San Francisco, and was then hugely fortunate to become her printer for some twelve years. She is most well known for her beautiful photographs of the female nude. A great admirer of Edward Weston, Ruth was careful to teach against the danger of male photographers objectifying the female body. I had to think very carefully before undertaking the *Rafu* project. Ruth had very clear ideas about how she wanted her nude studies printed. We worked closely together to

É. S-O. *Une autre série importante que vous avez réalisée en Asie est celle des miradors des sauveteurs en mer abandonnés sur les plages de Corée du Sud. Comment avez-vous découvert ce sujet et qu'est-ce qui vous a motivé pour le traiter ?*

M. K. Lors de mon premier voyage en Corée du Sud, en 2005, pour le vernissage d'une exposition, la galerie avec laquelle je travaillais à Séoul m'a aimablement fait découvrir pendant quelques jours les paysages du pays. Nous avons voyagé vers les montagnes, les lacs, les forêts et les temples, le long de la côte de Gangwon-do et jusqu'à la zone démilitarisée qui sépare la Corée du Nord de la Corée du Sud. L'une des raisons pour lesquelles la Corée du Sud est si différente des autres pays que j'ai photographiés, c'est que, du moins sur un plan technique, elle est en guerre avec son voisin. Ce fait a entraîné des répercussions visuelles spectaculaires sur son aspect et son atmosphère. Par exemple, je n'avais jamais vu auparavant de plages publiques protégées par des barbelés, avec des tours de guet camouflées, encastrées dans les collines, et des dispositifs électroniques de surveillance permanente des côtes et de la mer. Les miradors de surveillance des sauveteurs en mer ont un aspect inoffensif sur la plupart des plages de la plupart des pays, mais en Corée du Sud, ils m'ont tout de suite frappé par leur caractère étrangement inquiétant, en particulier les plus proches de la zone démilitarisée. Je ne pouvais m'empêcher de penser aux miradors des camps de concentration nazis que j'avais photographiés en Europe entre 1988 et 2000. Cela a trouvé un écho en moi et m'a donné envie de photographier autant que je le pouvais tous ces vieux miradors de plage, avant qu'ils ne soient remplacés par de nouveaux. Comme pour l'essentiel de mon travail, je n'ai pas cherché à savoir pourquoi à l'origine. J'ai plutôt suivi mon instinct qui a été jusqu'à présent une boussole très productive pour ma créativité. Il me serait impossible de refaire ces mêmes photographies aujourd'hui, car la plupart de ces miradors ont été remplacés depuis.

É. S-O. *Vos photographies de nus de la série « Rafu » sont à bien des égards à l'opposé de vos paysages. Elles sont réalisées en intérieur, dans l'intimité du studio, avec un sujet humain, et elles impliquent une certaine collaboration avec le modèle. Comment avez-vous abordé ce changement de thème ?*

M. K. Même si je suis probablement plus connu pour mes paysages, au cours de mes cinquante années de carrière, j'ai photographié de nombreux sujets très divers, pour l'essentiel en intérieur. Mais vous avez tout à fait raison de dire que « Rafu » est la seule série de photographies où figurent des personnes, et qu'elle a posé des défis pratiques et créatifs importants, ce qui a peut-être motivé en grande partie ce travail.

J'aime me considérer comme un éternel étudiant. Ce que l'on sait moins, c'est que mon projet de fin d'études en photographie au London College of Prin-

achieve the results she had in mind, then she would change direction, sometimes within minutes. She liked to exercise the artist's prerogative. The simple concept that there was no best or right way to print a negative helped me greatly. I cannot stress enough how her vision impacted mine in so many ways, and I consider my series of Japanese female nudes to be a direct homage to her.

I approach photographing the nude in a similar manner to how I photograph the landscape, with absolute respect, admiration, and complete amazement. I do not start with any fixed ideas and I can never predict or pre-visualize the results. Photography sessions are more impromptu events, dialogues and conversations between model and photographer, ongoing collaborations. I look for individual characteristics in bodies, their shapes and singularity. I explore their relationships with the environments in which we are photographing and try to balance elements and compositions within the camera's rectangular frame. I try to allow the models to express themselves, to find poses and angles that are interesting. Some require direction, others are content to move as they wish and I stop them when I see visual possibilities.

Working with my old Hasselblad film cameras, exposures are usually close to a second, with the camera on a tripod or resting on the ground. I use whatever available ambient light and props I find. It is often slow and arduous for the models as they have to maintain their poses, and there are many sore muscles afterwards! I cannot adequately express my sincere appreciation for the forbearance and patience of those kind souls who volunteered to be photographed.

É. S-O. *The ethics of craftsmanship—dedication, solitude, the attention to detail and the acceptance of slowness—are central in your creative process. What was the source of these work ethics for you? And how did you make them your own?*

M. K. In my childhood, I happily spent long periods alone, focused on my various hobbies. I was, for example, fascinated by the game of cricket and developed into a fast bowler by spending hours practicing bowling in the back alleyways behind our house. There was a thin drainage channel that ran along the center of the alley, with cobblestones on either side. It was imperative to bowl the ball to hit the flat drainage channel, otherwise the ball would hit a cobblestone and, more likely than not, bounce over into somebody's backyard. So, through constant practice I became both accurate and fast. It is said that "necessity is the mother of invention". Another hobby was recording car number plates. I would sit for hours on the front step of our house at 49 Birchfield Road, observing and writing down numbers. Later, I would arrange them numerically or alphabetically. I also collected stamps, matchbox labels, cigarette boxes, postcards, train tickets, beer bottle tops, and rugby league programs. I even collect-

ting, dans les années 1970, c'était une étude du mouvement du corps humain, en couleur, inspirée par les photographies stroboscopiques de Harold Edgerton. Depuis, je continue à m'intéresser à la photographie de nu, même si, dans l'ensemble, j'ai choisi de me concentrer sur d'autres sujets.

Ainsi que j'y ai déjà fait allusion, j'ai été fortement influencé par la photographe Ruth Bernhard. J'ai fait sa connaissance à la fin des années 1970, à San Francisco, puis j'ai eu la chance immense de devenir son tireur attitré pendant une douzaine d'années. Elle est surtout renommée pour ses magnifiques photographies de nus féminins. Ruth était une grande admiratrice d'Edward Weston et a toujours veillé à mettre en garde contre les risques d'objectivation du corps féminin par les photographes masculins. J'ai dû réfléchir de manière très approfondie avant d'entreprendre le projet « Rafu ».

Ruth avait des idées très précises sur ce que devaient être les tirages de ses études de nus. Nous travaillions en étroite collaboration pour obtenir le résultat qu'elle avait en tête, puis elle changeait d'avis, parfois en l'espace de quelques minutes. Elle aimait exercer ses prérogatives d'artiste. Le simple fait de savoir qu'il n'y avait pas de meilleure ou de bonne façon de tirer un négatif m'a beaucoup aidé. Je ne saurais trop insister sur l'influence de sa vision sur la mienne, à bien des égards, et je considère ma série de nus féminins japonais comme un hommage direct rendu à son travail.

J'aborde la photographie de nu de la même manière que je photographie les paysages, avec un respect absolu, de l'admiration et un émerveillement total. Je n'ai aucune idée préconçue, et je suis toujours incapable d'anticiper ou de prévisualiser les résultats. Les séances de prises de vue sont des événements plus improvisés, avec un dialogue et des conversations entre le modèle et le photographe, des collaborations continues. Je recherche les caractéristiques individuelles des corps, de leurs formes et de leur singularité. J'explore leurs relations avec les environnements dans lesquels nous photographions et je m'efforce d'équilibrer les éléments et les compositions dans le cadre rectangulaire de l'appareil photo. J'essaie de laisser les modèles s'exprimer, afin qu'elles trouvent des poses et des angles intéressants. Certaines ont besoin de direc-

ed glass in a disused graveyard close to where I lived. All of these were singular pursuits. Later, between ages ten to seventeen, I was educated in a Catholic seminary boarding school with an idea of becoming a priest. There were long periods of 'Magnum Silentium' where conversation was not allowed. Meditation, prayer, discipline and concentration were emphasized. I attribute much of my later work ethic to practices learned during these very important formative years.

É. S-O. *Spirituality and religion are both present in your background and central to many of the hallowed places you choose to visit and photograph. It also seems that a spiritual understanding of the world is inseparable from your aesthetics and very approach to photography. You have sometimes referred to photographing and printing as meditative tasks. What is the place of the spiritual in your life and work? And how has it evolved through the years?*

M. K. When I photograph the landscape, urban environments and industry, or visit temples, shrines, churches, synagogues, mosques and monasteries, or any place of worship (fig. 4), my prayers are always essentially the same, distilled into a simple "thank you"—to the deities, to the universe, to my family and friends, to whatever is out there beyond my understanding or belief structure. There is so much we can complain about in life (getting older for one thing!) and yet, fundamentally our existence is miraculous. As time has passed and years have gone on, I have found, more and more so, that I no longer regard myself as belonging to any one culture, country, philosophy or religion. The more questions I ask, the less I seem to understand, and it has become clear to me that I cannot and should not follow any one dogmatic path. I suppose that I fall into an agnostic category. I am neither a true believer, nor am I a disbeliever. Prayer, for me, is an important way to reach out and attempt to communicate with that which is not visible. Photography is generally regarded as being about recording the visual, but I attempt to record the invisible, which may seem like a paradox. However, I am heartened and influenced by Heisenberg's law of indeterminacy, which I came across in my studies at the London College of Printing many years ago. It states

tives, d'autres se contentent de bouger tel qu'elles le souhaitent et je les arrête quand je perçois des possibilités visuelles.

Lorsque je travaille avec mes vieux boîtiers argentiques Hasselblad, les temps de pose avoisinent en général une seconde, l'appareil étant fixé sur un trépied ou posé au sol. J'utilise la lumière ambiante disponible et les accessoires que j'ai sous la main. Pour les modèles, c'est parfois lent et pénible, car elles doivent garder la pose, et il y a souvent beaucoup de muscles endoloris à l'issue de la séance ! Je n'ai pas assez de mots pour exprimer ma sincère gratitude pour la patience et la tolérance de ces âmes bienveillantes qui se sont portées volontaires pour être photographiées.

É. S-O. *L'éthique de l'artisanat – la persévérance, la solitude, l'attention aux détails et l'acceptation de la lenteur – réside au cœur de votre démarche créative. Selon vous, quelle est la source de cette éthique de travail ? Et comment l'avez-vous faite vôtre ?*
M. K. Quand j'étais enfant, j'aimais rester de longs moments seul, uniquement préoccupé par mes différents passe-temps. Par exemple, le cricket me fascinait, et je suis devenu un lanceur rapide en m'entraînant au lancer pendant des heures dans les ruelles derrière notre maison. Au centre de la ruelle, il y avait une rigole étroite, bordée par des pavés de chaque côté. Il fallait lancer la balle en visant la surface plate de la rigole, sinon elle tapait un pavé et rebondissait le plus souvent dans l'arrière-cour d'un voisin. De sorte que, en pratiquant régulièrement, j'ai acquis précision et rapidité. On dit en anglais que « la nécessité est la mère de l'invention ». Un autre de mes loisirs consistait à noter les plaques d'immatriculation des voitures. Je passais des heures sur le perron de notre maison, au 49 Birchfield Road, pour observer et consigner les numéros. Plus tard, je les classais par ordre numérique ou alphabétique. Je collectionnais également les timbres, les étiquettes de boîtes d'allumettes, les paquets de cigarettes, les cartes postales, les billets de train, les capsules de bouteilles de bière et les programmes de match de rugby à XIII. J'ai même collectionné du verre provenant d'un cimetière désaffecté près de chez moi. Toutes ces activités étaient assez bizarres. Plus tard, entre dix et dix-sept ans, j'ai effectué ma scolarité dans un pensionnat catholique, au petit séminaire, avec l'idée de devenir prêtre. Il y avait de longues périodes de *Magnum Silentium* où toute conversation était interdite. L'accent était mis sur la méditation, la prière, la discipline et la concentration. J'attribue une bonne part de mon éthique de travail ultérieure aux pratiques apprises au cours de ces années de formation très importantes.

É. S-O. *La spiritualité et la religion sont toutes deux présentes dans votre parcours et sont centrales aux nombreux lieux sacrés que vous avez choisi de visiter et de photographier. Il semblerait également qu'une*

that an observer and what is being observed affect and change each other. Photography, I believe, works in the same way—it is why I always ask permission of the landscape or whatever it is I am photographing. I attempt a conversation or collaboration, in full consciousness that what I photograph is being affected by the very act of me photographing. My friend Pico Iyer insightfully writes that photographs can be visual prayers, and I heartily agree with him. I even think that photographs can be love poems to the universe. As to how all this connects with my time and experiences in Asia, I cannot clearly say, but I do believe that all experiences become part of us in a karmic sense. It is logical to therefore conclude that an exchange of energy takes place in every conversation, whether vocal or silent, conscious or unconscious. There are always consequences to our actions. I also rather like the quote attributed to the Buddha: "What we think, we become."

É. S-O. *You spend time in different parts of Asia several times a year now. Where else in this vast continent would you like to take your camera in the future?*
M. K. There are infinite possibilities in any one subject matter, or in any one country. A conversation with one person, one place, can continue indefinitely. Do we want or need to be meeting new people and having new conversations all the time? Perhaps moderation is the way to go. I love to return to places, over and over again, and have ongoing projects in China, Japan, South Korea, and other countries, but I also recognize that I greatly enjoy visiting new places. So, I seek a balance in both life and work. There are many locations that I have not yet visited but which I am sure would tickle my fancy and could be considered on the radar. They include Indonesia, Kashmir, Mongolia, Nepal, North Korea, the Philippines, Sri Lanka and Tibet. Given the preciousness of time, and the little that we have in life, I have no idea if I will get to any of these places. I just have to see what the future brings.

conception spirituelle du monde soit indissociable de votre esthétique et de votre démarche photographique. Vous avez parfois fait allusion à la prise de vue et au tirage des épreuves photographiques comme autant d'activités méditatives. Quelle est la place du spirituel dans votre vie et dans votre travail ? Et comment a-t-elle évolué au fil du temps ?

M. K. Quand je photographie des paysages, des environnements urbains et industriels, ou quand je me rends dans des temples, des sanctuaires, des églises, des synagogues, des mosquées et des monastères, ou dans tout autre lieu de culte (fig. 4), mes prières sont toujours essentiellement les mêmes, elles se résument à un simple « merci », adressé aux divinités, à l'univers, à ma famille et à mes amis, à tout ce qui se trouve au-delà de ma compréhension ou de mon système de croyance. Dans la vie, il y a tant de choses dont nous pouvons nous plaindre (et tout d'abord le fait de vieillir !) et pourtant, notre existence est foncièrement miraculeuse. Au fil du temps, à mesure que passent les années, je constate, et de plus en plus souvent, que je ne me considère plus comme appartenant à quelque culture, pays, philosophie ou religion en particulier. Plus je me pose de questions, moins j'ai l'impression de comprendre, et il m'est apparu avec clarté que je ne peux pas et ne dois pas suivre une voie dogmatique. Je suppose que je me range dans la catégorie des agnostiques. Je ne suis pas un vrai croyant, mais ne suis pas non plus un non-croyant. La prière est pour moi un moyen fondamental de s'adresser à ce qui n'est pas visible et tenter de communiquer avec cela. On considère en général que l'essence de la photographie, c'est enregistrer le visible, mais j'essaie d'enregistrer l'invisible, ce qui peut sembler paradoxal. Cependant, je me sens encouragé dans cette voie et influencé par le principe d'indétermination de Heisenberg, principe que j'ai rencontré il y a de nombreuses années au cours de mes études au London College of Printing. Il postule que l'observateur et la chose observée s'influencent et se modifient mutuellement. Je suis convaincu que la photographie fonctionne de la même manière, et c'est pourquoi je demande toujours au paysage ou quoi que ce soit que je photographie, la permission de les photographier. J'essaie d'entamer une conversation ou une collaboration, en ayant tout à fait conscience que ce que je photographie est influencé par le fait même que je le photographie. Mon ami Pico Iyer écrit avec justesse que les photographies ont la faculté d'être des prières visuelles. Je partage pleinement son avis. Je pense même que les photographies sont parfois des poèmes d'amour adressés à l'univers. Je ne sais pas exactement comment tout cela se relie au temps que j'ai passé en Asie et à mes expériences là-bas, mais je crois que tout ce que l'on a vécu devient une part de nous-mêmes dans un sens karmique. Il est donc logique de conclure qu'un échange d'énergie a lieu dans chaque conversation, qu'elle soit verbale ou silencieuse, consciente ou inconsciente. Toutes nos

actions ont toujours des conséquences. J'apprécie aussi cette citation attribuée au Bouddha : « Nous devenons ce que nous pensons. »

É. S-O. *Vous séjournez désormais dans différentes régions d'Asie plusieurs fois par an. À l'avenir, où dans ce vaste continent aimeriez-vous emmener votre appareil photo ?*

M. K. Les possibilités sont infinies, quels que soient le sujet ou le pays. Une conversation avec quelqu'un, avec un lieu, peut se prolonger indéfiniment. Voulons-nous ou devons-nous tout le temps rencontrer de nouvelles personnes et avoir de nouvelles conversations ? La modération est peut-être l'attitude à adopter. J'aime revenir dans les mêmes endroits, encore et toujours, et avoir des projets en cours en Chine, au Japon, en Corée du Sud et ailleurs, mais je dois aussi reconnaître que j'aime découvrir de nouveaux lieux. De sorte que je recherche un équilibre dans ma vie personnelle et dans mon travail. Il y a de nombreux sites que je n'ai pas encore visités, mais qui, j'en suis sûr, m'intéresseraient et pourraient s'inscrire sur ma feuille de route. Il s'agit entre autres de l'Indonésie, du Cachemire, de la Mongolie, du Népal, de la Corée du Nord, des Philippines, du Sri Lanka et du Tibet. Compte tenu de la valeur inestimable du temps et du peu que nous en avons dans notre existence, je ne sais pas si je pourrai y aller un jour. Il me reste à voir ce que l'avenir me réserve.

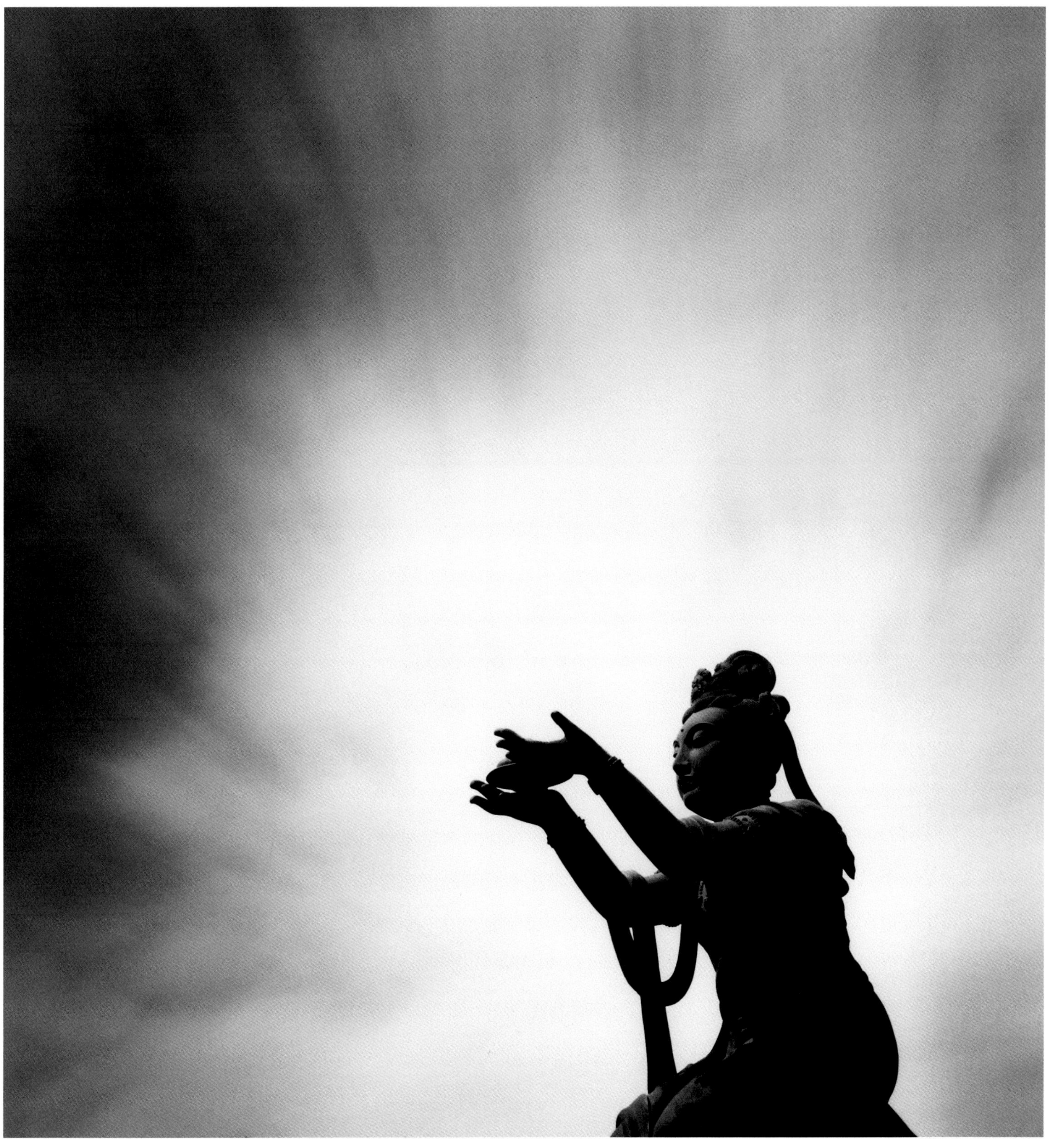

6.

L'offrande du Bouddha, étude 1,
Lantau Island, Hong Kong, Chine, 2006.

Buddha Offering, Study 1,
Lantau Island, Hong Kong, China, 2006.

NATURE
ORIGINELLE

NATURE
UNTAMED

Certains paysages de Michael Kenna traduisent une profonde révérence pour les éléments constitutifs de la Terre : aquatique, minéral, végétal. Cette nature originelle, vierge de toute présence humaine, règne en maître dans le cadre de la photographie. L'océan – tantôt agité, tantôt mer d'huile ou bien brouillard fantomatique – ne dialogue qu'avec le rivage et les cieux. Les cimes éternelles surgissant du néant ne sont peuplées que par quelques arbres qui tutoient les nuages. Et lorsqu'ils deviennent l'objet principal des attentions du photographe, les arbres se muent en témoins vénérables d'un monde distillé jusqu'à sa plus simple expression.

Dans le macrocosme de Michael Kenna, océan, montagnes et arbres ne sont pas tant les éléments d'un paysage que les protagonistes d'une scène naturelle. Ces sujets connaissent aussi une grande fortune dans les arts d'Asie de l'Est, de la peinture à l'encre à la céramique en passant par l'estampe. Néanmoins, que ce soit en Chine, en Corée ou au Japon, le paysage est le plus souvent habité par des hommes, des bêtes ou des créatures mythiques.

Si Michael Kenna n'est pas étranger à la peinture à l'encre, qu'il emploie pour retoucher ses tirages, ses scènes naturelles se distinguent en outre des traditions de l'Asie orientale par l'usage de techniques proprement photographiques, comme le temps de pose long, de plusieurs heures parfois, qui permet d'enregistrer tous les mouvements sur la pellicule et transforme nuages et flots en nappes de brume surréalistes.

Certain landscapes by Michael Kenna reflect a deep reverence for the elements of our planet: water, rocks, plants. Nature untamed, untouched by human presence, reigns supreme in these photographs. The ocean—at times wild, at others silky-smooth or smothered in ghostly fog—converses only with the shores and skies. Perennial peaks looming above the void are populated by a scattering of trees that kiss the clouds. When the trees become the object of the photographer's lens, they stand as timeless observers of a world stripped down to its essence.

In Michael Kenna's macrocosm, the ocean, mountains and trees are not so much features in a landscape as protagonists on the stage of nature. The same subjects have enjoyed enduring success in East Asian art, from ink painting to prints and ceramics, with one difference: in China, Korea and Japan, landscapes are typically populated with humans, creatures, and mythical beasts.

While Michael Kenna is no stranger to ink painting, which he uses to enhance his photographic prints, his images of nature stand apart from the East Asian tradition in their use of purely photographic techniques. These include lengthy exposure times, sometimes as much as several hours, that capture each tiny movement on film and turn clouds and waves into surreal sheets of mist.

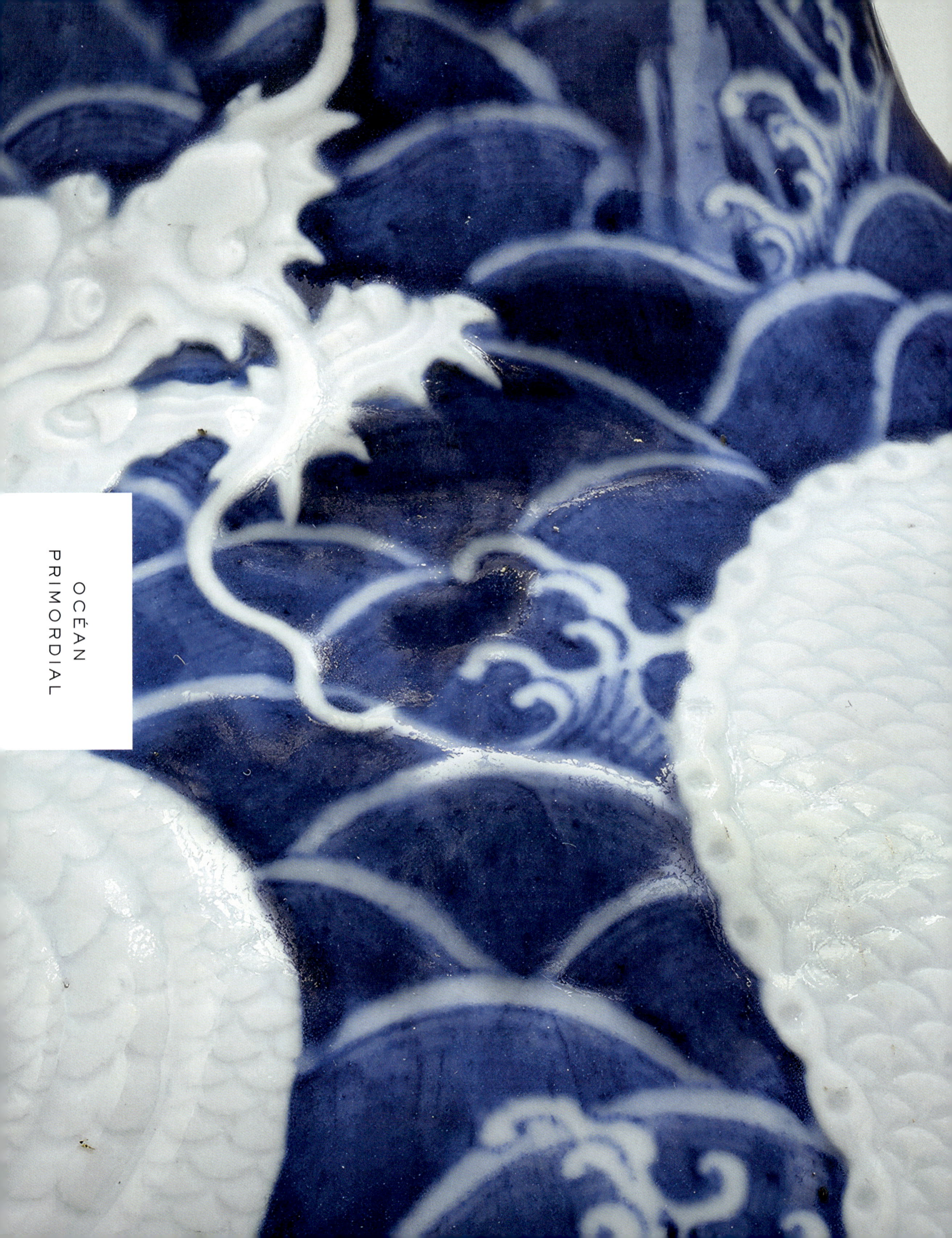
OCÉAN
PRIMORDIAL

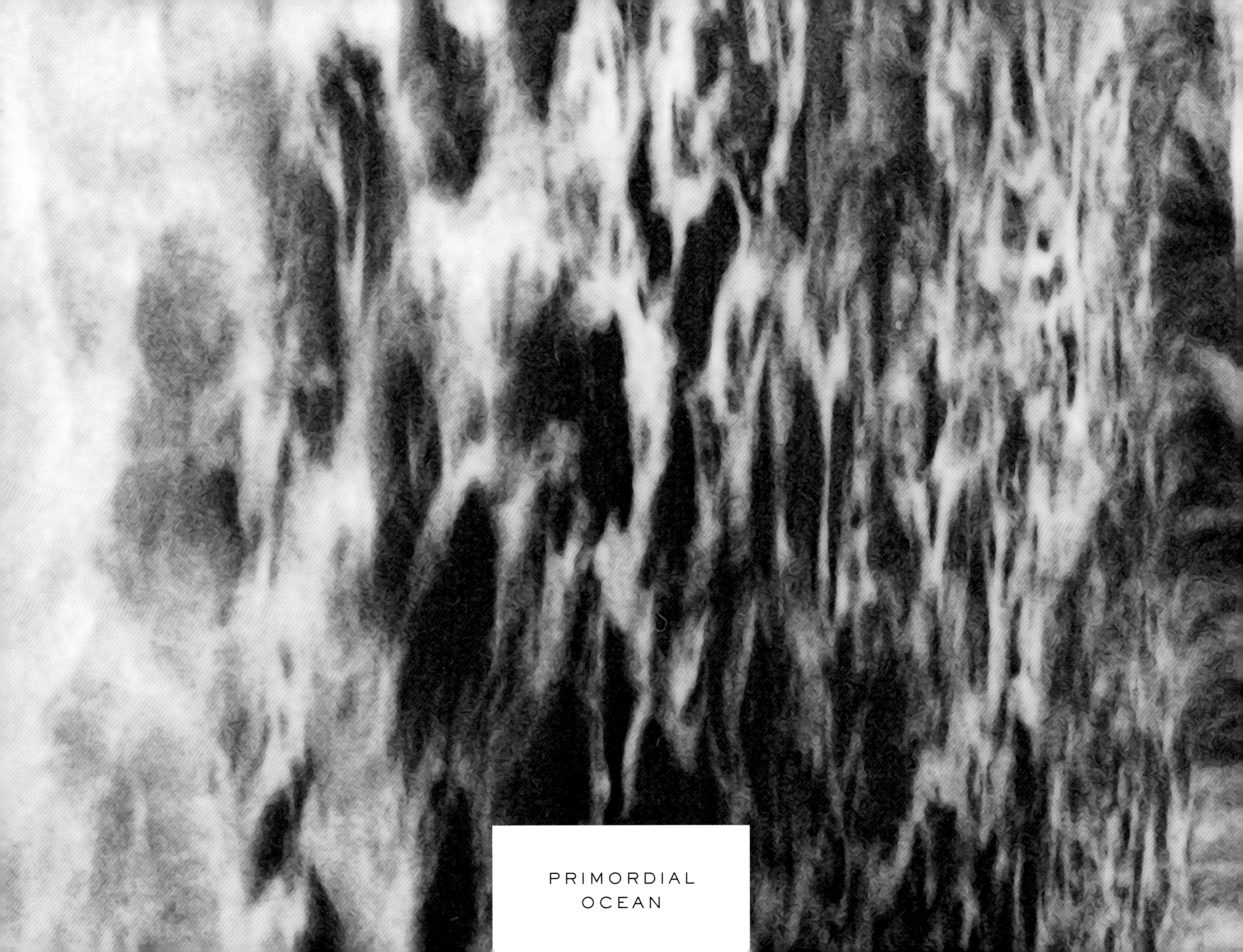
PRIMORDIAL
OCEAN

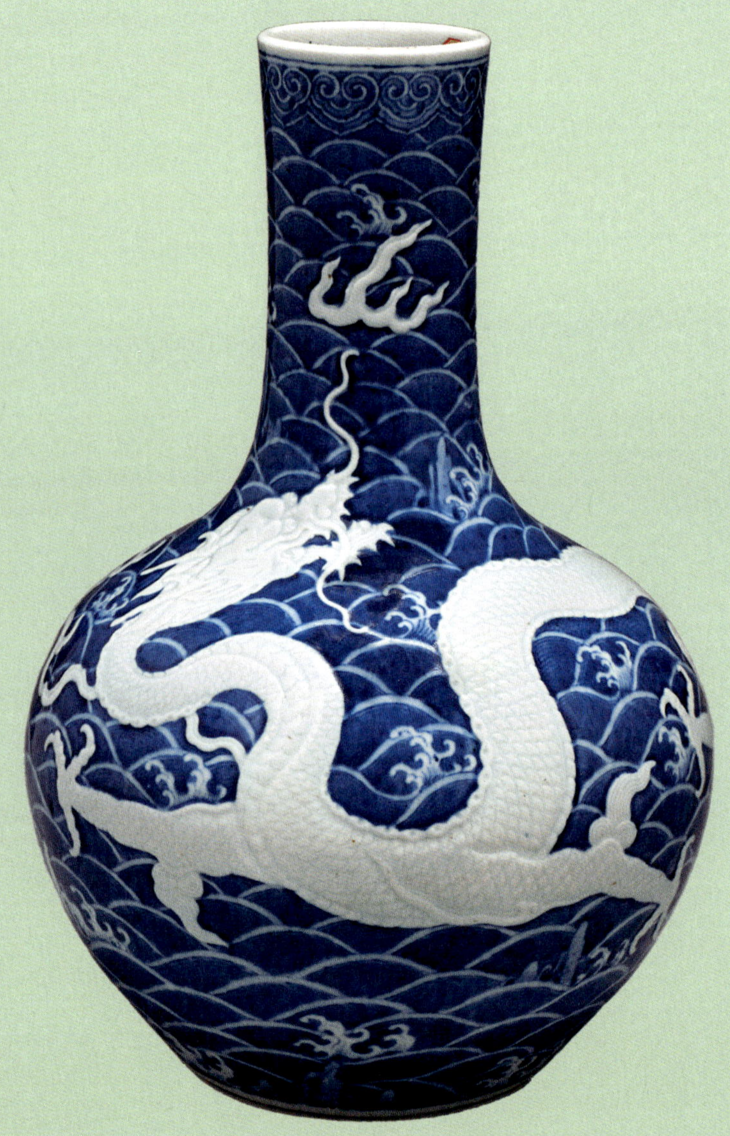

Vase bouteille à décor de dragon dans les flots
Chine, dynastie Qing (1644-1912), fin du XVIIIe siècle, porcelaine, H. 36,5 cm, D. 23,5 cm,
musée Guimet, collection Ernest Grandidier au musée du Louvre (avant 1912), G 5282.

Bottle vase decorated with a dragon in the water
China, Qing dynasty (1644–1912), late 18th century, porcelain, H. 36.5 cm, D. 23.5 cm,
Guimet Museum, Ernest Grandidier collection at the Musée du Louvre (before 1912), G 5282.

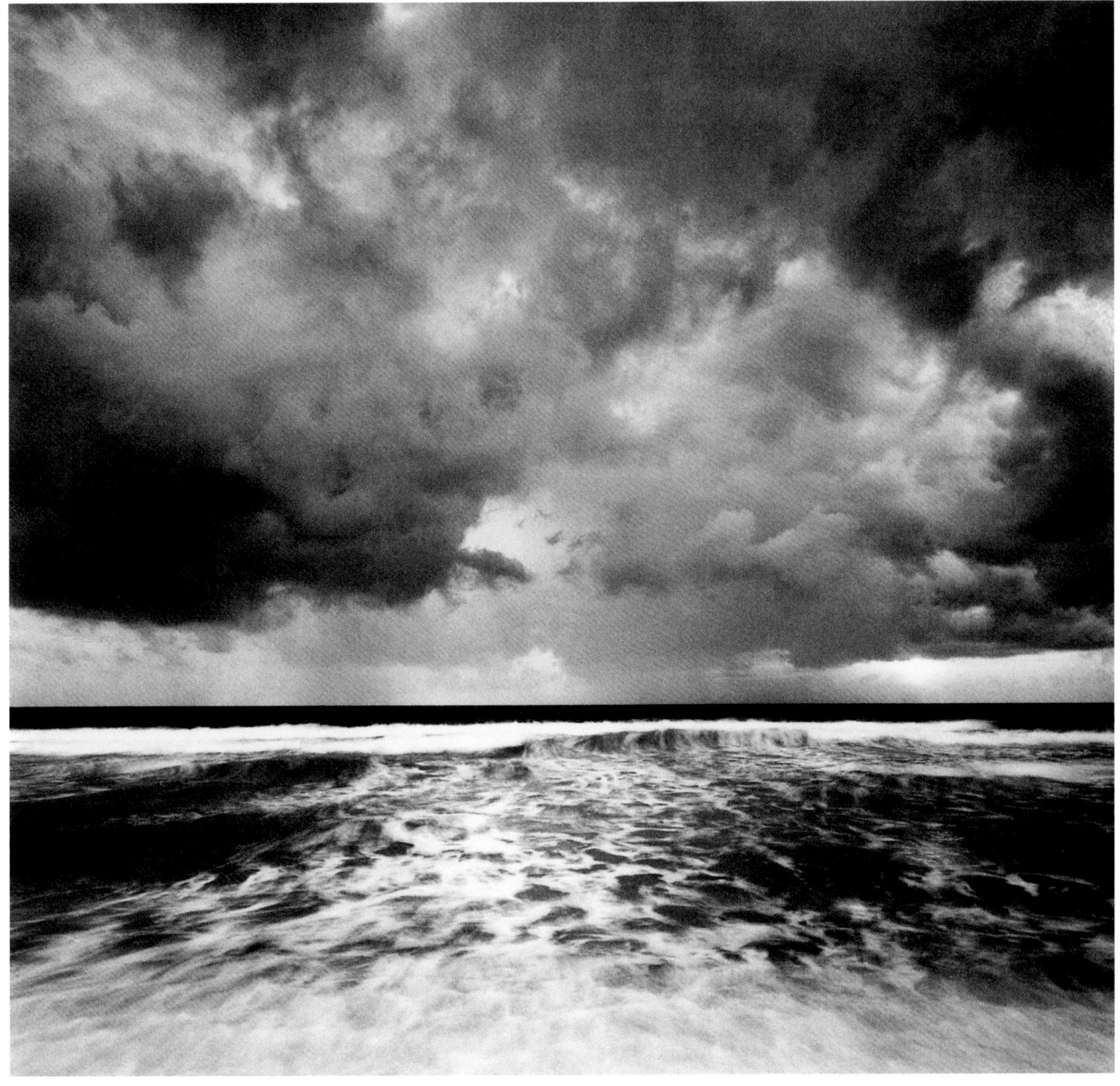

Mer d'Andaman, étude 4, Phuket, Thaïlande, 2019.
Andaman Sea, Study 4, Phuket, Thailand, 2019.

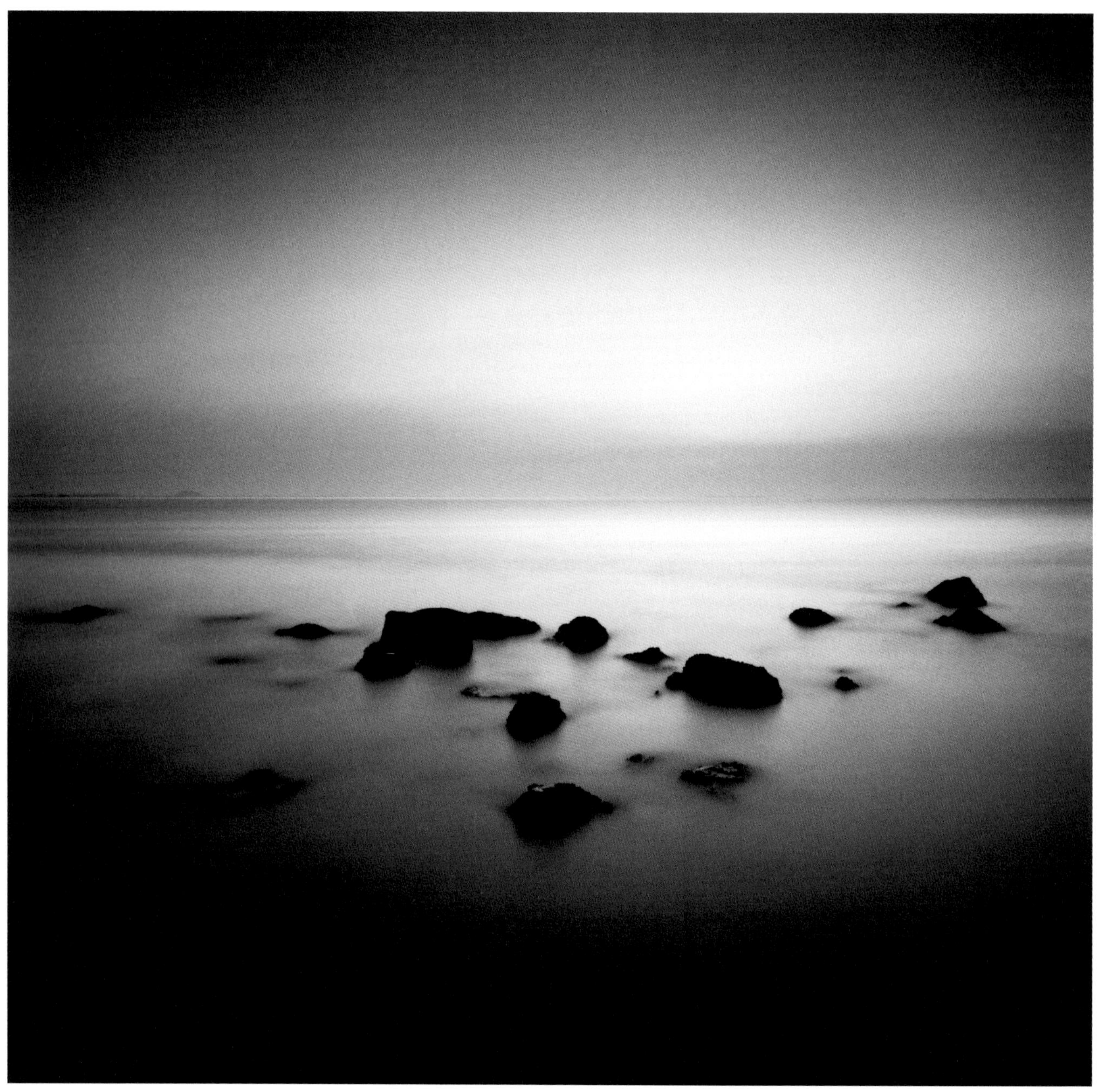

Cat. 7
Crépuscule, Tai-O, île de Lantau, Hong Kong, Chine, 2007.
Last Light, Tai-O, Lantau Island, Hong Kong, China, 2007.

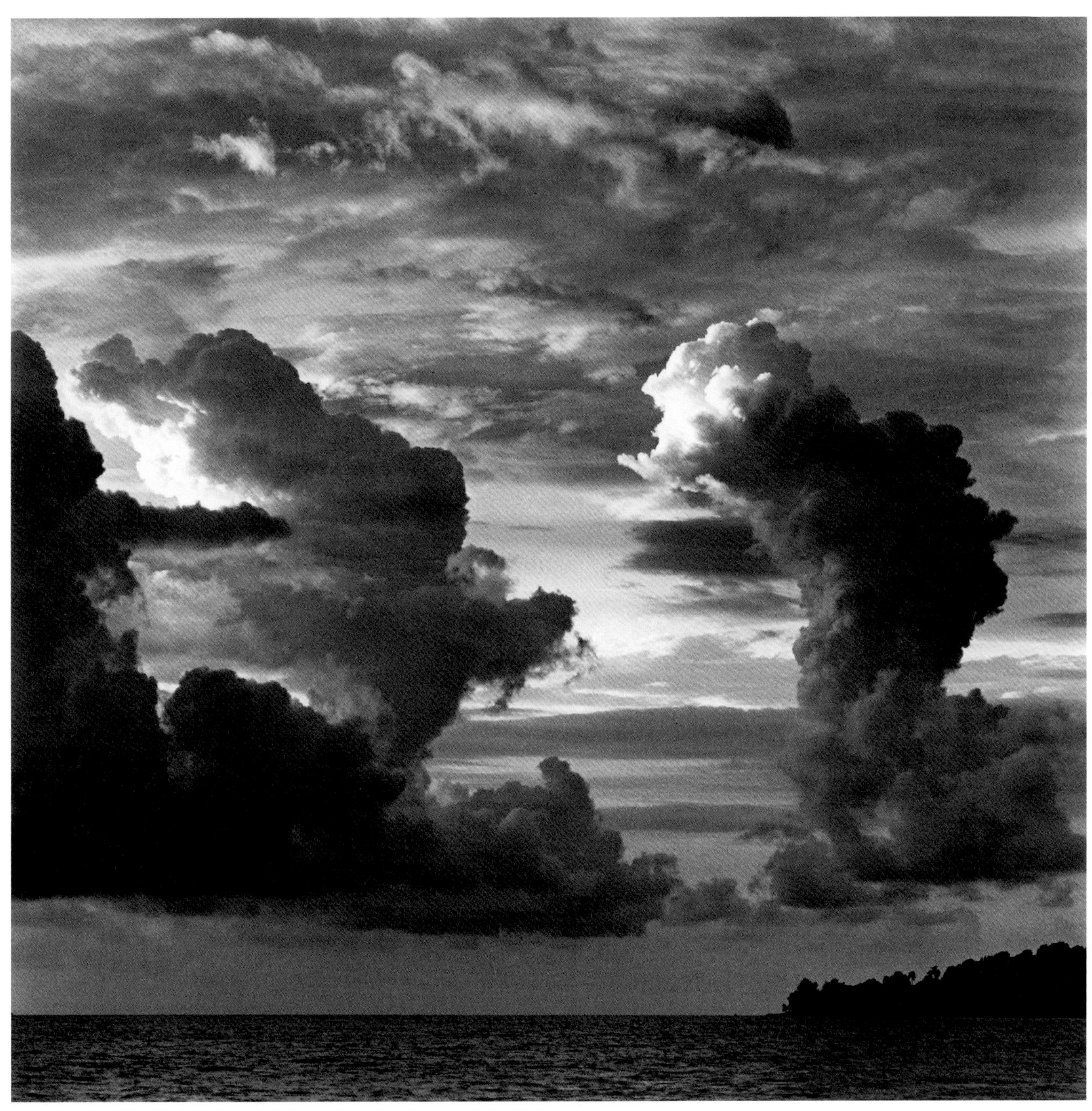

Mer d'Andaman, étude 1, Phuket, Thaïlande, 2012.
Andaman Sea, Study 1, Phuket, Thailand, 2012.

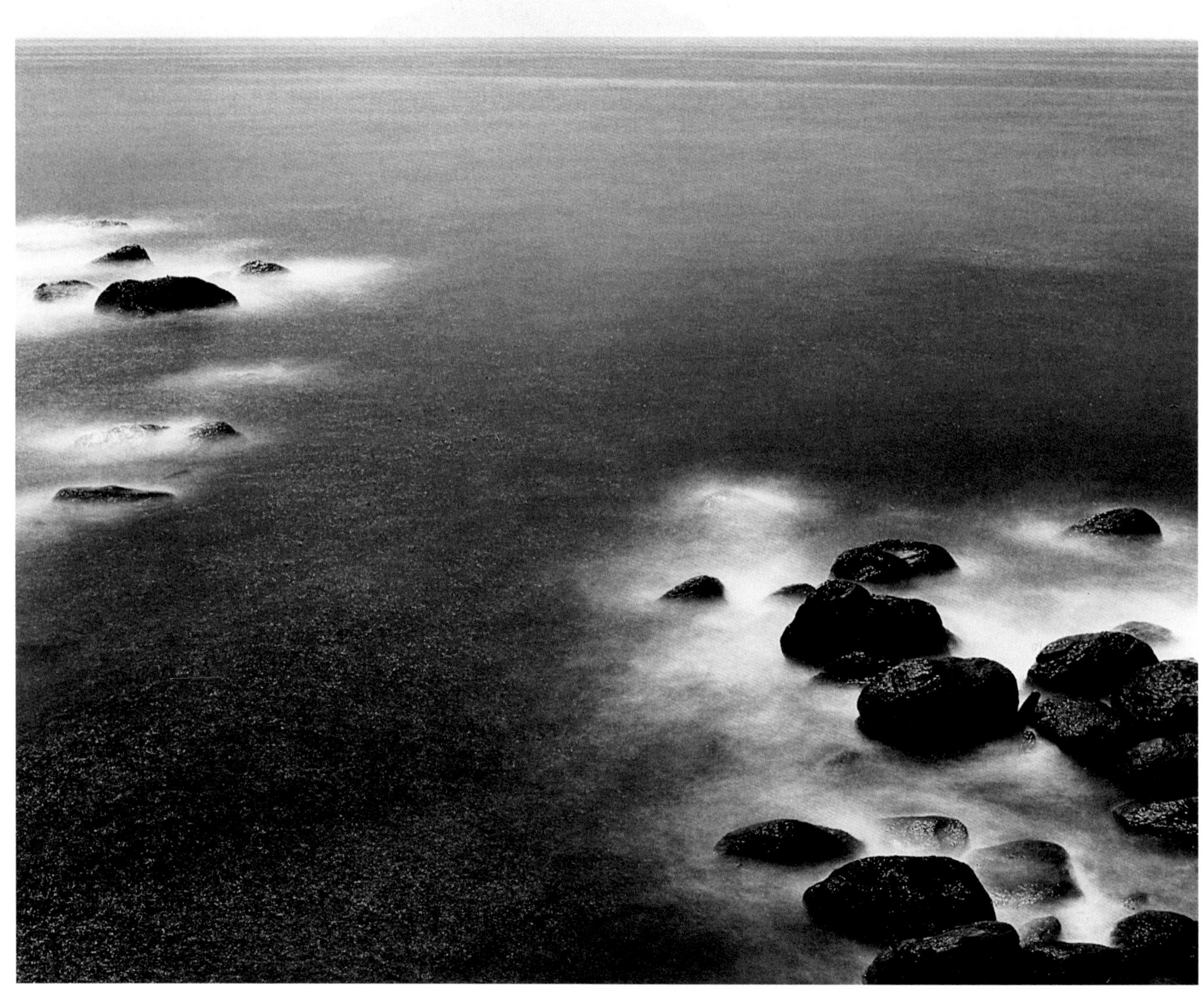

Cat. 9

Rochers de Waiao Beach et île de Guishan, Taïwan, 2011.
Waiao Beach Rocks and Guishan Island, Taiwan, 2011.

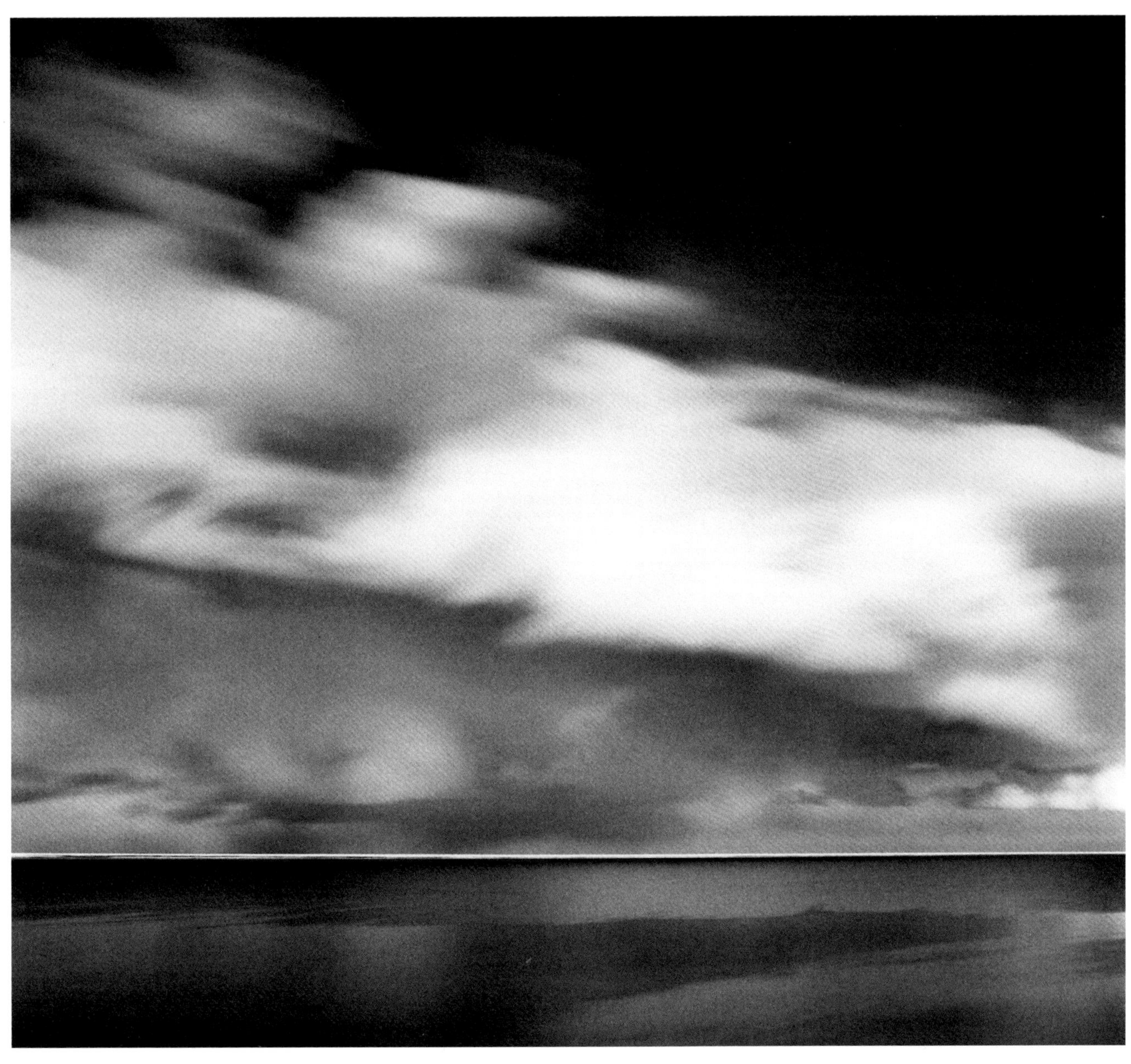

À l'approche de la banquise, mer d'Okhotsk, Hokkaidō, Japon, 2020.
Approaching Ice Floe, Okhotsk Sea, Hokkaidō, Japan, 2020.

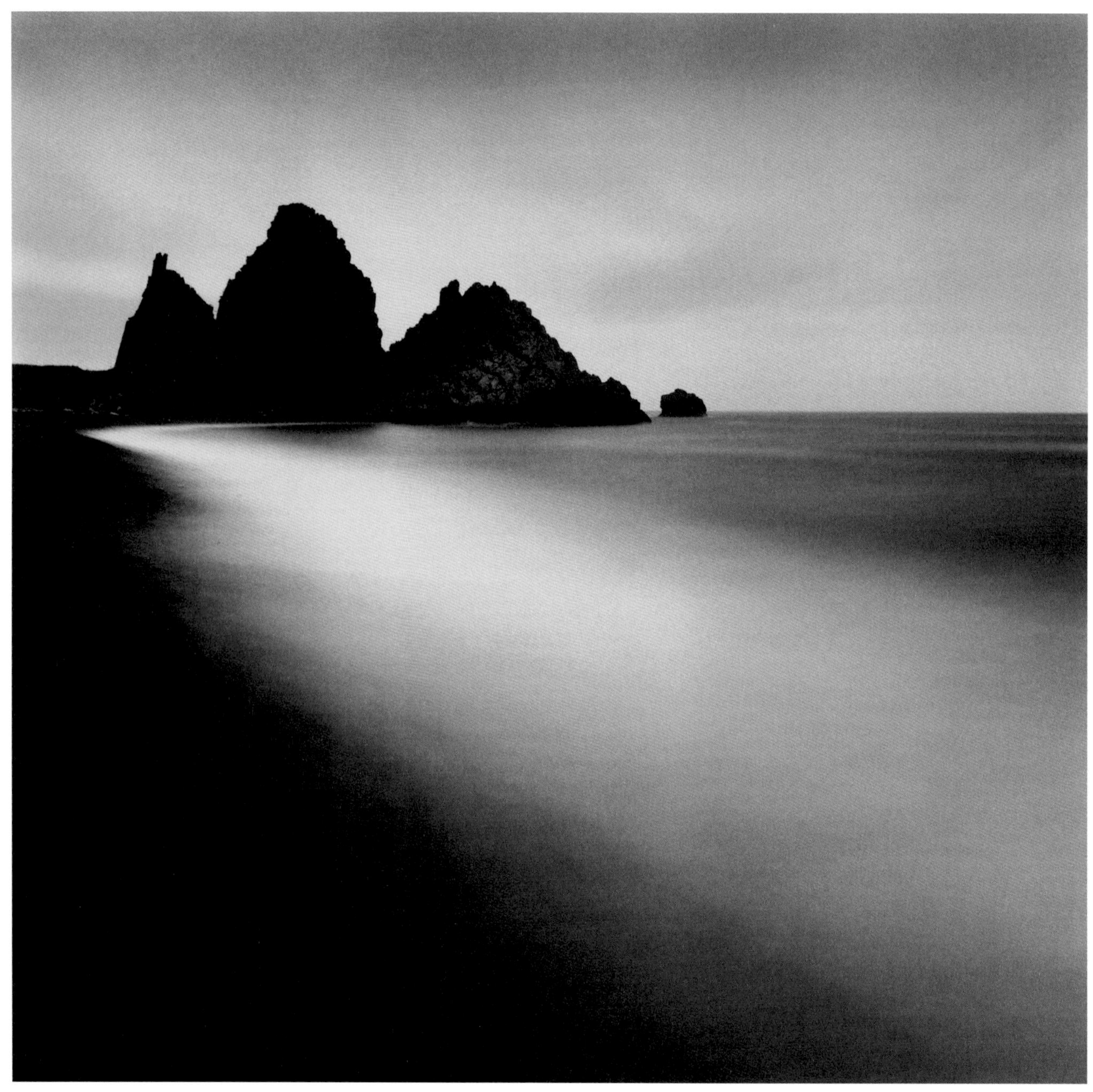

Rochers sur la plage, Gageo-do, Shinan, Corée du Sud, 2012.
Beach Rocks, Gageo-do, Shinan, South Korea, 2012.

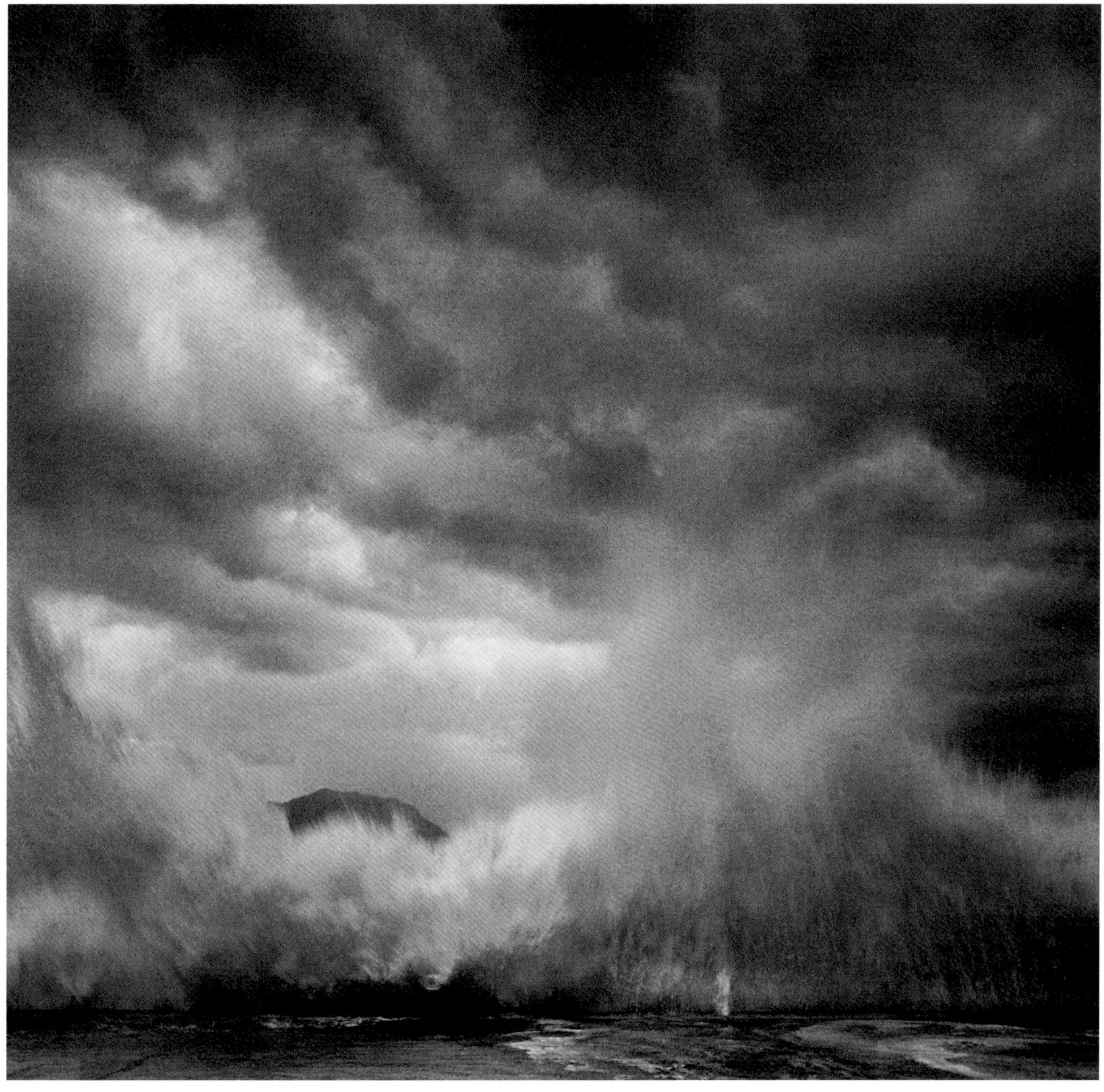

Vent féroce, Shykushi, Honshū, Japon, 2002.
Fierce Wind, Shykushi, Honshū, Japan, 2002.

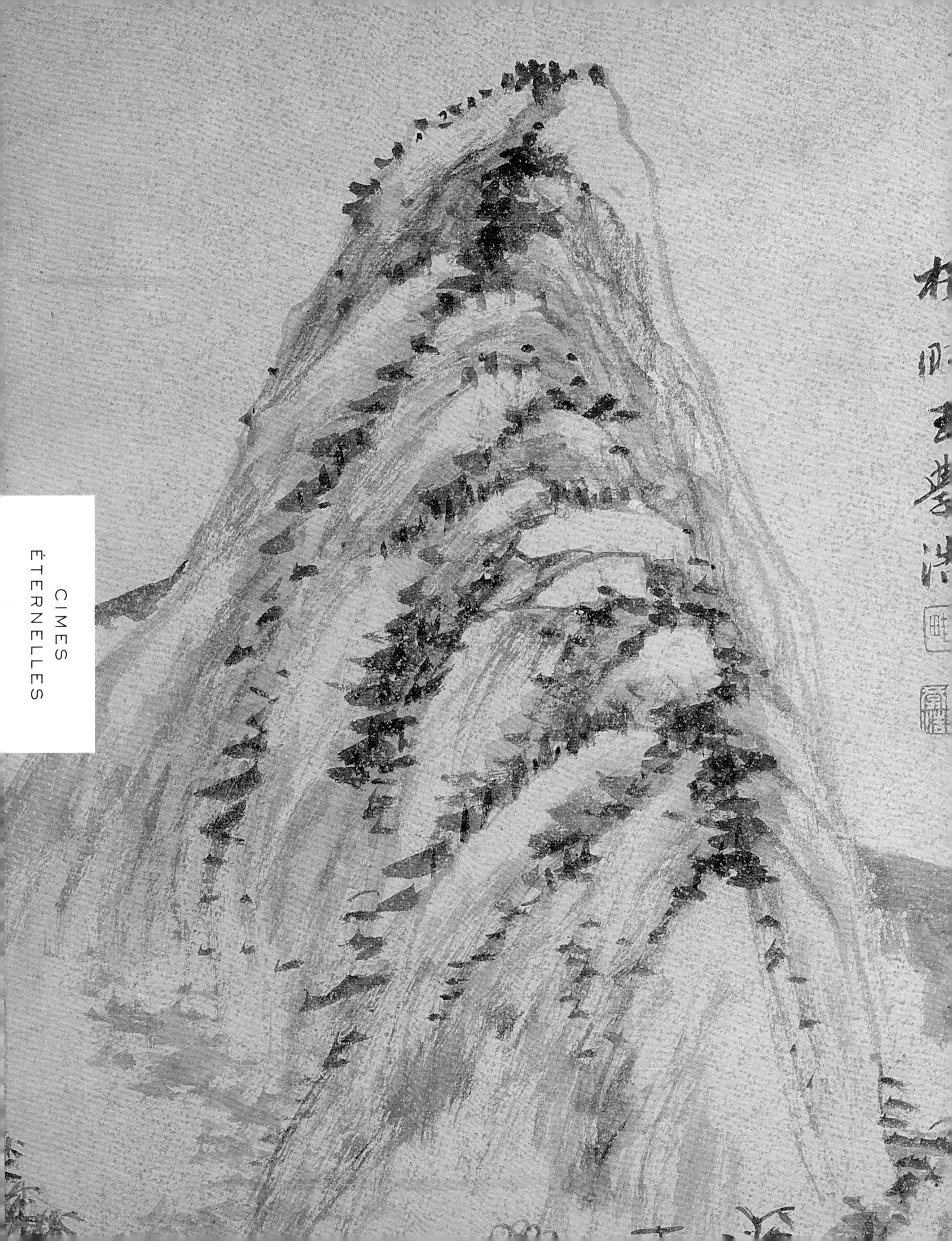

CIMES
ÉTERNELLES

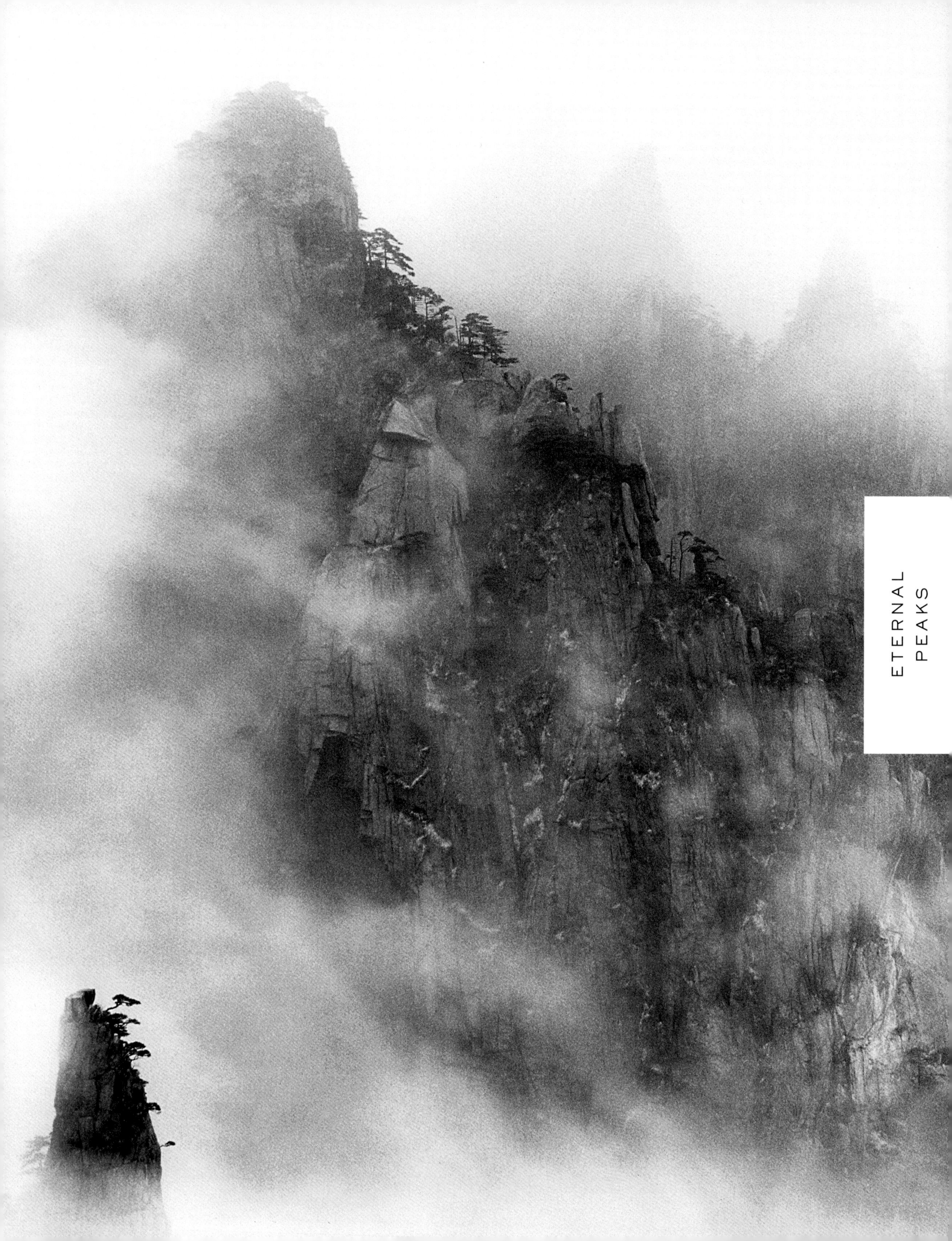

ETERNAL PEAKS

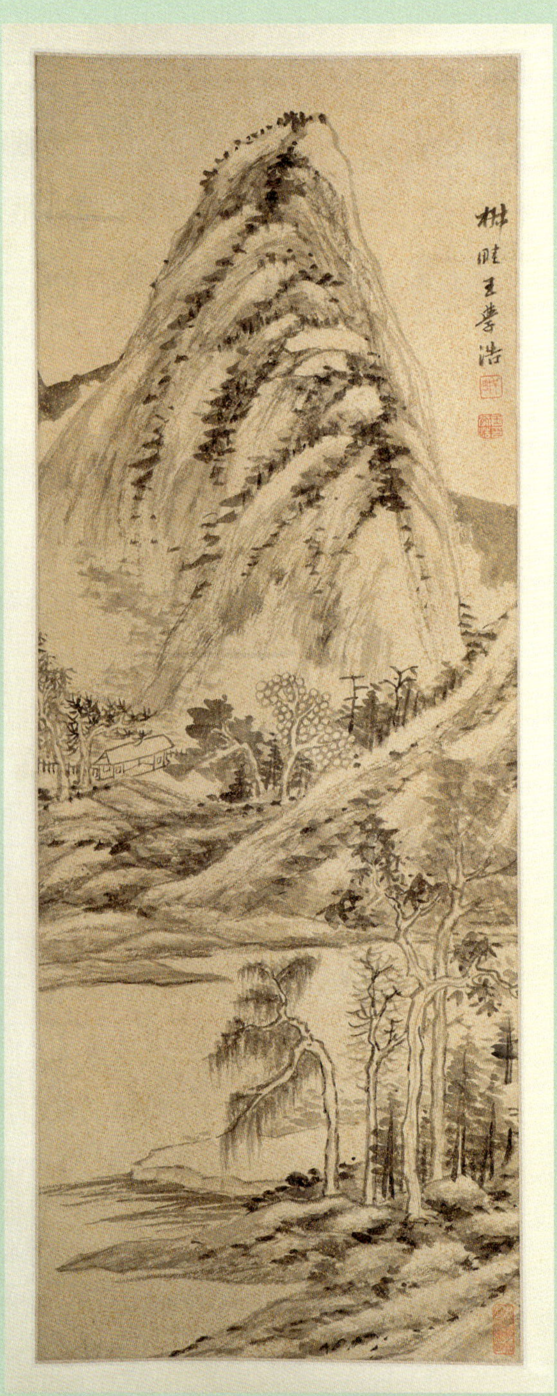

Cat. 13

Wang Xuehao (1754-1832), *Paysage dans le style de Wang Meng*
Chine, dynastie Qing (1644-1912), encre sur papier moucheté d'or, H. 80,9 cm, l. 30 cm, musée Guimet, achat (1937), AA 262.

Wang Xuehao (1754–1832), *Landscape in the style of Wang Meng*
China, Qing dynasty (1644–1912), ink on gold-flecked paper, H. 80.9 cm, W. 30 cm, Guimet Museum, purchase (1937), AA 262.

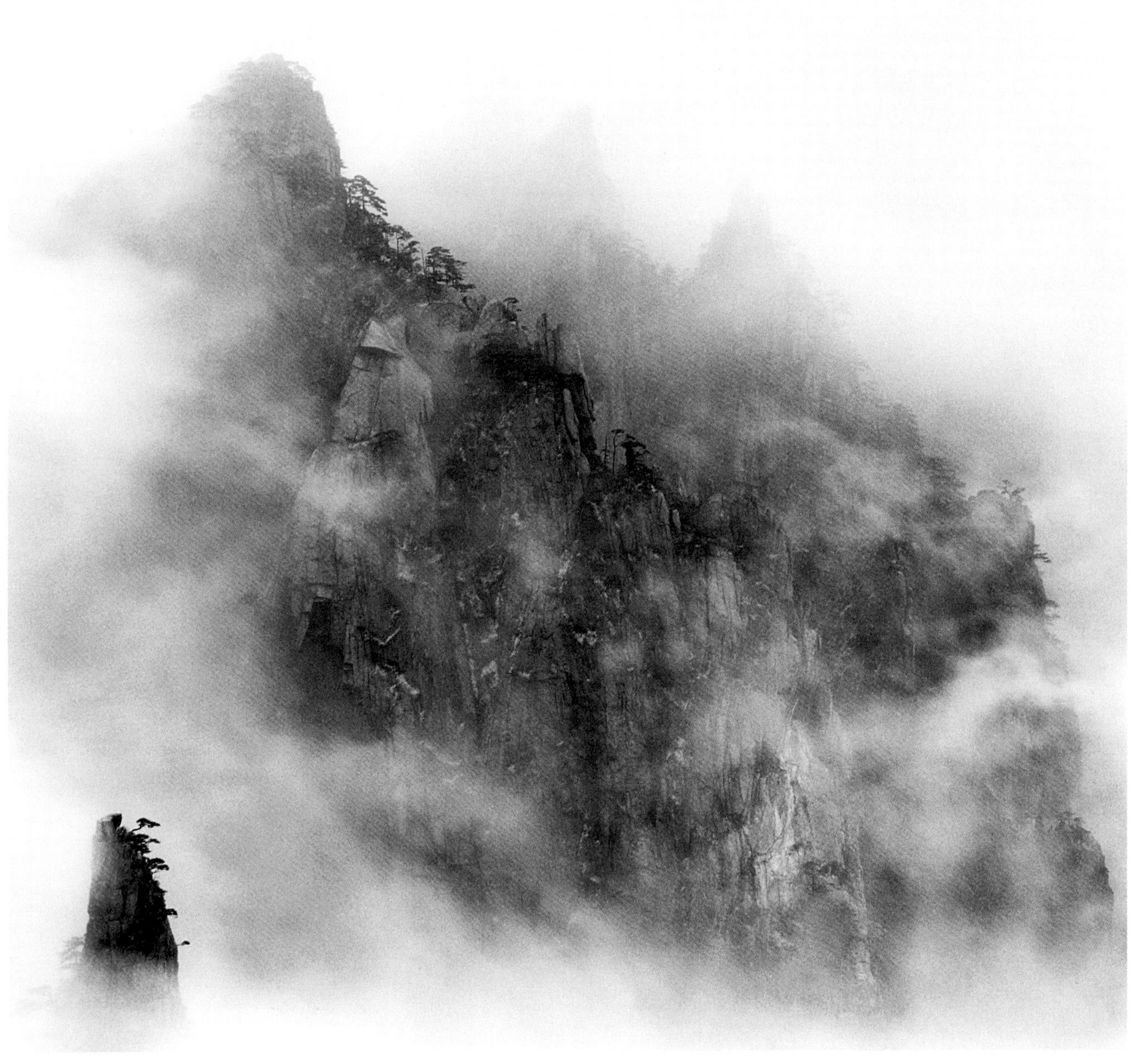

Monts Huangshan, étude 1, Anhui, Chine, 2008.
Huangshan Mountains, Study 1, Anhui, China, 2008.

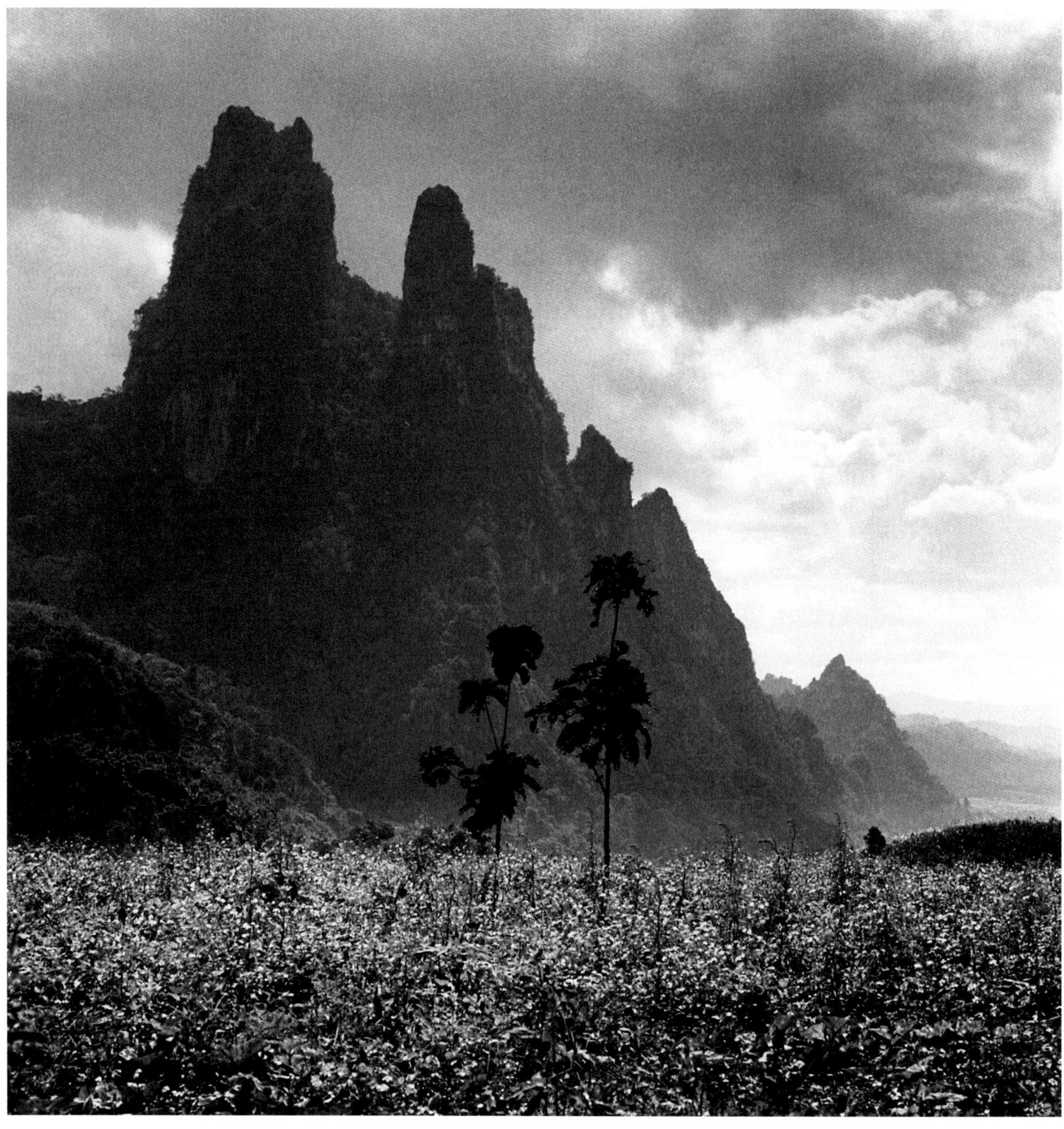

Cat. 15
Deux figuiers et la montagne Pha Chao, Kasi, Laos, 2015.
Two Fig Trees and Pha Chao Mountain, Kasi, Laos, 2015.

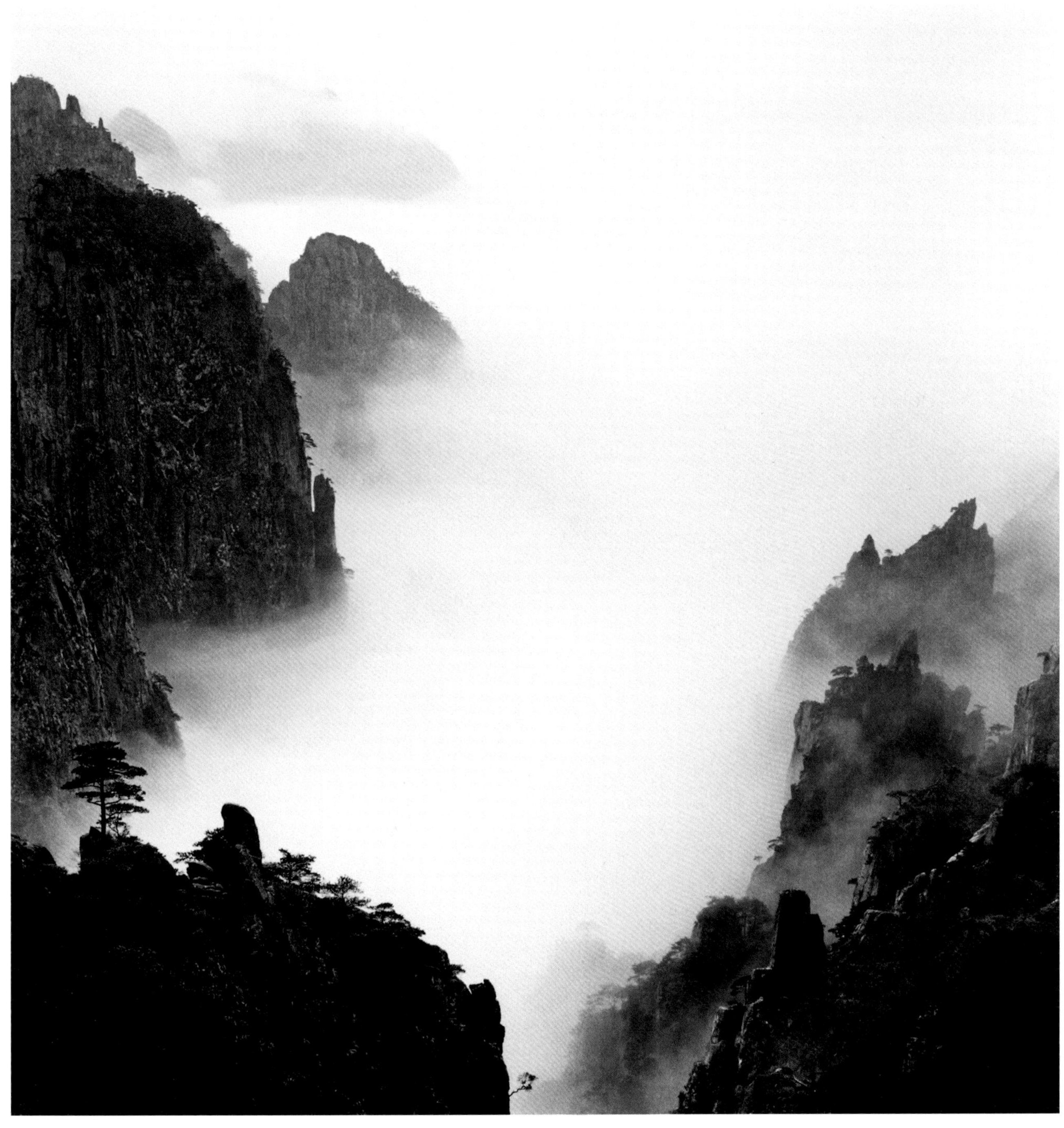

Cat. 16

Monts Huangshan, étude 8, Anhui, Chine, 2008.
Huangshan Mountains, Study 8, Anhui, China, 2008.

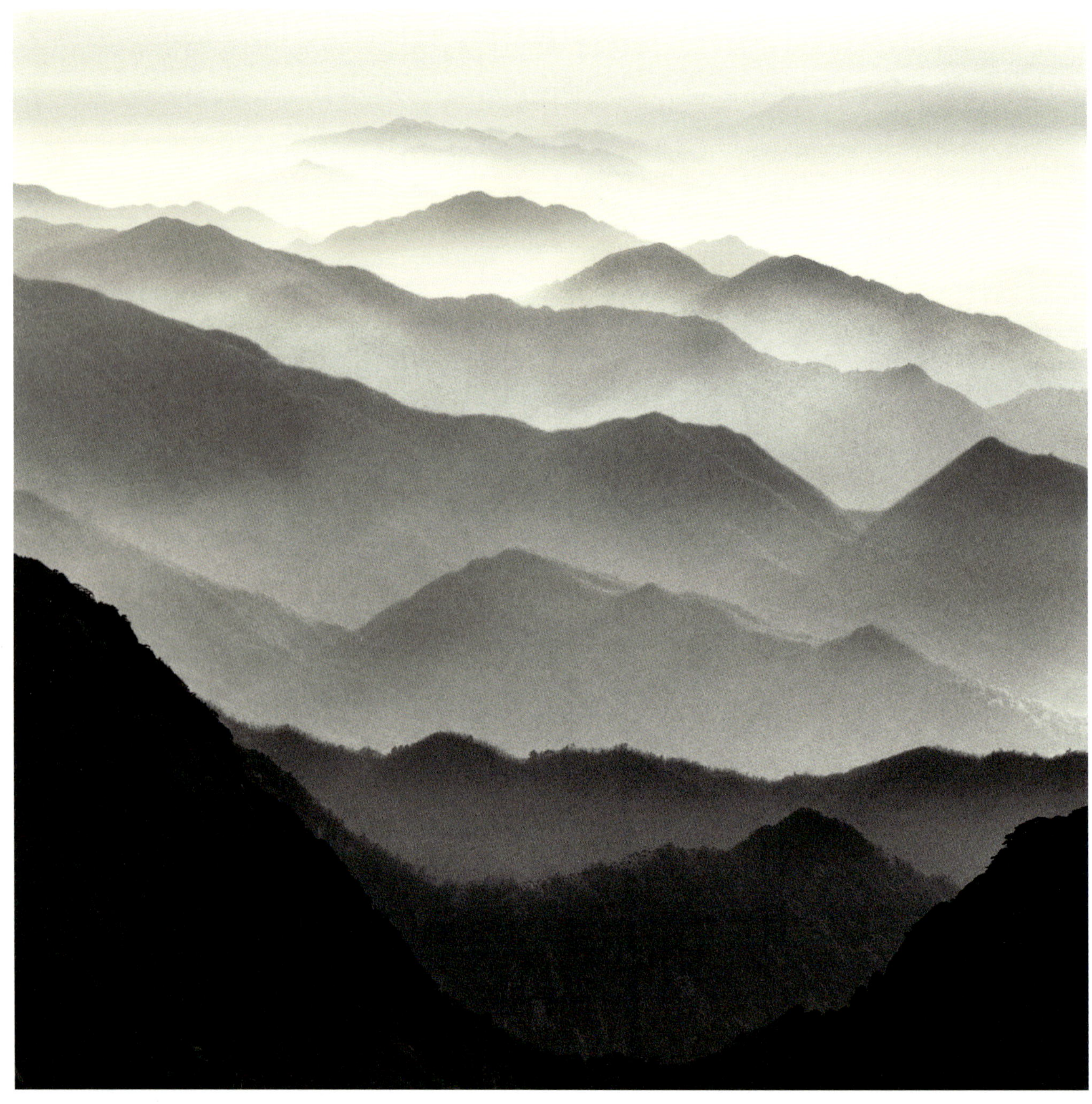

Cat. 17

Monts Huangshan, étude 42, Anhui, Chine, 2010.
Huangshan Mountains, Study 42, Anhui, China, 2010.

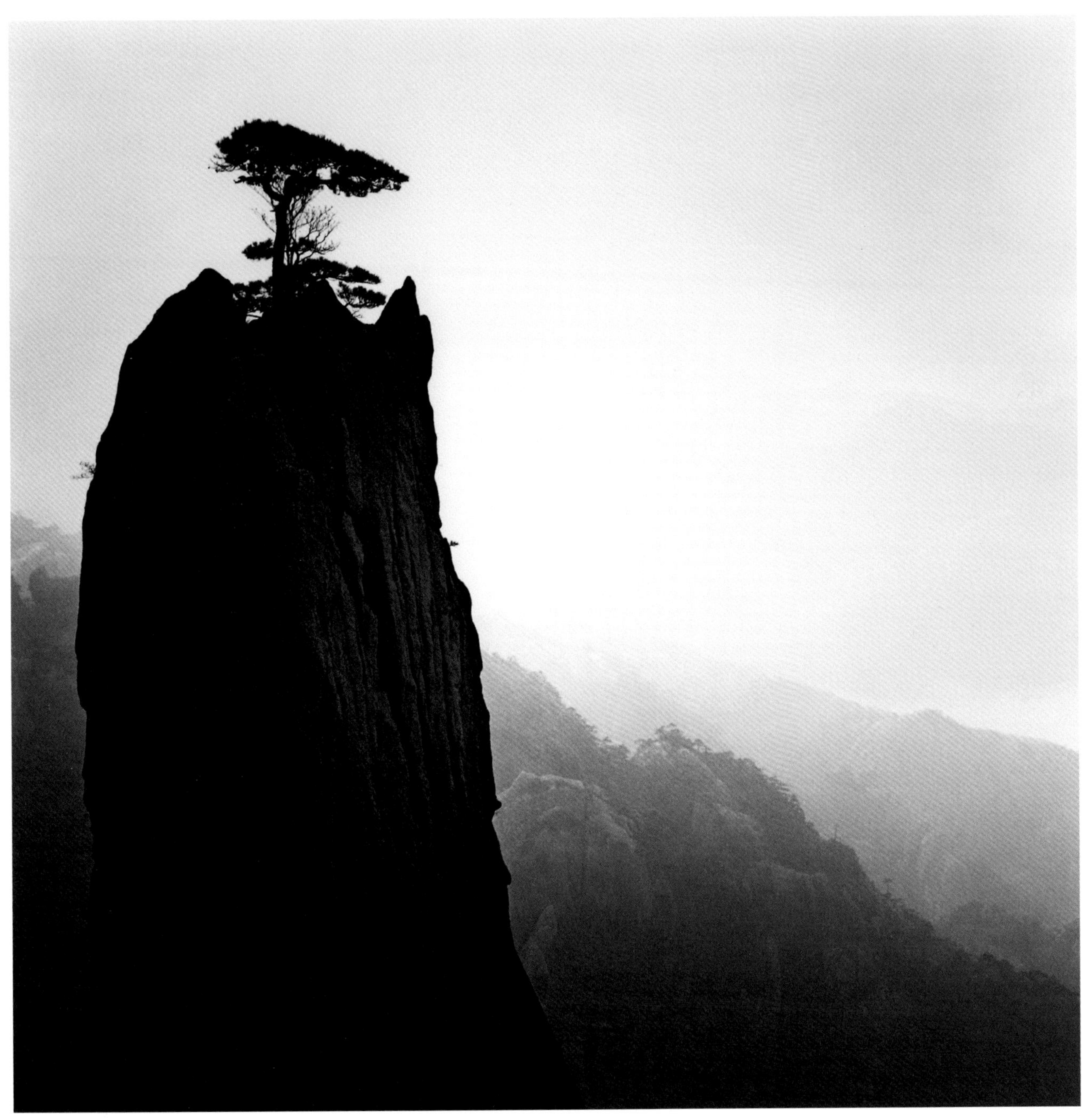

Cat. 18

Monts Huangshan, étude 21, Anhui, Chine, 2009.
Huangshan Mountains, Study 21, Anhui, China, 2009.

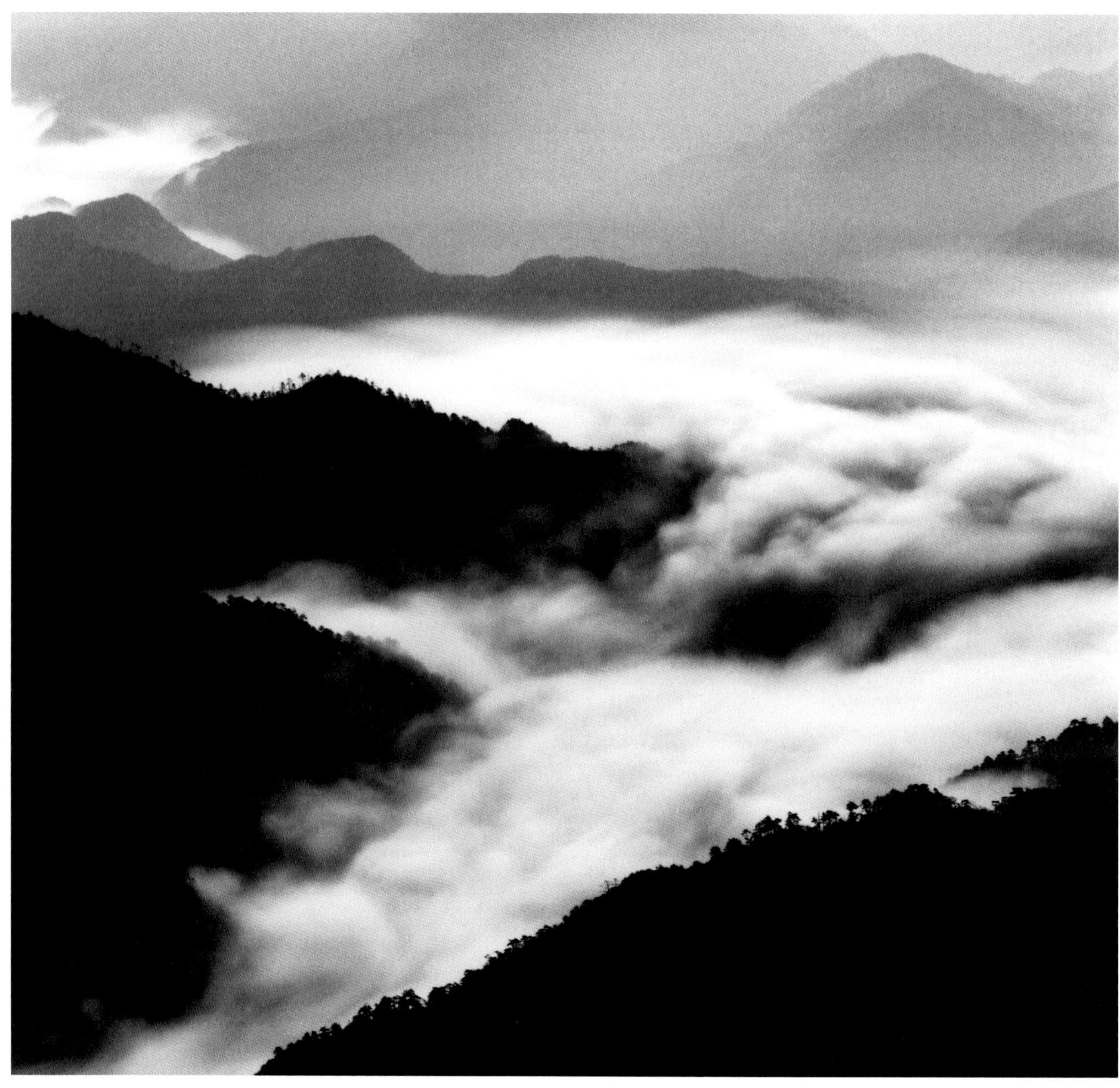

Monts Huangshan, étude 40, Anhui, Chine, 2010.
Huangshan Mountains, Study 40, Anhui, China, 2010.

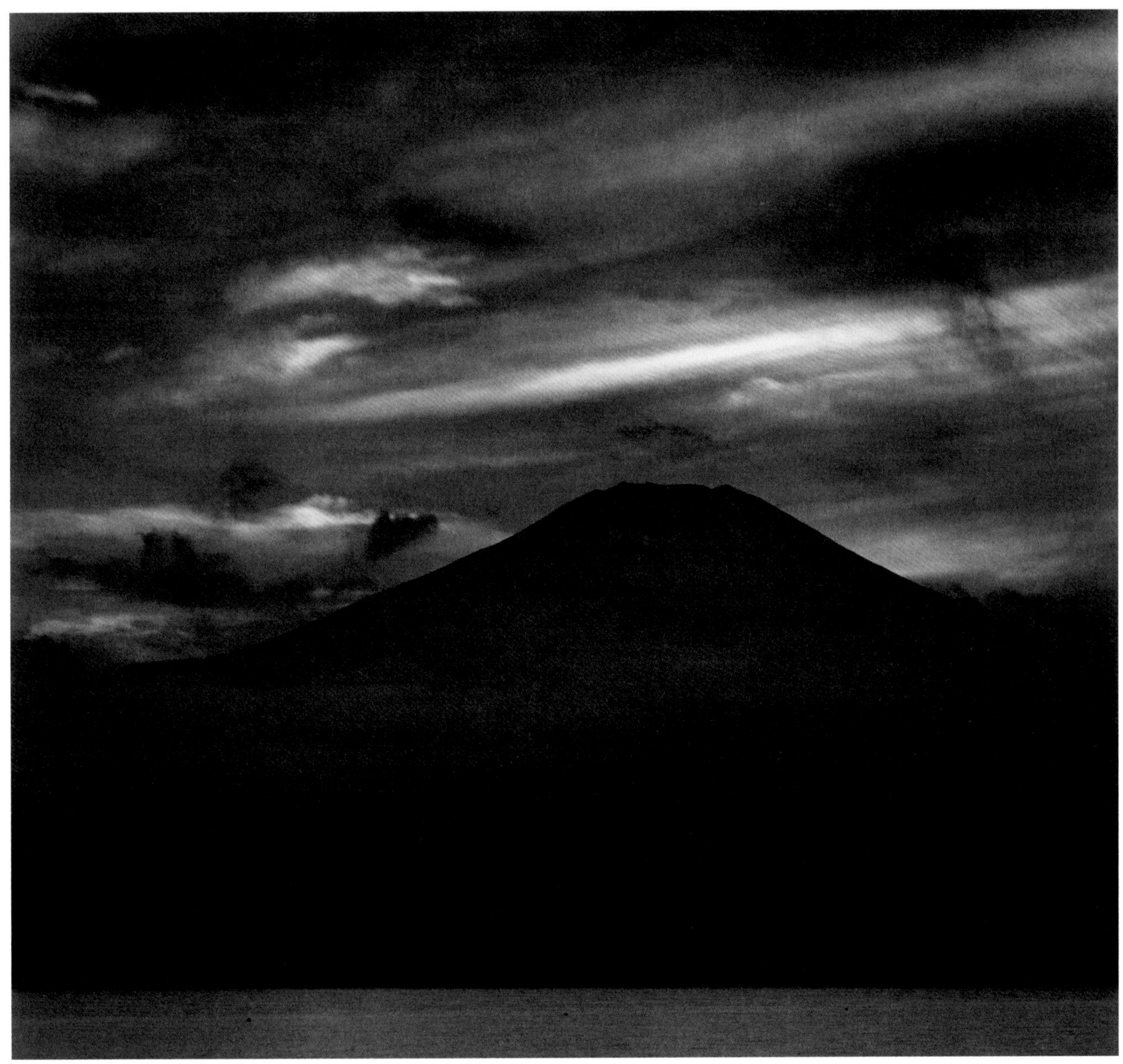

Cat. 19

Mont Fuji, étude 1, lac Yamanaka, Honshū, Japon, 2001.
Mt. Fuji, Study 1, Yamanaka Lake, Honshū, Japan, 2001.

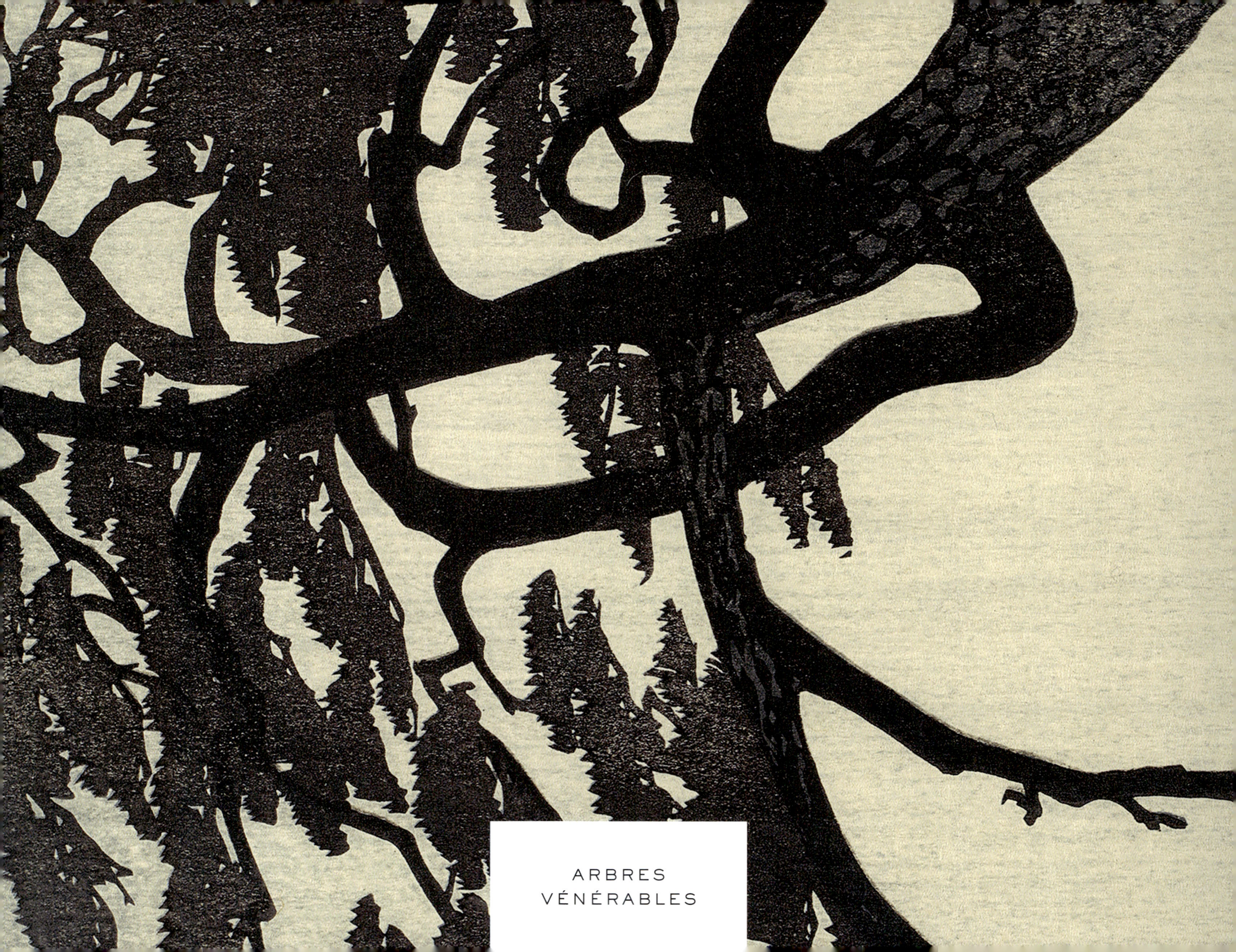

ARBRES
VÉNÉRABLES

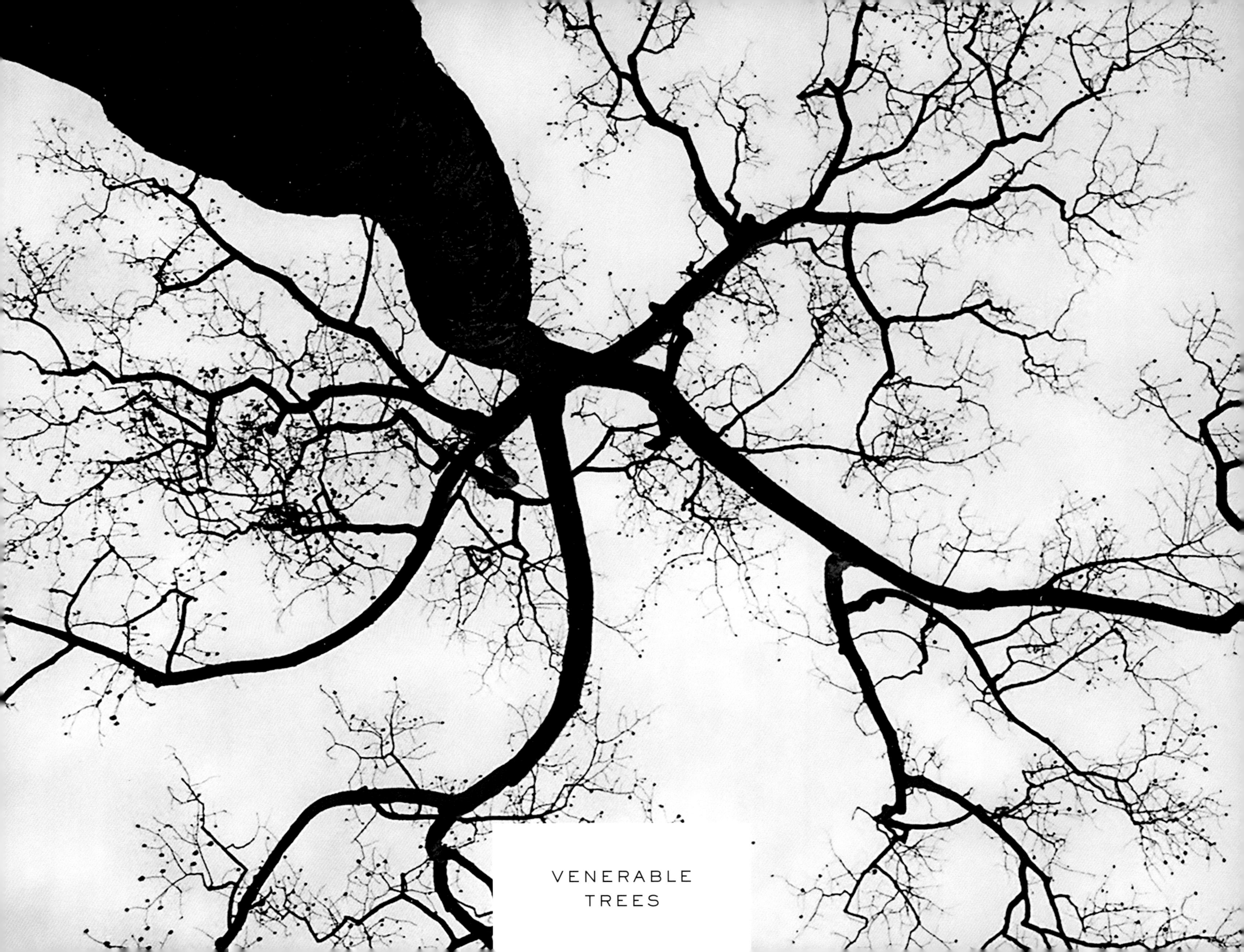
VENERABLE
TREES

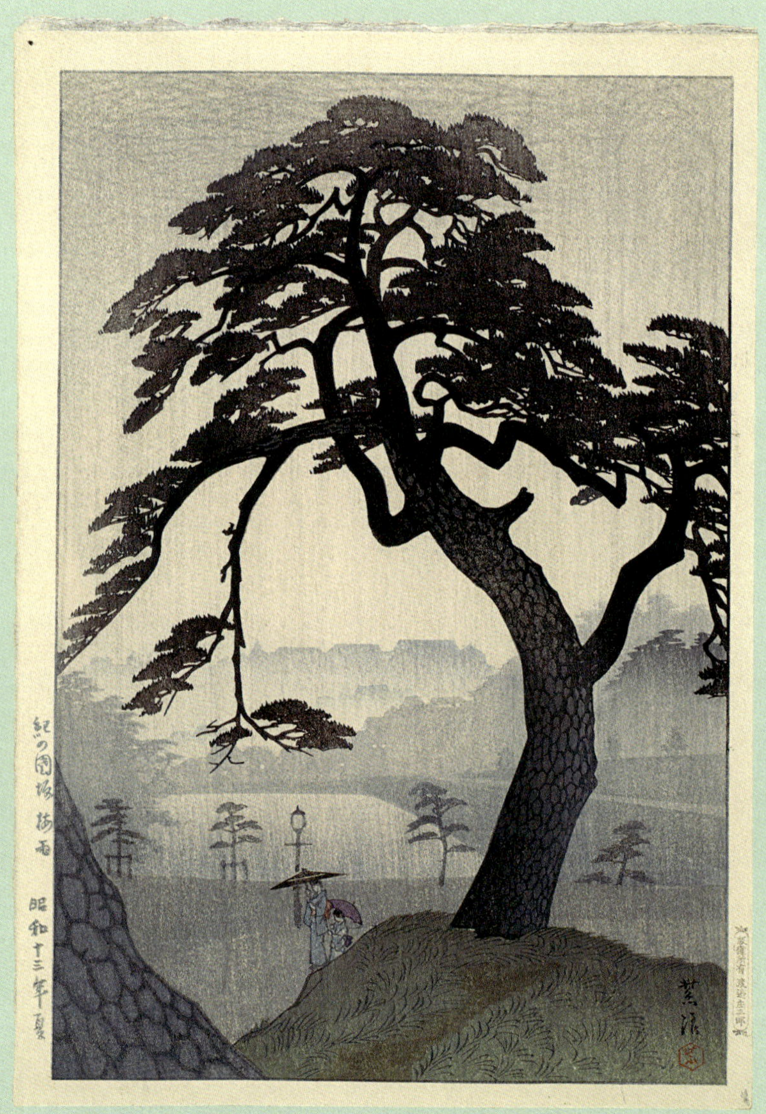

Cat. 20

Kasamatsu Shirō (1898-1991), *Pin sous la pluie sur la colline Kinokuni*
Japon, ère Showa (1926-1989), 1938, estampe polychrome, H. 39 cm, l. 27 cm,
musée Guimet, achat (2022), MA 13211.

Kasamatsu Shirō (1898–1991), *Kinokunisaka in the Rainy Season*
Japan, Showa era (1926-1989), 1938, polychrome print, H. 39 cm, W. 27 cm,
Guimet Museum, purchase (2022), MA 13211.

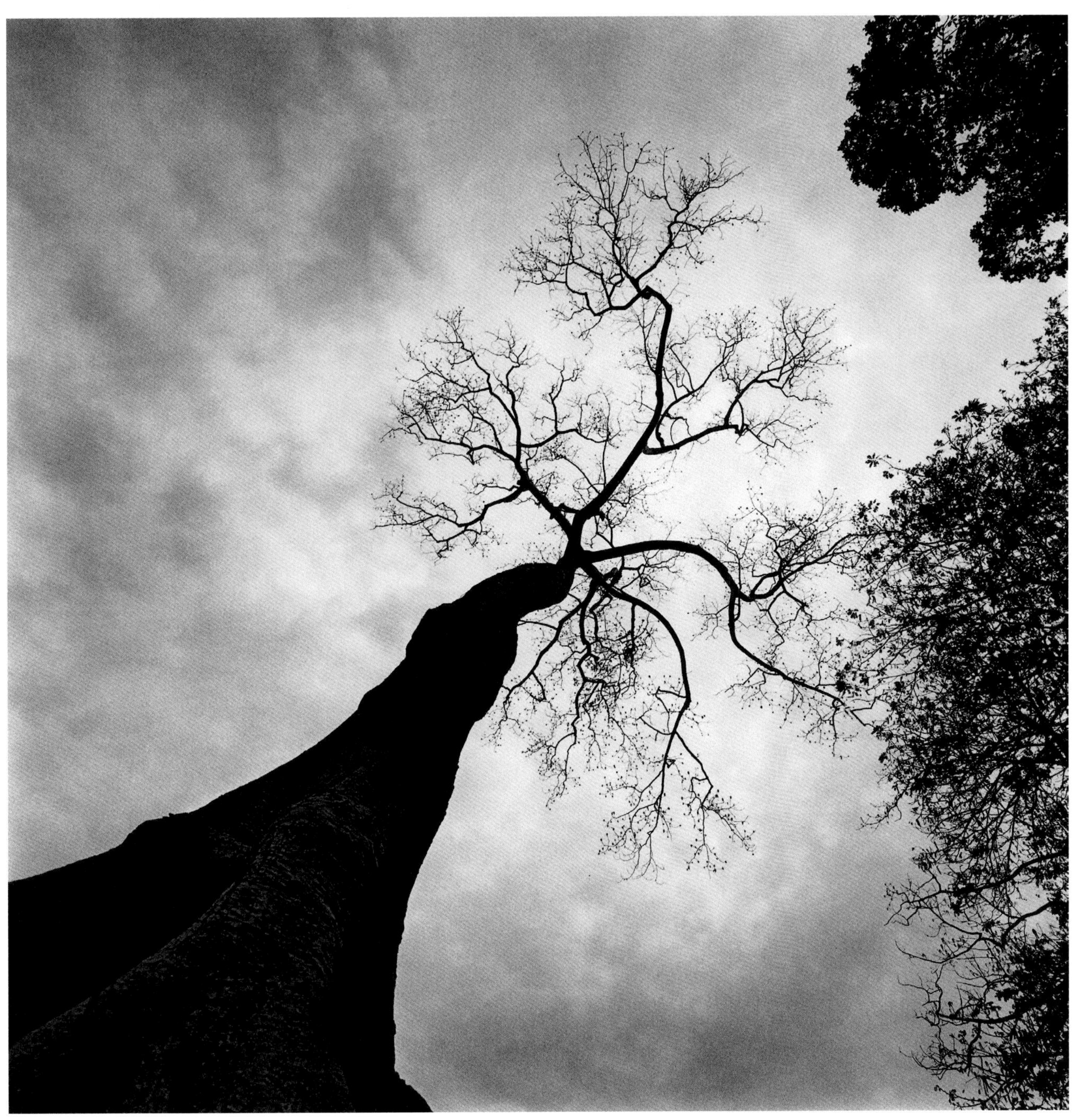

Arbre de Ta Prohm, étude 2, Angkor, Cambodge, 2018.
Ta Prohm Tree, Study 2, Angkor, Cambodia, 2018.

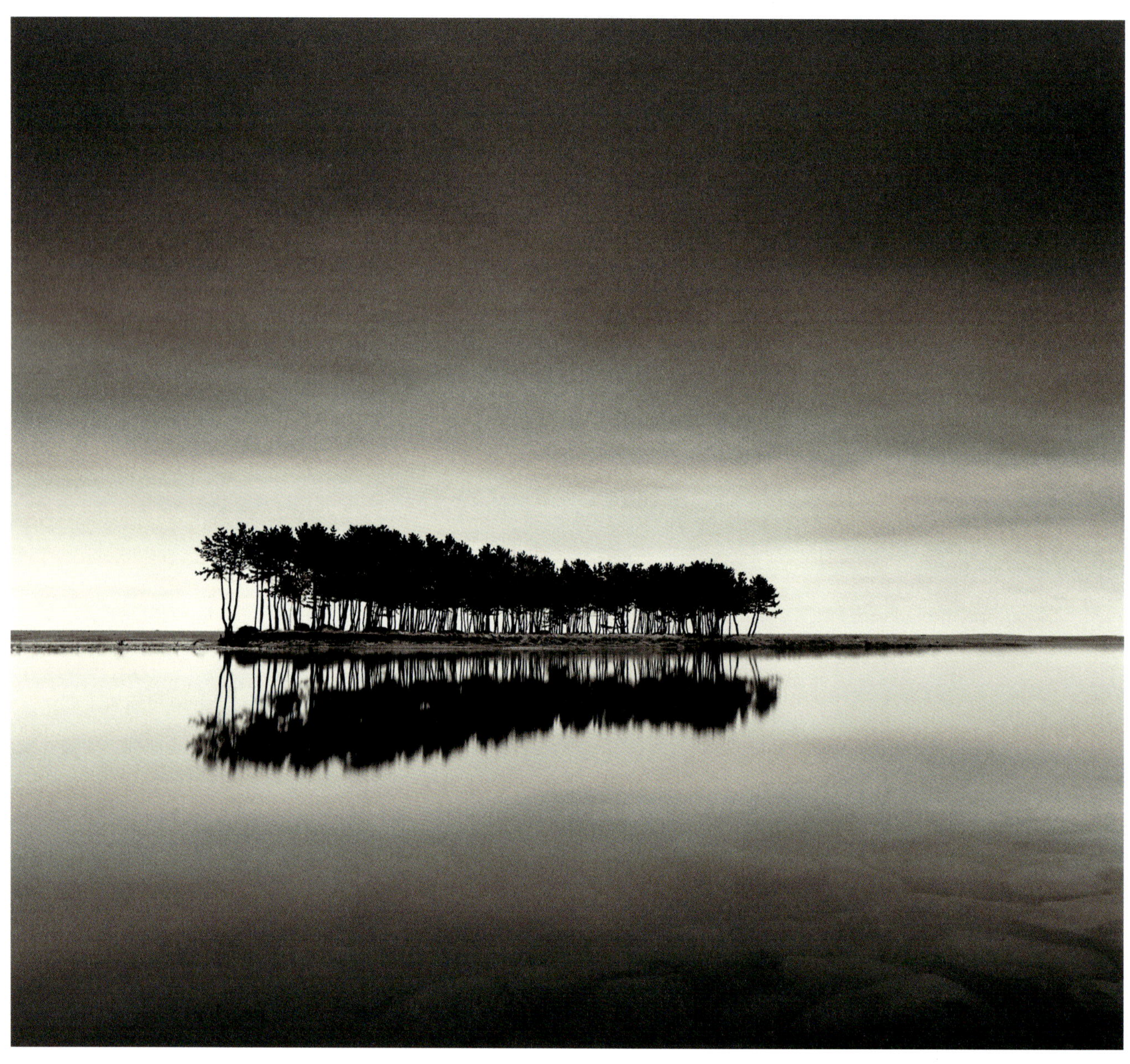

Cat. 22
Pins, étude 1, Wolcheon, Gangwon-do, Corée du Sud, 2007.
Pine Trees, Study 1, Wolcheon, Gangwon-do, South Korea, 2007.

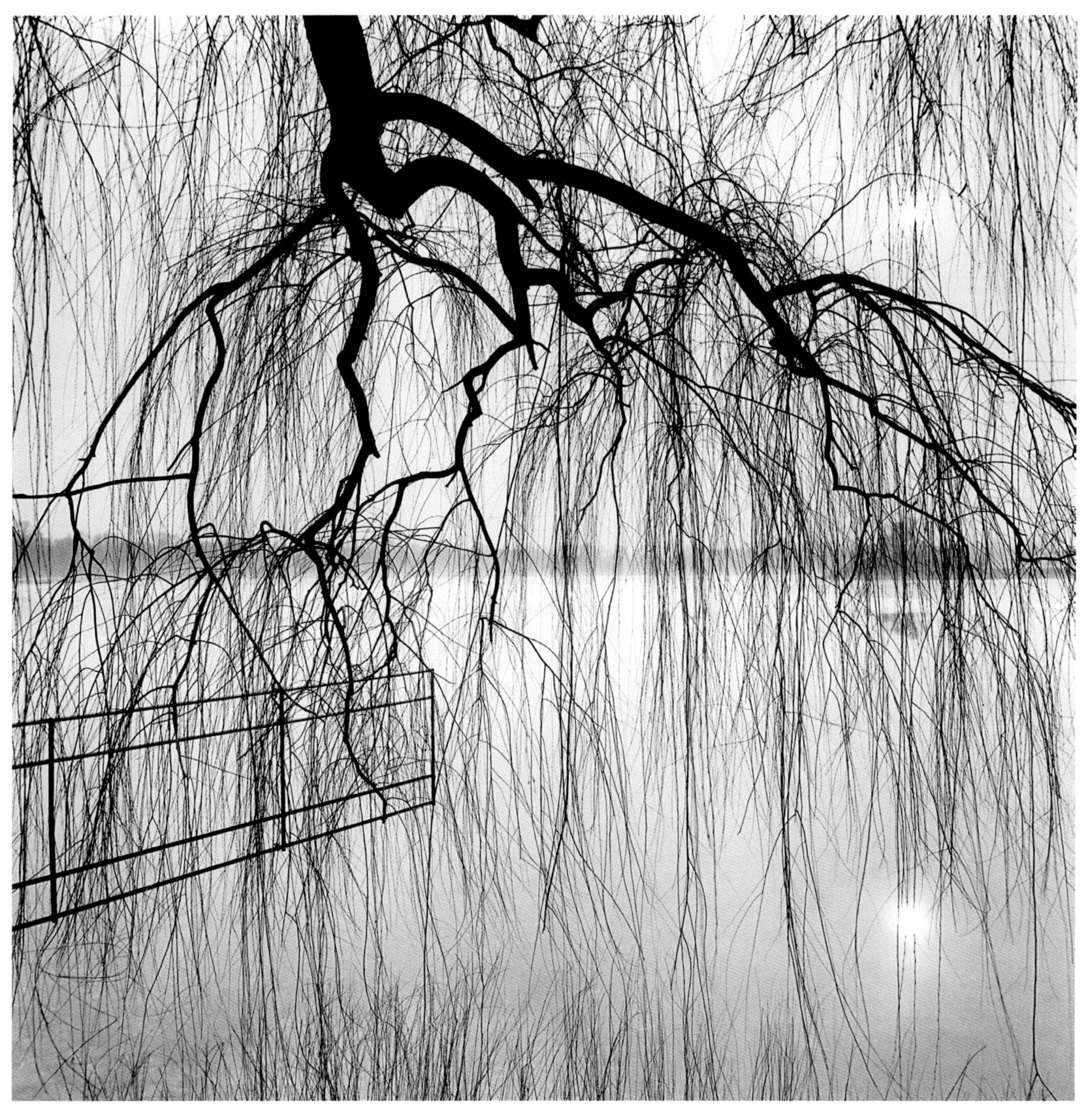

Arbre du lac, parc Beihai, Pékin, Chine, 2008.
Lake Tree, Beihai Park, Beijing, China, 2008.

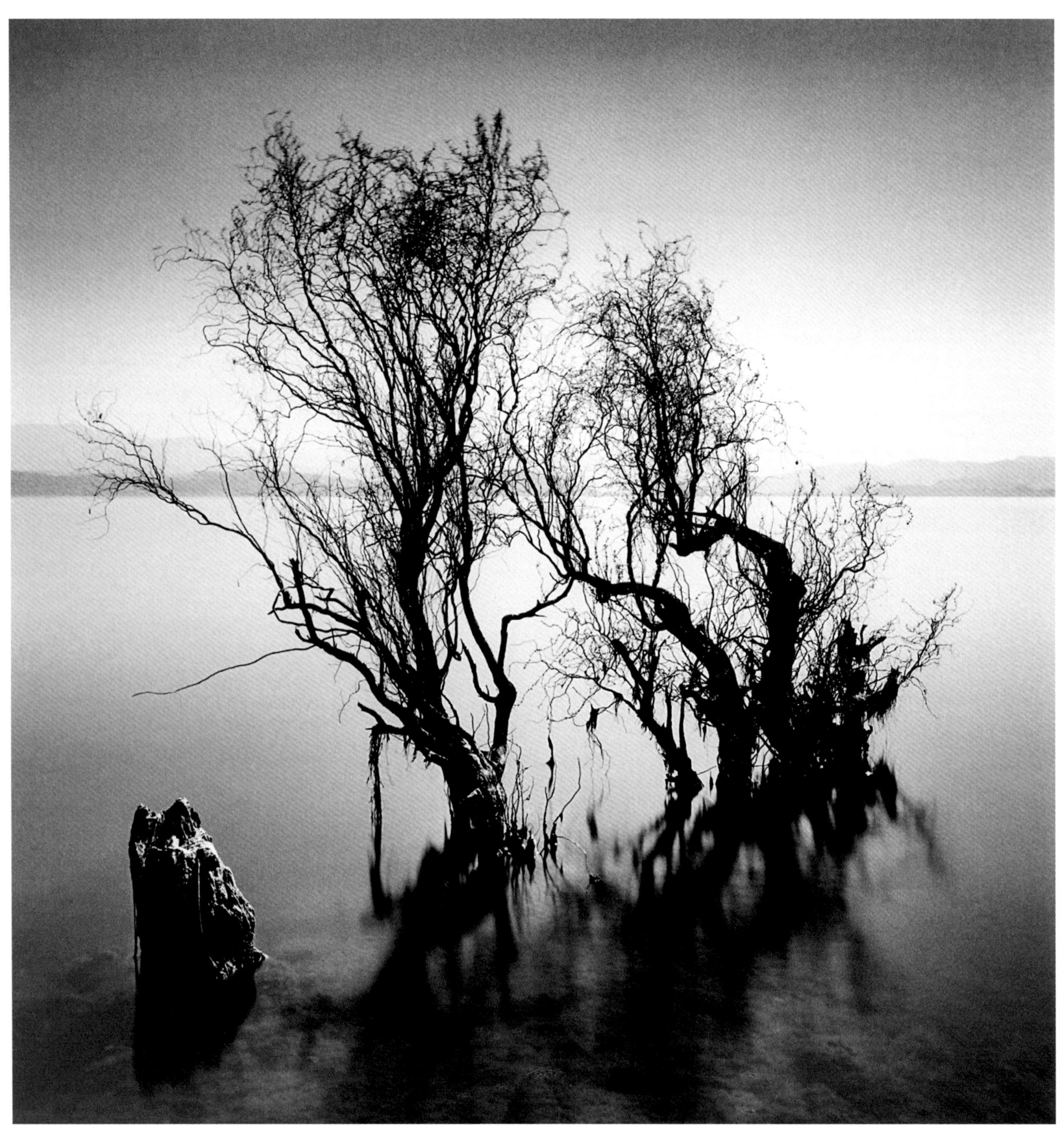

Lac Erhai, étude 2, Dali, Yunnan, Chine, 2013.
Erhai Lake, Study 2, Dali, Yunnan, China, 2013.

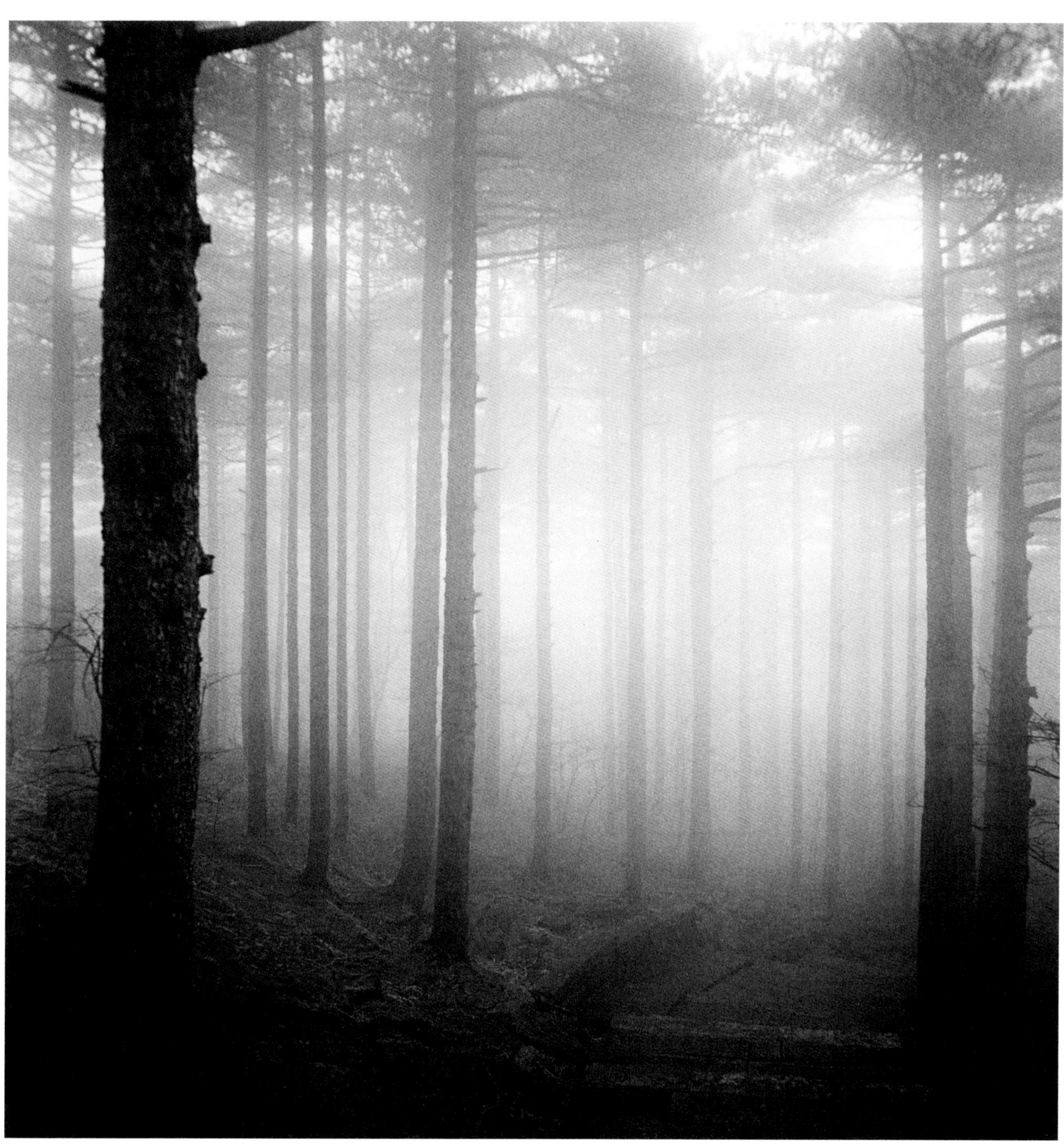

Monts Huangshan, étude 26, Anhui, Chine, 2009.
Huangshan Mountains, Study 26, Anhui, China, 2009.

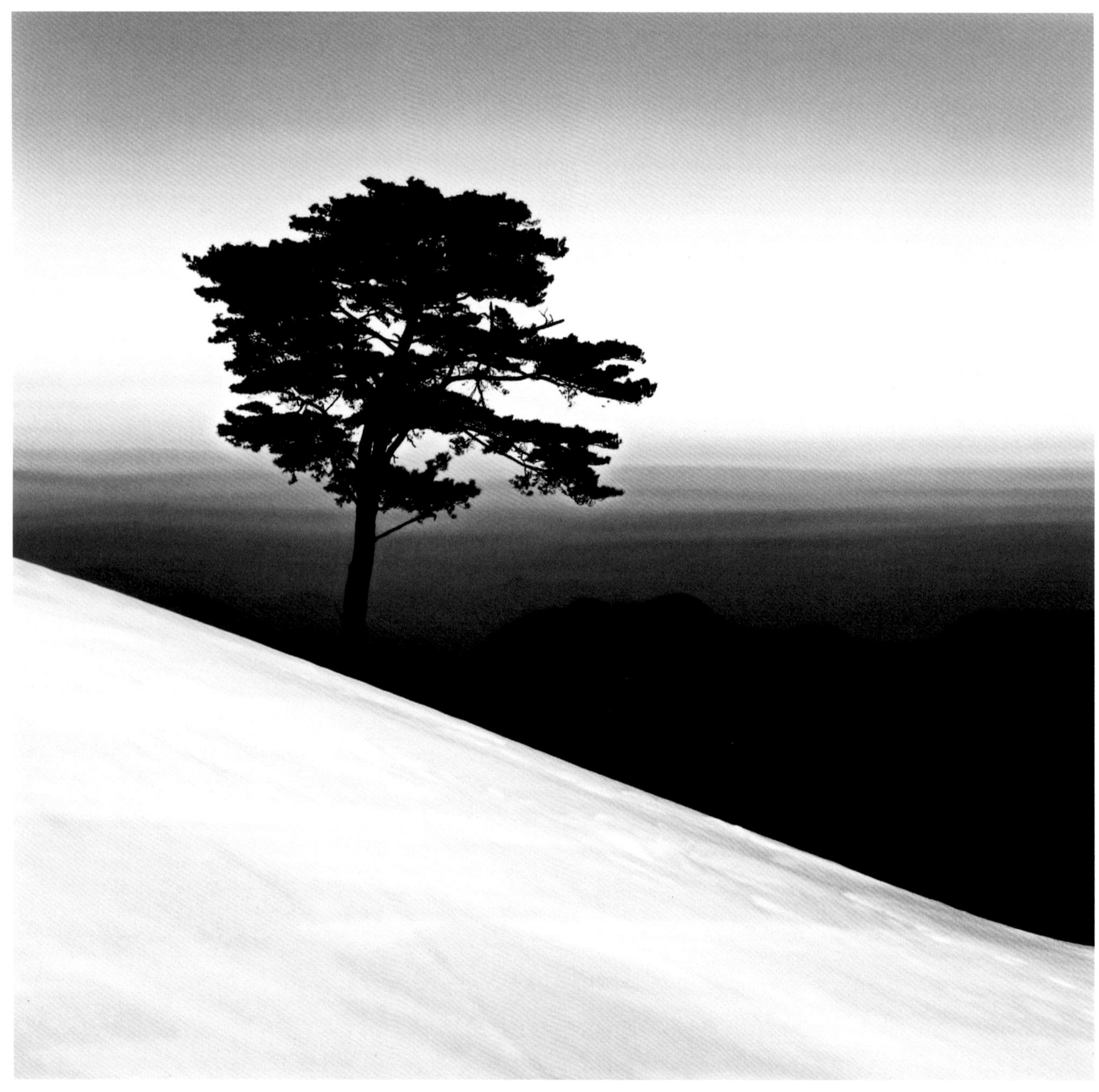

Cat. 26

Arbre de montagne, étude 1, Danyang, Chungcheongbuk-do, Corée du Sud, 2011.
Mountain Tree, Study 1, Danyang, Chungcheongbuk-do, South Korea, 2011.

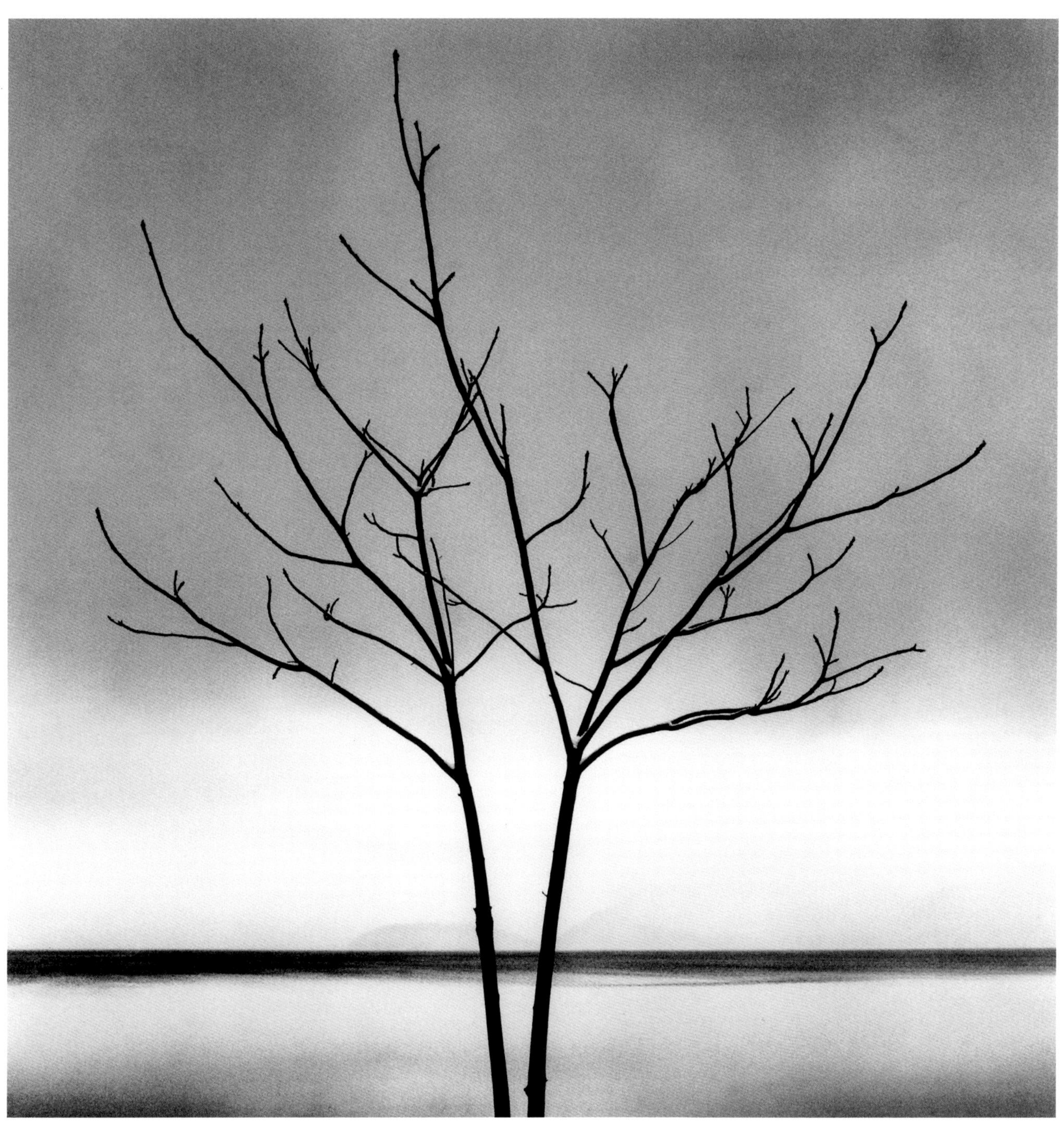

Cat. 27

Arbre nu, lac Tōya, Hokkaidō, Japon, 2009.
Bare Tree, Tōya Lake, Hokkaidō, Japan, 2009.

HABITER
LE MONDE

INHABITING
THE WORLD

À l'exception d'une série de nus féminins réalisée au Japon, on serait bien en peine d'identifier des personnes – ne serait-ce même que des silhouettes – dans les photographies de Michael Kenna. L'humain tient pourtant une place centrale dans son œuvre, via les traces de son activité laissées dans le paysage, allant d'une présence discrète en harmonie avec la nature à un envahissement total de l'espace. Parmi les différentes manières d'habiter le monde, la pratique spirituelle est particulièrement scrutée par Michael Kenna. Dans ses photographies, la dévotion des femmes et des hommes s'exprime tant à travers l'architecture religieuse et les images des déités que par le souvenir des gestes de la piété.

Les activités humaines occupent une place importante dans l'iconographie des arts asiatiques. Tandis que la peinture académique de paysage chinoise souligne bien souvent la place insignifiante de l'humain dans le cosmos, les estampes japonaises de la mouvance *ukiyo*-e (xviie-xixe siècle) se tournent aussi vers la vie sociale, culturelle et économique des centres urbains en pleine expansion, comme la capitale Edo. Les occupations humaines font également l'objet d'un traitement poétique dans les arts décoratifs du Japon, dont le *maki-e* (laque et poudres métalliques). Enfin, aux traces de la piété photographiées par Michael Kenna répondent, dans les arts religieux de l'Asie hindoue et bouddhiste, la gestuelle codifiée et rassurante des divinités (*mudra*).

Aside from a series of female nudes taken in Japan, it is hard to identify any human presence in Michael Kenna's photographs, even as ghostly silhouettes. Yet humanity is central to his art in the traces that human activities have carved into the landscape, from a discreetly harmonious coexistence to the total appropriation of natural spaces. One mode of being in the world to which Michael Kenna pays close attention is spiritual practice. In his photographs, worship is expressed through religious architecture, images of deities, and the traces left by acts of religious devotion.

Human activities are prominent in the iconography of Asian art. The strict codes of Chinese landscape painting often underscore the insignificance of humans in the cosmos, while Japanese *ukiyo-e* prints of the 17th to 19th centuries mirror the social, cultural, and economic life of rapidly expanding urban centers, like the capital Edo. Men and women going about their daily lives are often expressed poetically in Japanese decorative arts, such as *maki-e* lacquerware inlaid with powdered metal. And the traces of devotion photographed by Michael Kenna find a counterpart in the reassuring and codified mudra poses of divinities in the religious art of Hindu and Buddhist Asia.

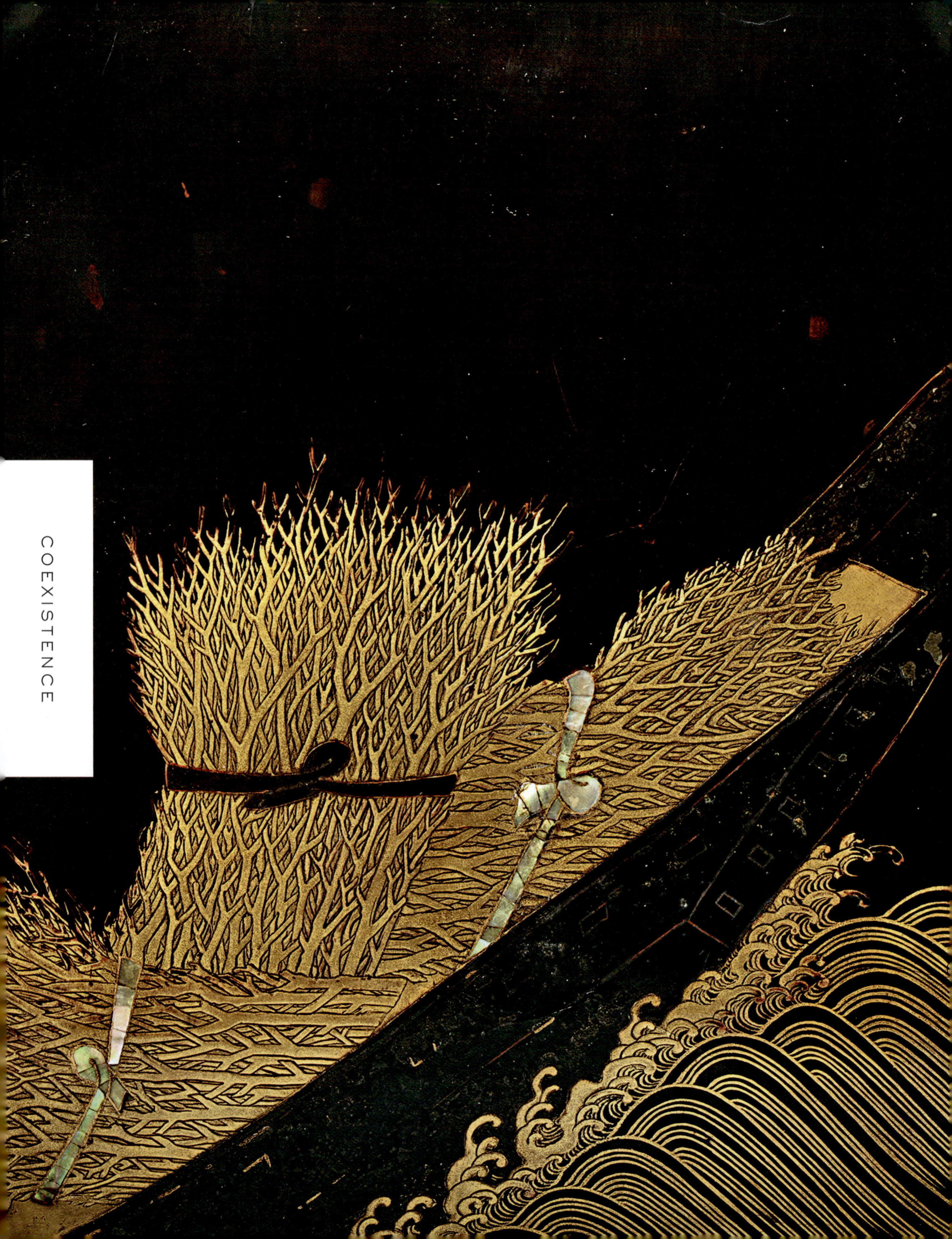

COEXISTENCE

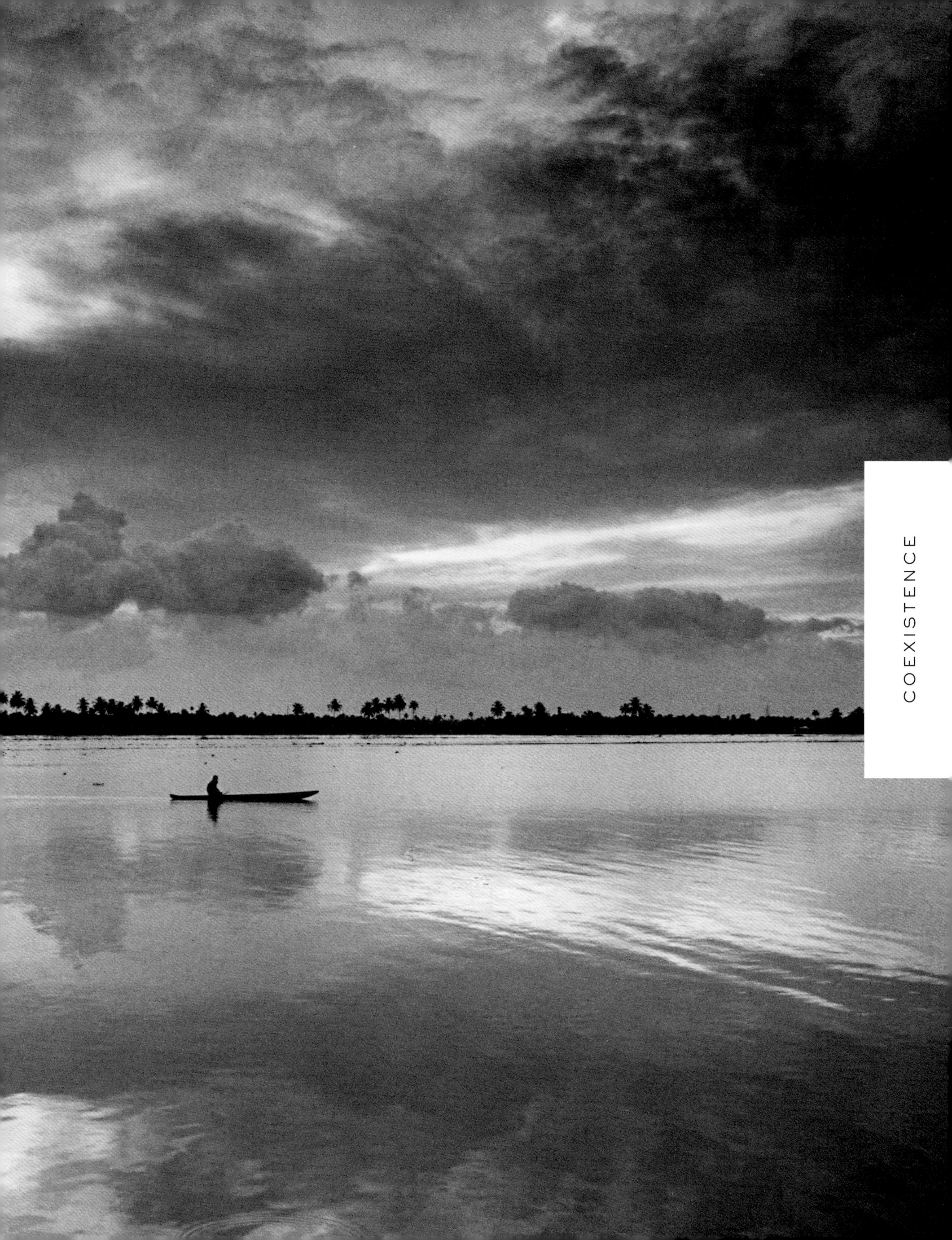

COEXISTENCE

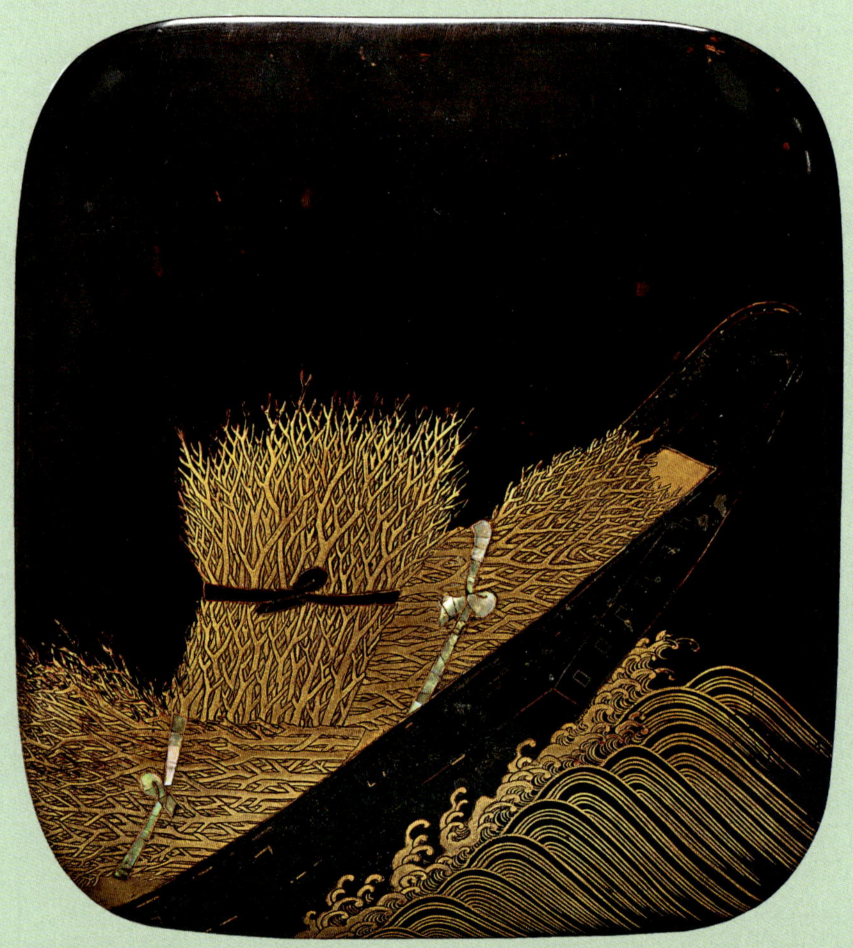

Hon'ami Kōetsu (1558-1637), écritoire suzuribako à décor de barque
Japon, époque d'Edo (1600-1868), XVIIe siècle, bois laqué noir et or, nacre,
H. 27,7 cm, l. 24,9 cm, Pr. 7,8 cm, musée Guimet, legs Raymond Koechlin (1932), EO 3037.

Hon'ami Kōetsu (1558–1637), suzuribako writing case with boat pattern
Japan, Edo period (1600-1868), 17th century, black and gold lacquered wood, mother-of-pearl,
H. 27.7 cm, W. 24.9 cm, D. 7.8 cm, Guimet Museum, bequest by Raymond Koechlin (1932), EO 3037.

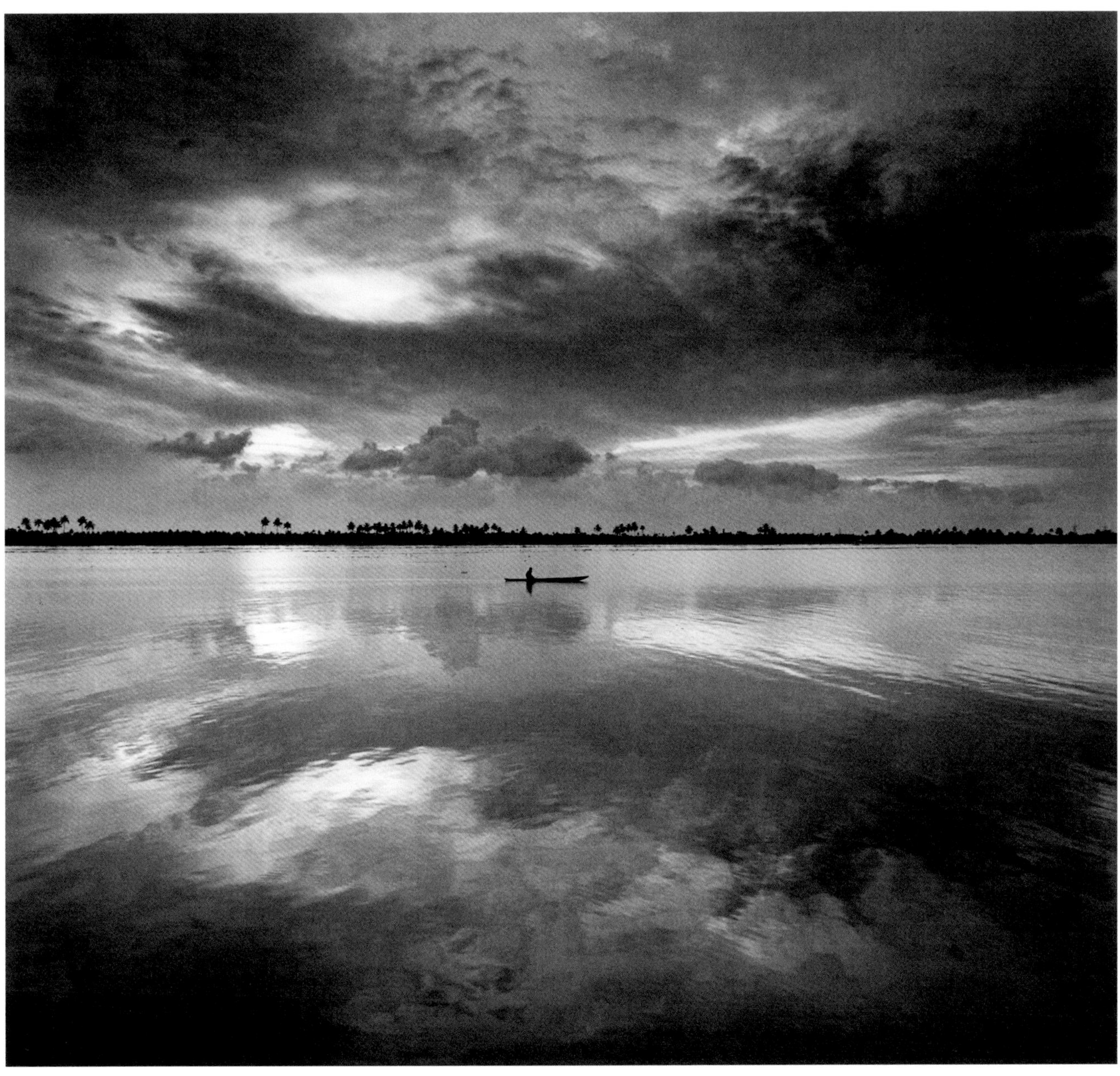

Cat. 29
Bateau isolé, Backwaters, Kerala, Inde, 2008.
Single Boat, Backwaters, Kerala, India, 2008.

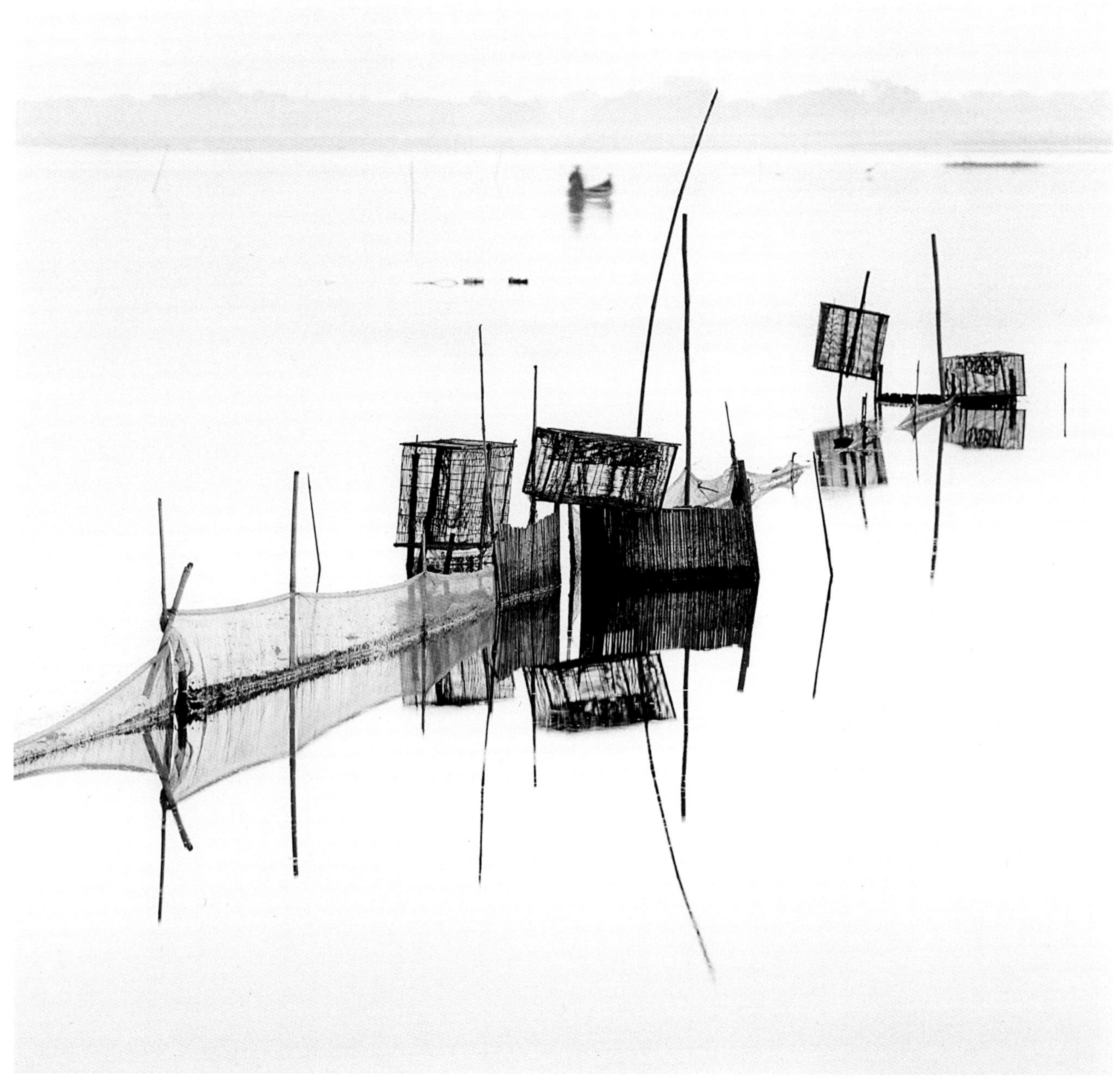

Lac Taungthaman, étude 1, Amarapura, Myanmar, 2019.
Taungthaman Lake, Study 1, Amarapura, Myanmar, 2019.

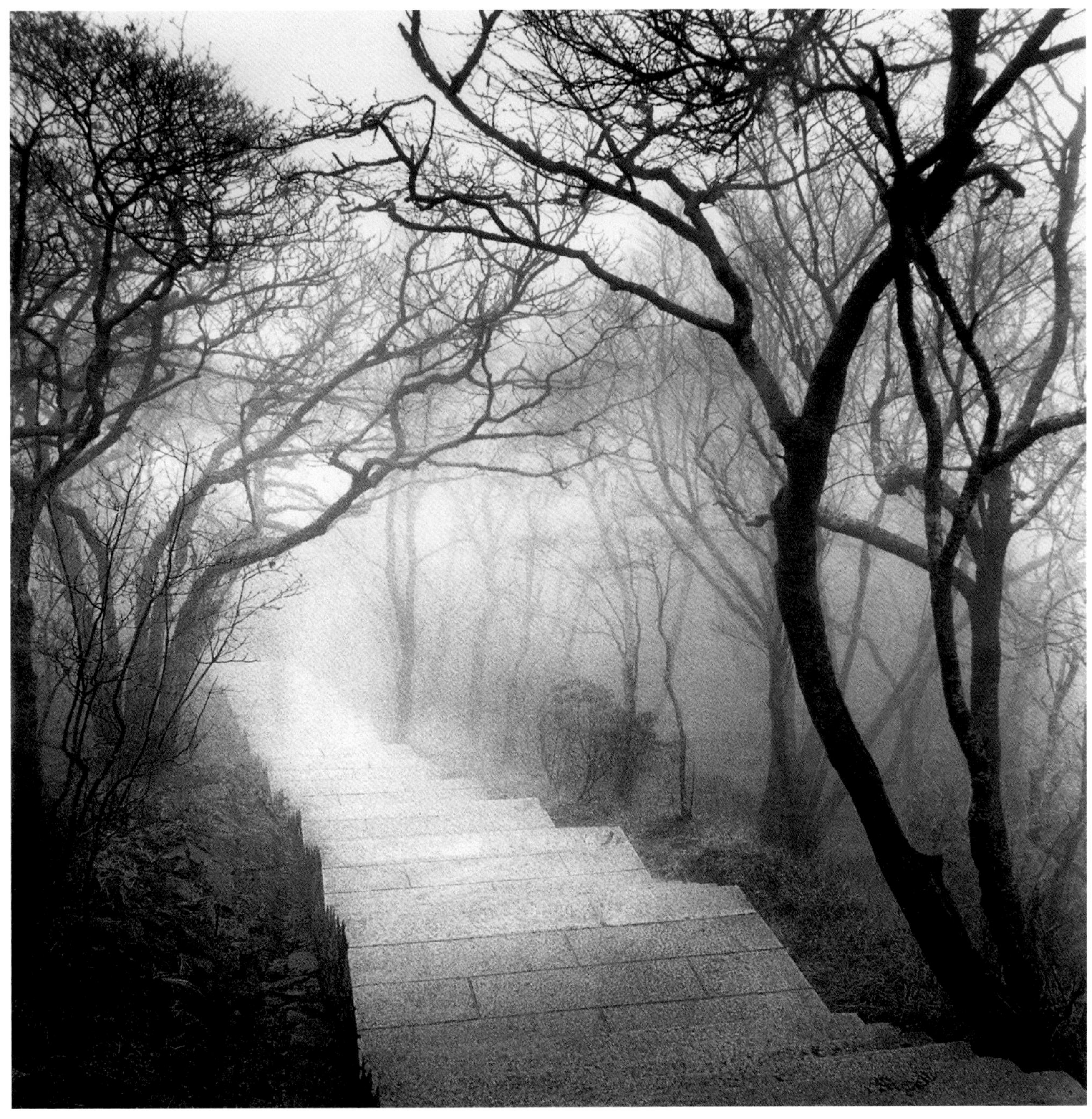

Monts Huangshan, étude 3, Anhui, Chine, 2008.
Huangshan Mountains, Study 3, Anhui, China, 2008.

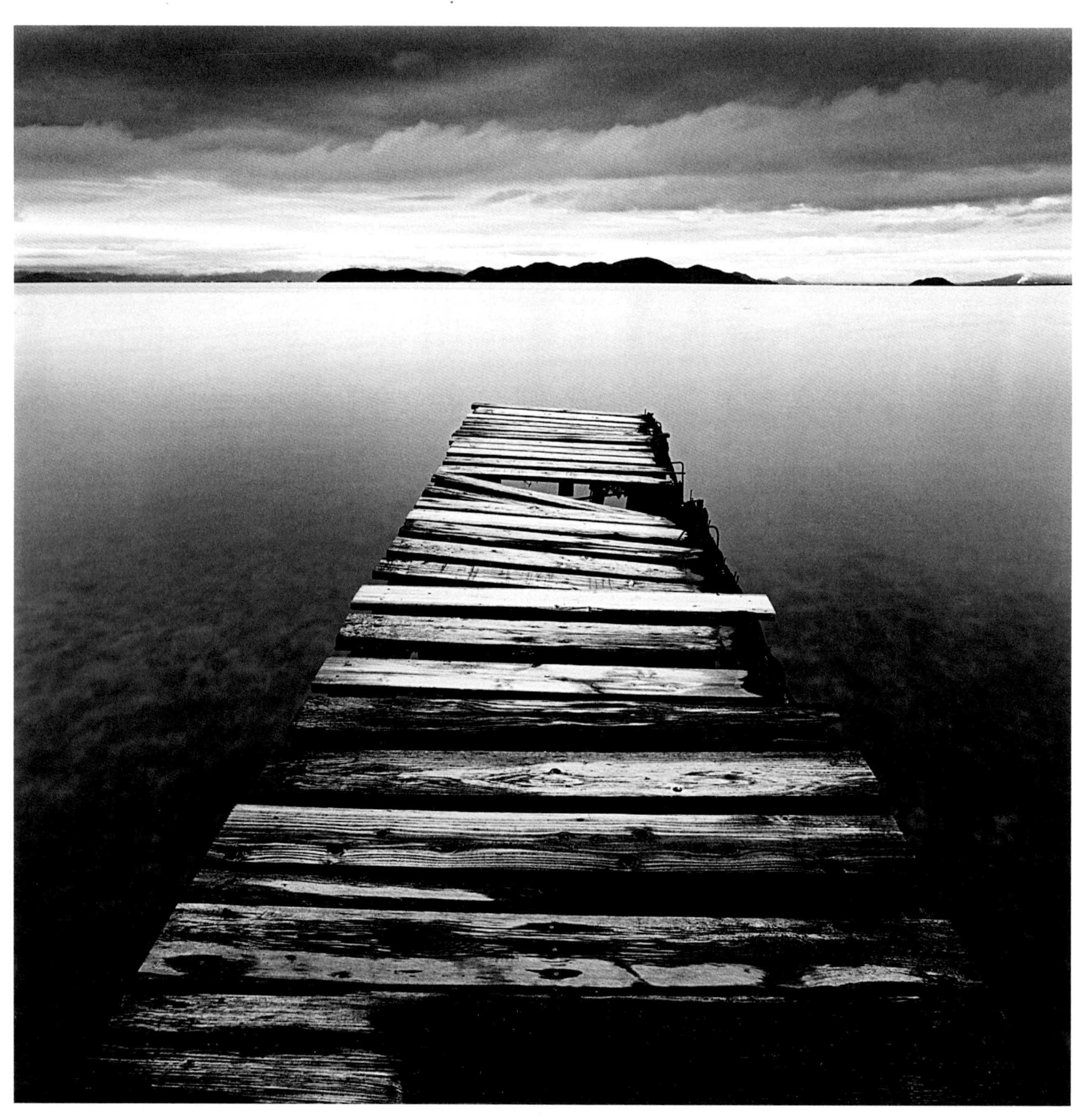

Cat. 32
Promenade en ruine, Shiga, Honshū, Japon, 2003.
Crumbling Boardwalk, Shiga, Honshū, Japan, 2003.

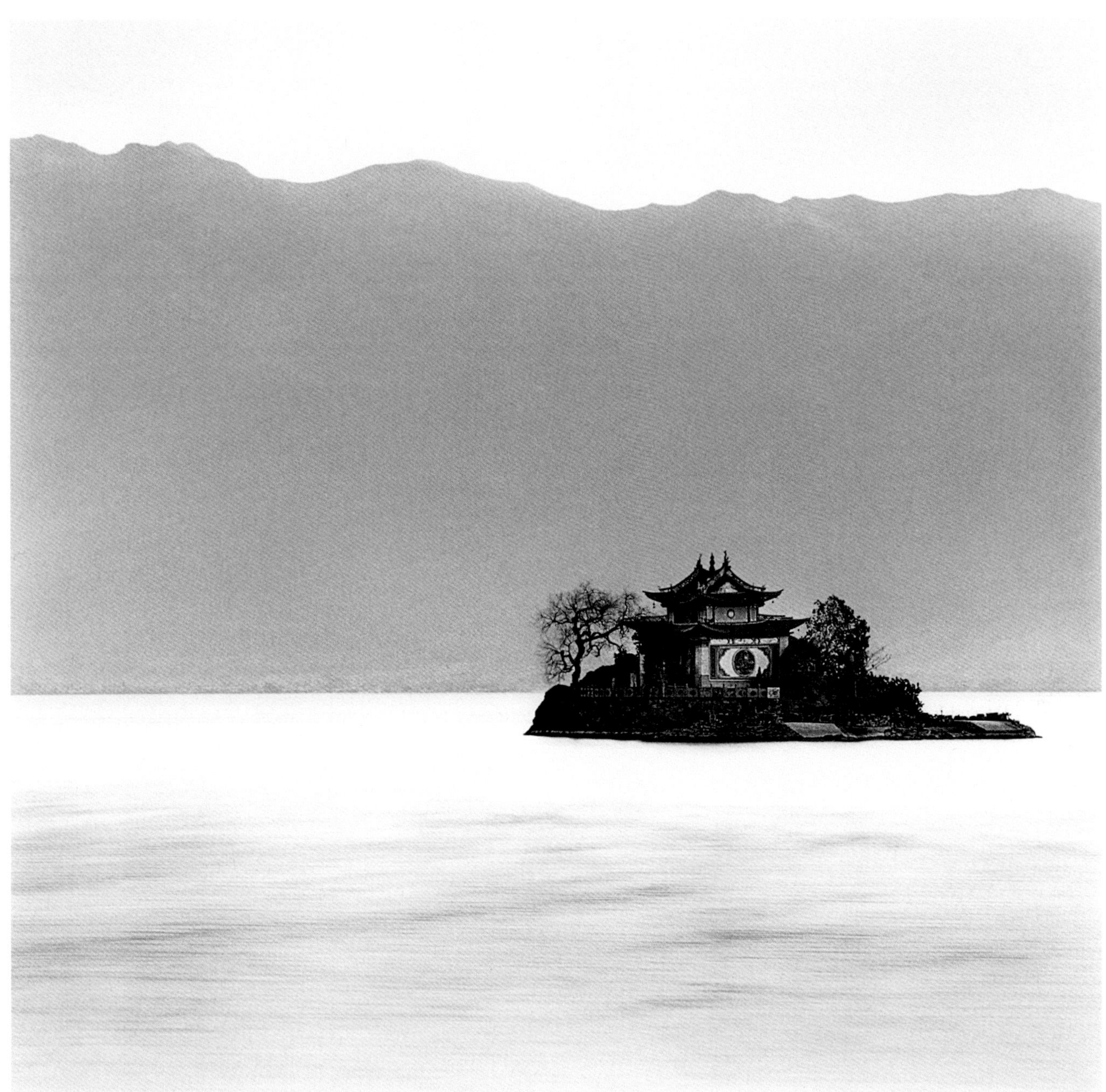

Cat. 33
Île de Xiao Putuo, lac Erhai, Yunnan, Chine, 2013.
Xiao Putuo Island, Erhai Lake, Yunnan, China, 2013.

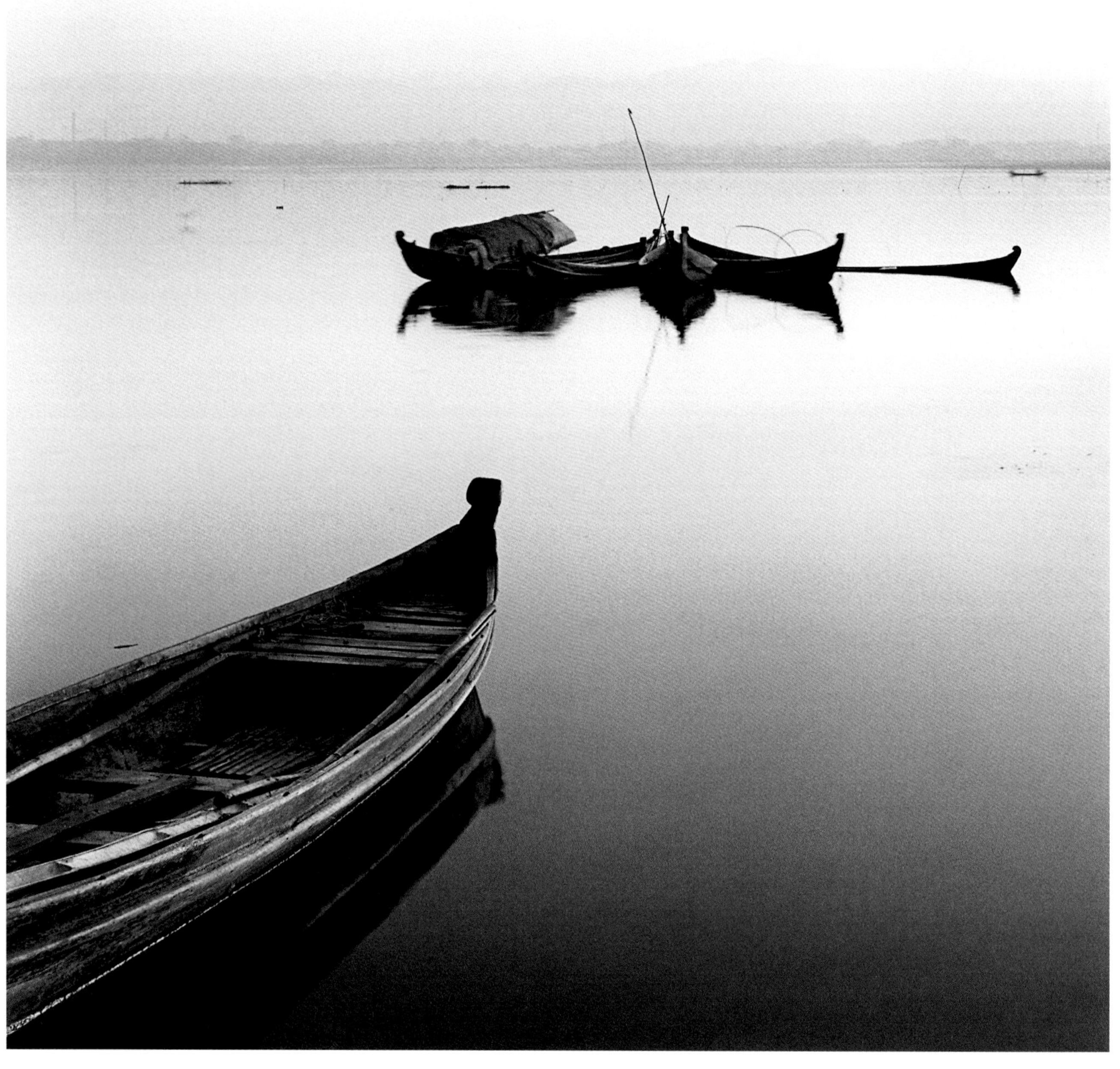

Lac Taungthaman, étude 2, Amarapura, Myanmar, 2019.
Taungthaman Lake, Study 2, Amarapura, Myanmar, 2019.

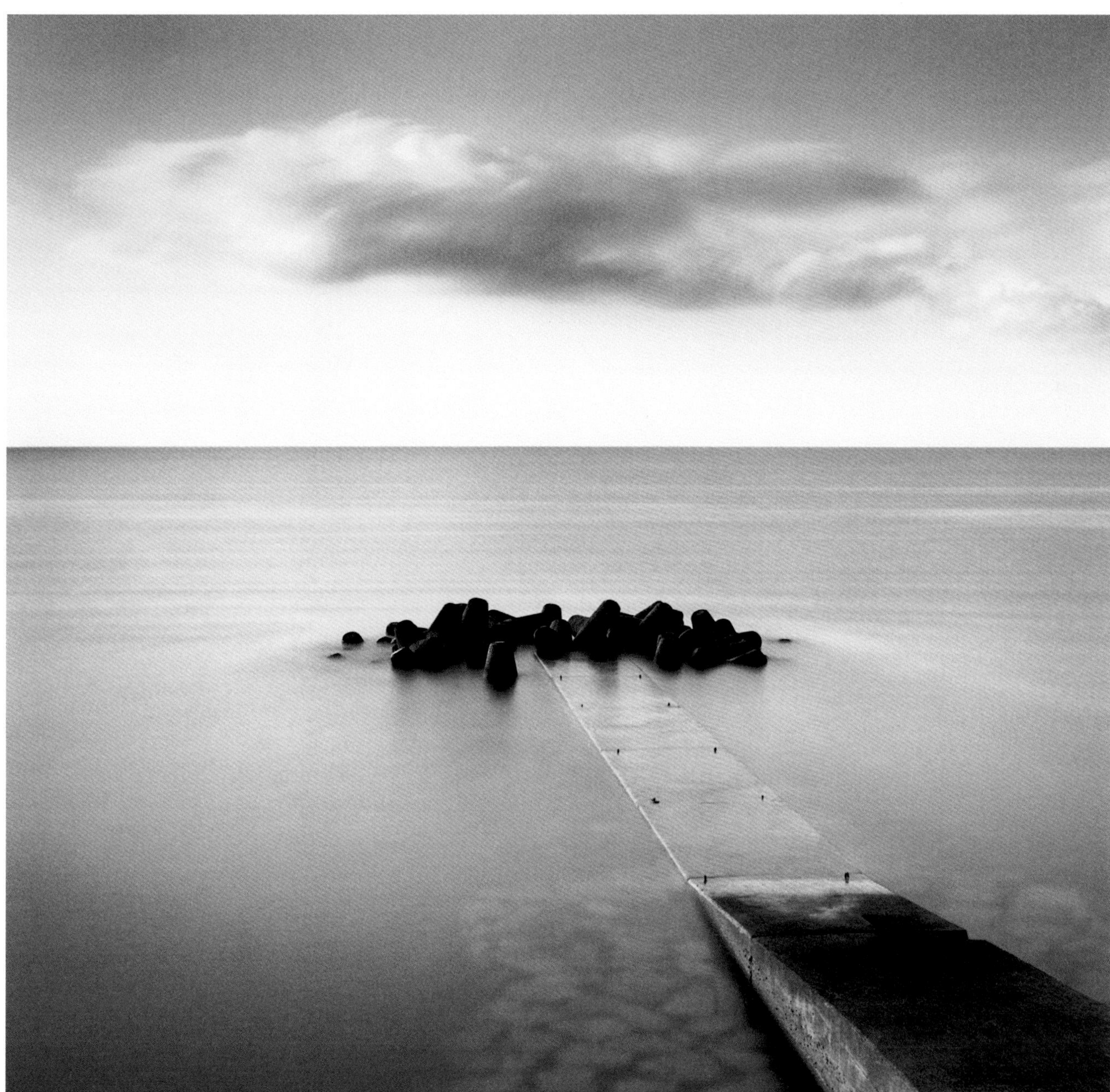

Cat. 35

Matinée tranquille, île d'Awati, Shikoku, Japon, 2002.
Tranquil Morning, Awati Island, Shikoku, Japan, 2002.

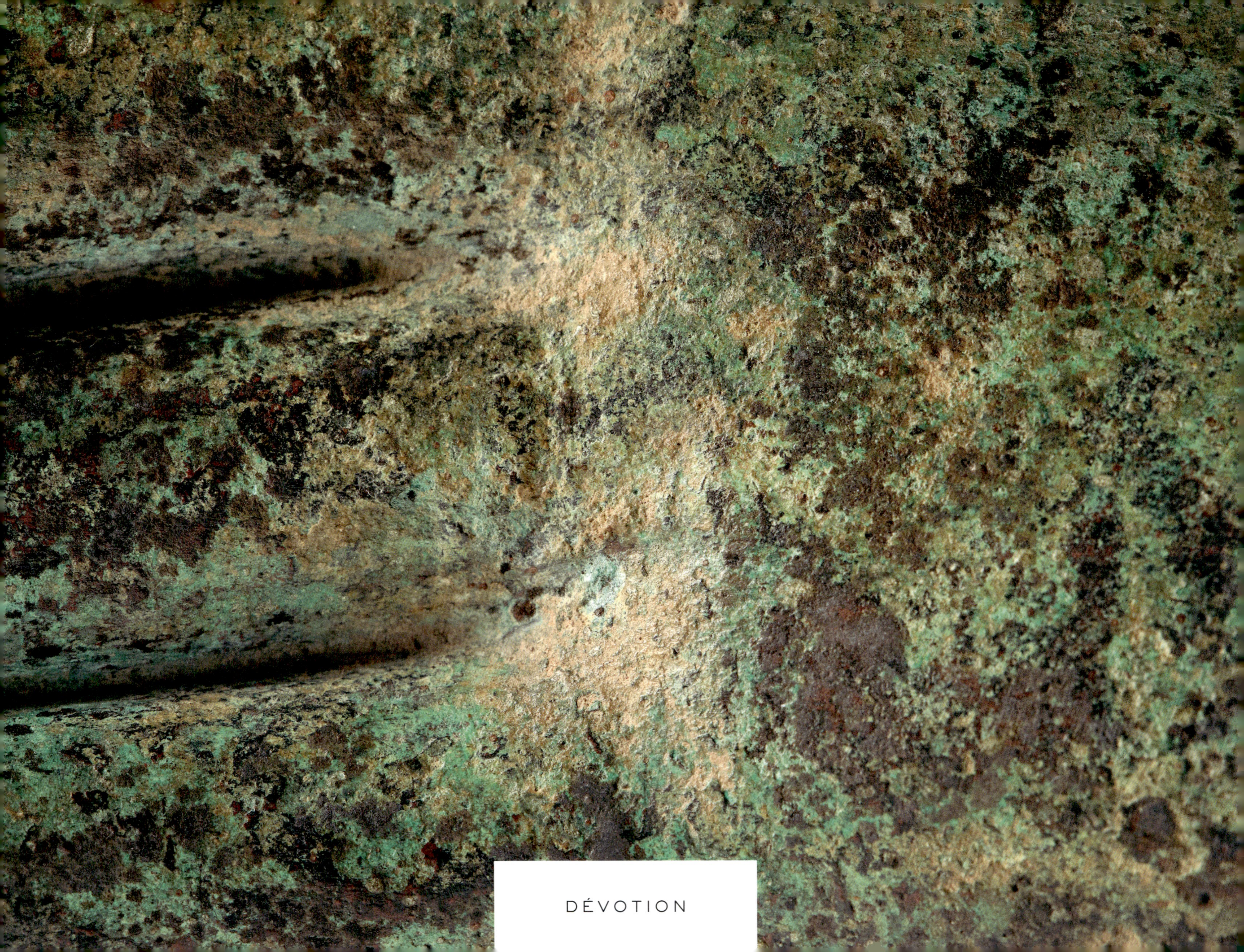
DÉVOTION

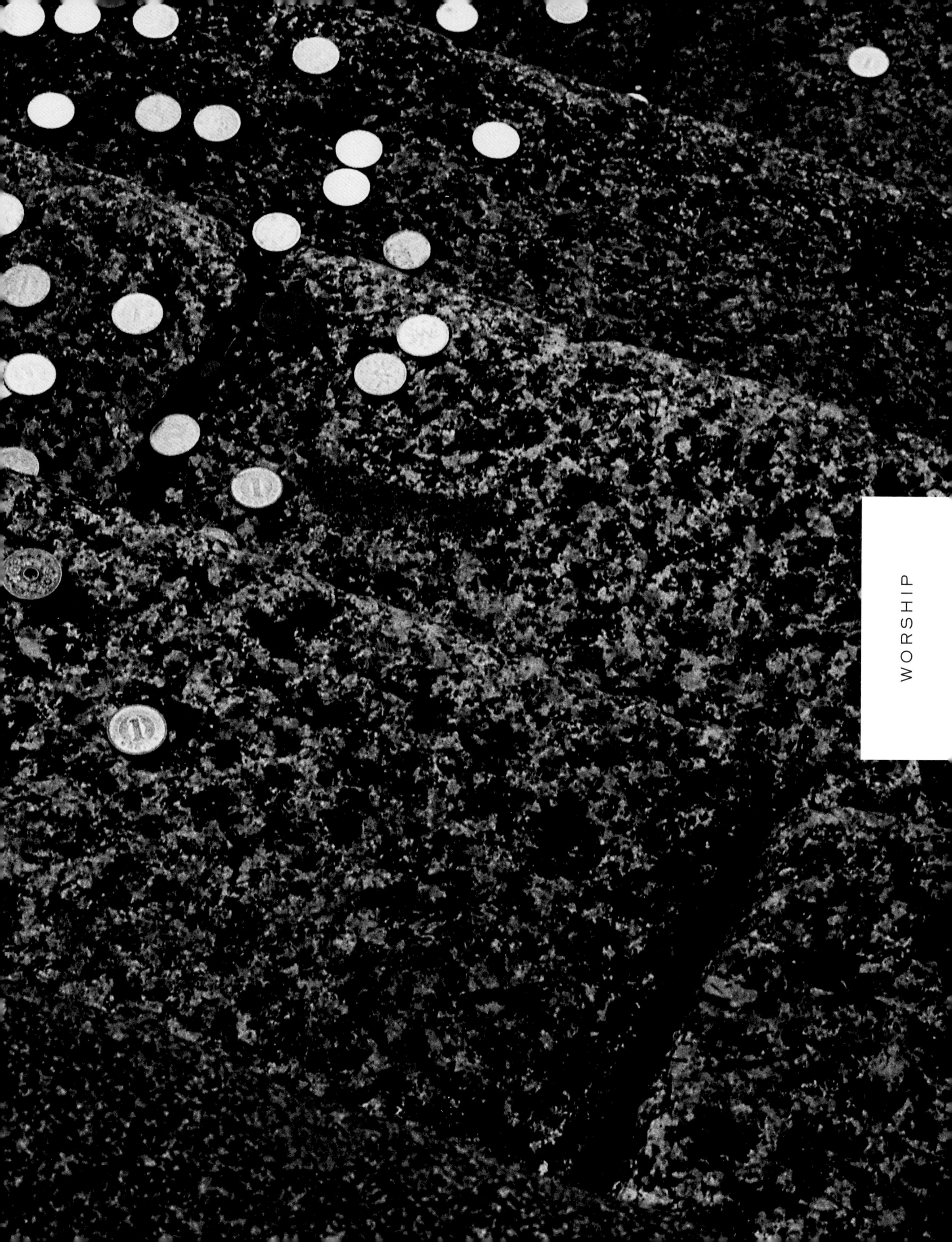

WORSHIP

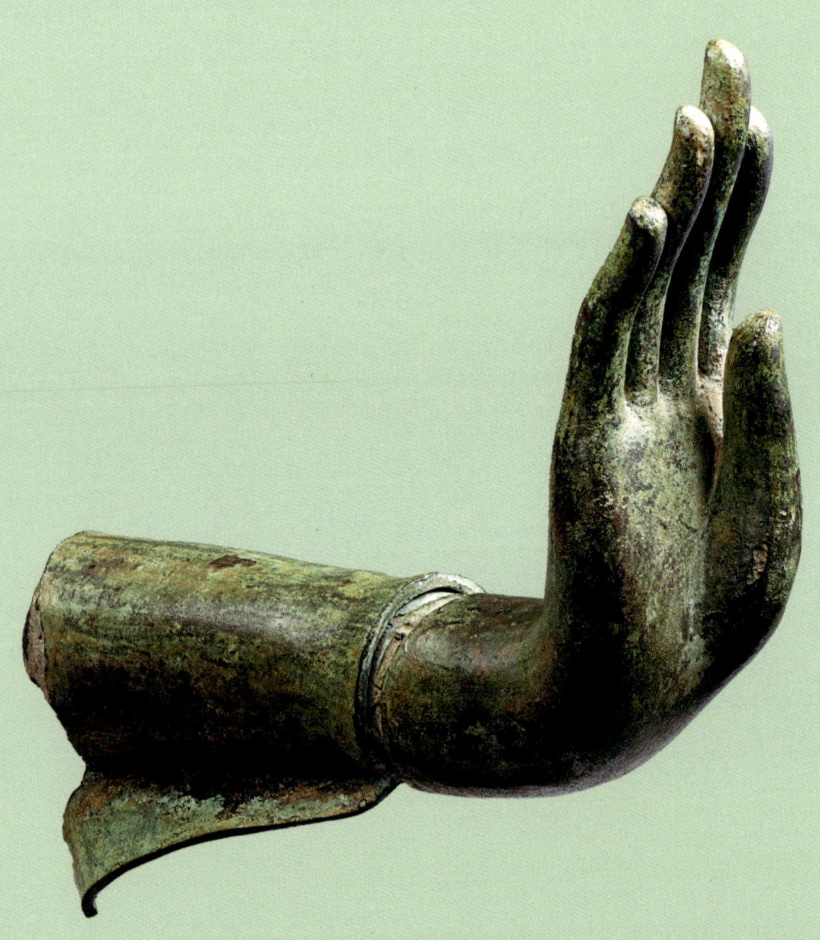

Main droite faisant le geste de l'absence de crainte
Thaïlande, XVe-XVIe siècle, bronze, H. 27,5 cm, l. 7,8 cm, Pr. 24 cm,
musée Guimet, legs Fernand Bouhier (1994), MA 6223.

Right hand making the gesture of fearlessness
Thailand, 15th-16th century, bronze, H. 27.5 cm, W. 7.8 cm, D. 24 cm,
Guimet Museum, Fernand Bouhier bequest (1994), MA 6223.

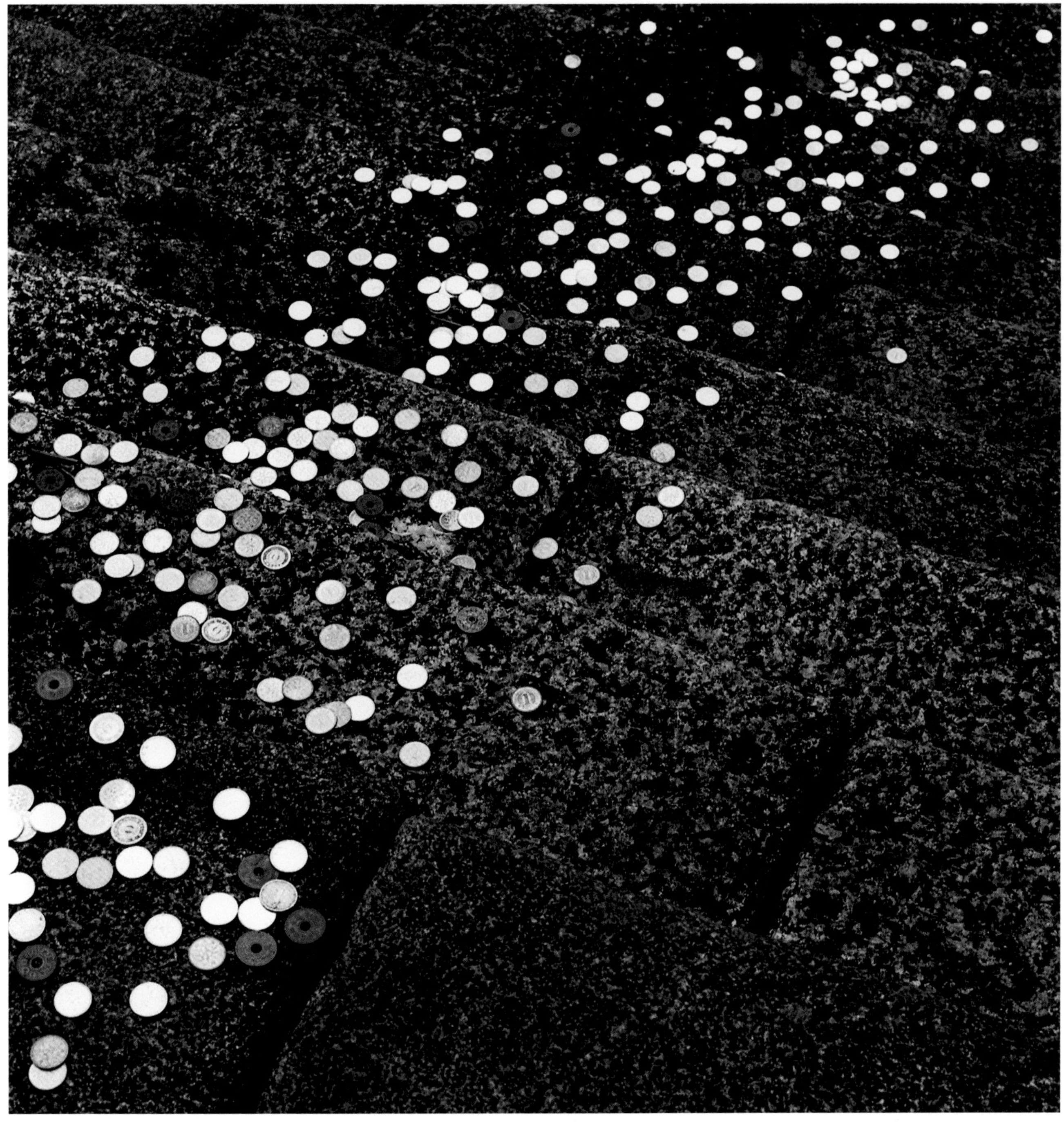

O-Settai, Byōdō-ji, Tokushima, Shikoku, Japon, 2003.
O-Settai, Byōdō-ji, Tokushima, Shikoku, Japan, 2003.

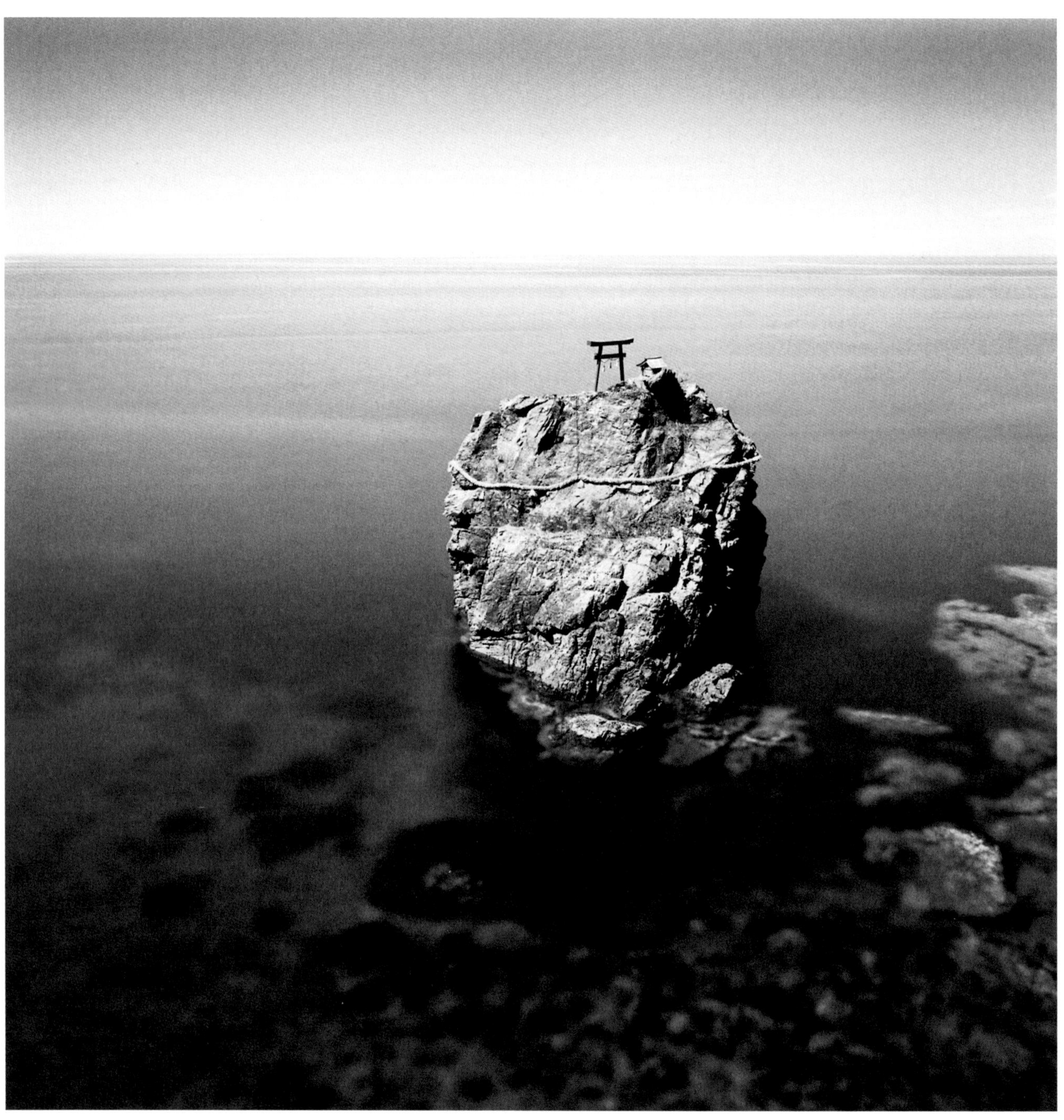

Île avec torii, mer intérieure de Seto, Shikoku, Japon, 2012.
Torii Island, Seto Inland Sea, Shikoku, Japan, 2012.

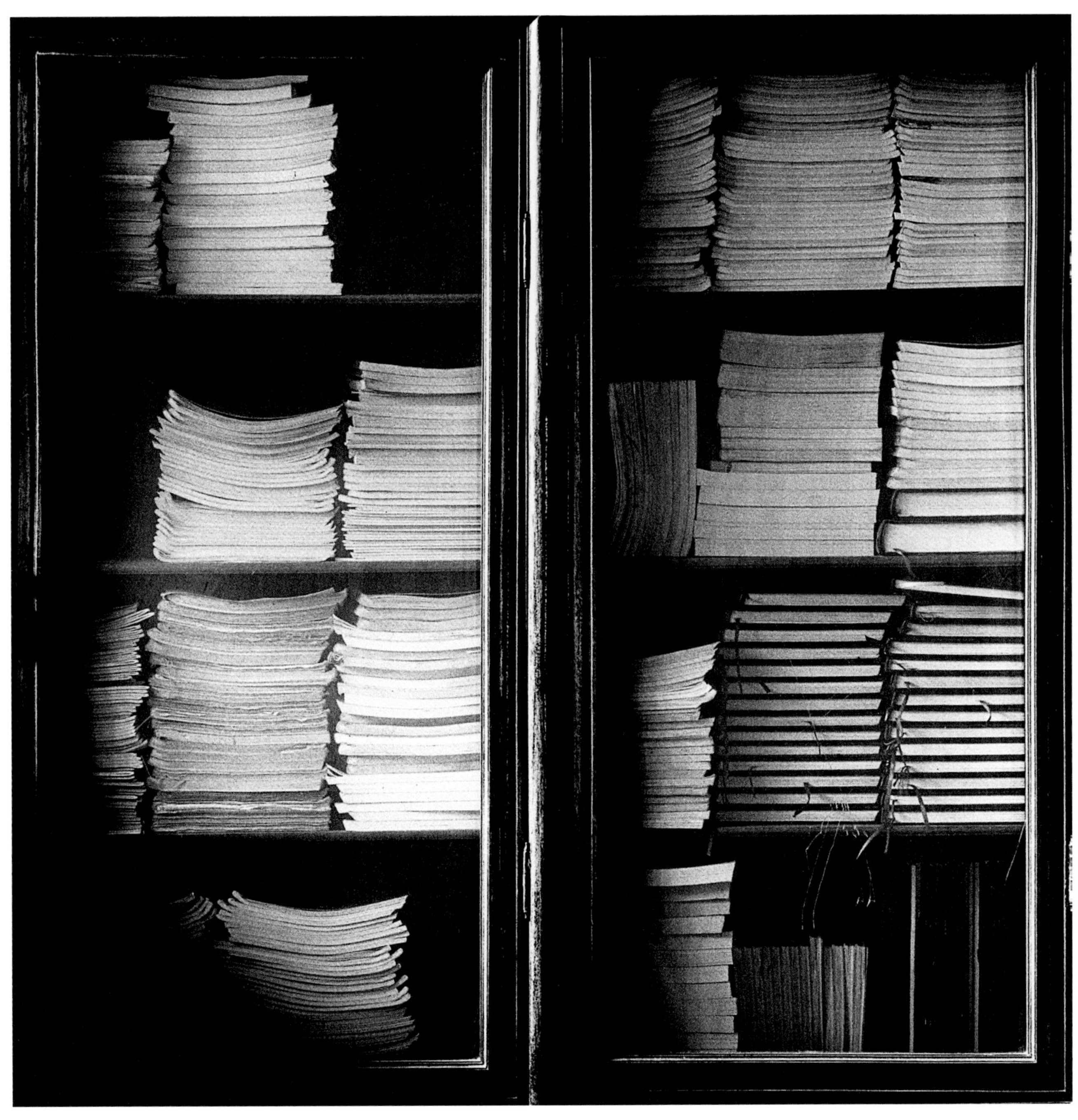

Livres de prières, pagode Tay, Hanoi, Vietnam, 2019.
Prayer Books, Tay Pagoda, Hanoi, Vietnam, 2019.

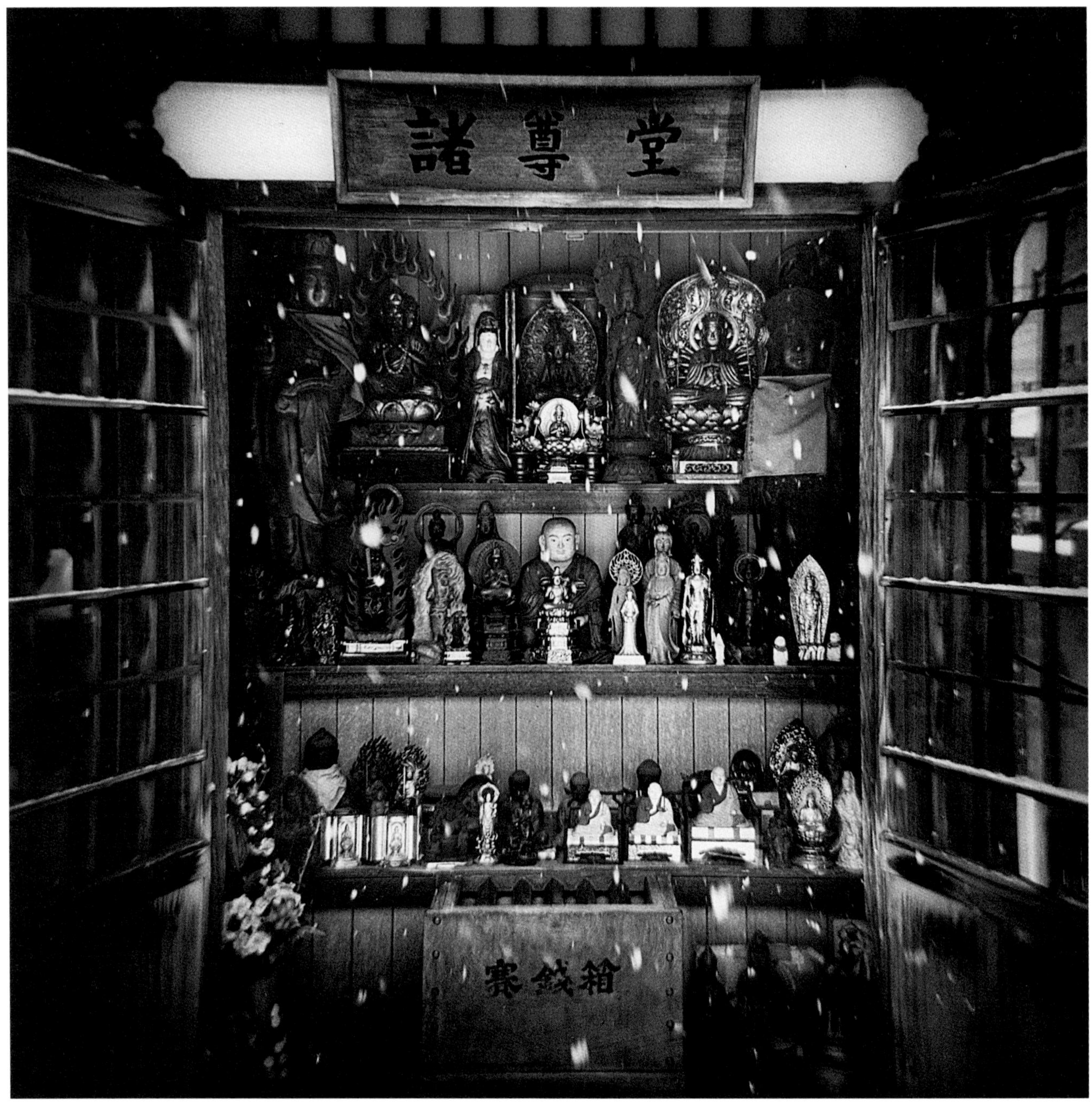

Cat. 40

Neige, temple Shine-ji, Sapporo, Japon, 2008.
Snow, Shine-ji Temple, Sapporo, Japan, 2008.

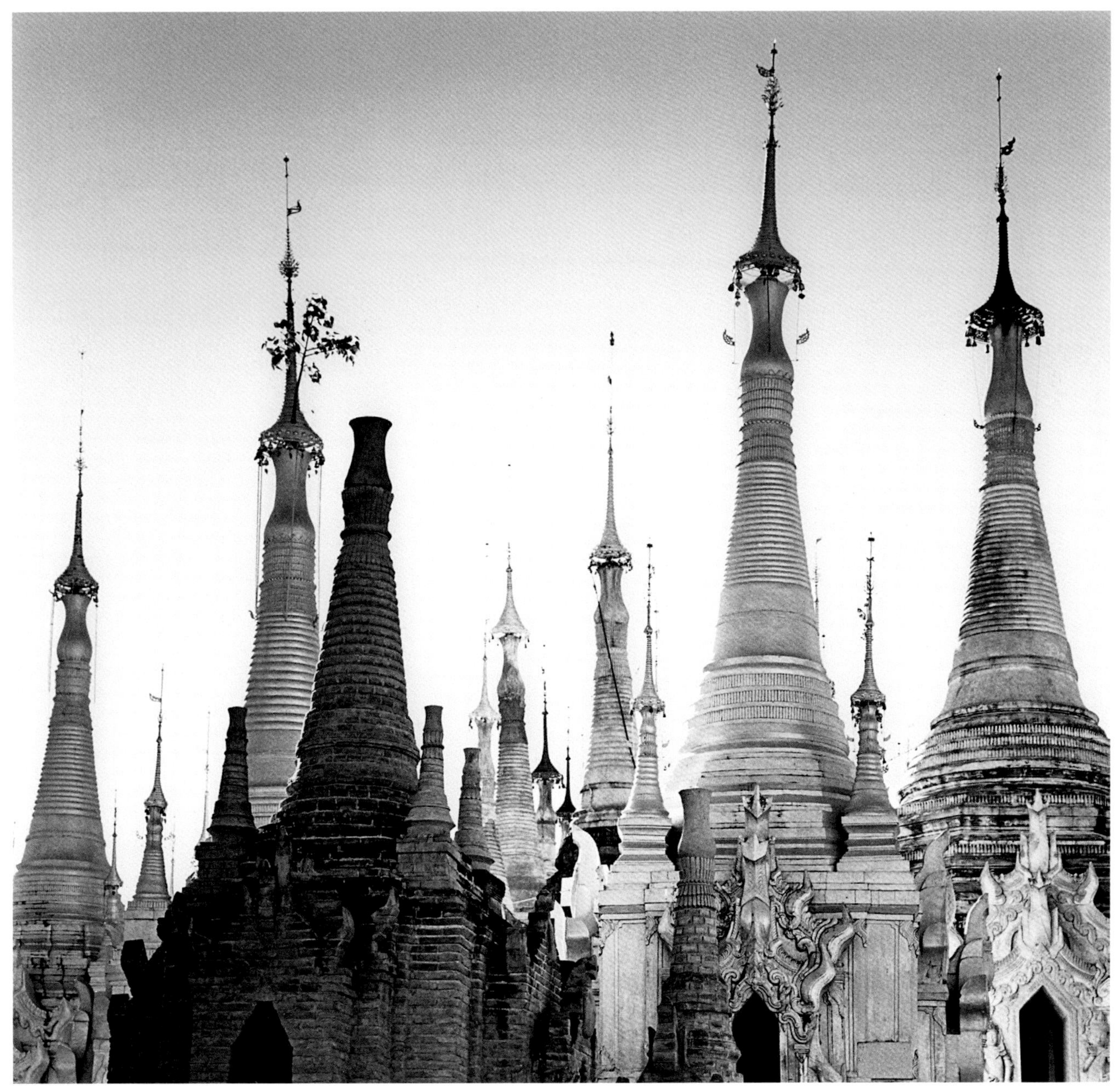

Cat. 41

Pagodes de Shwe In Dein, lac Inle, Myanmar, 2019.
Shwe Inn Dain Pagodas, Inle Lake, Myanmar, 2019.

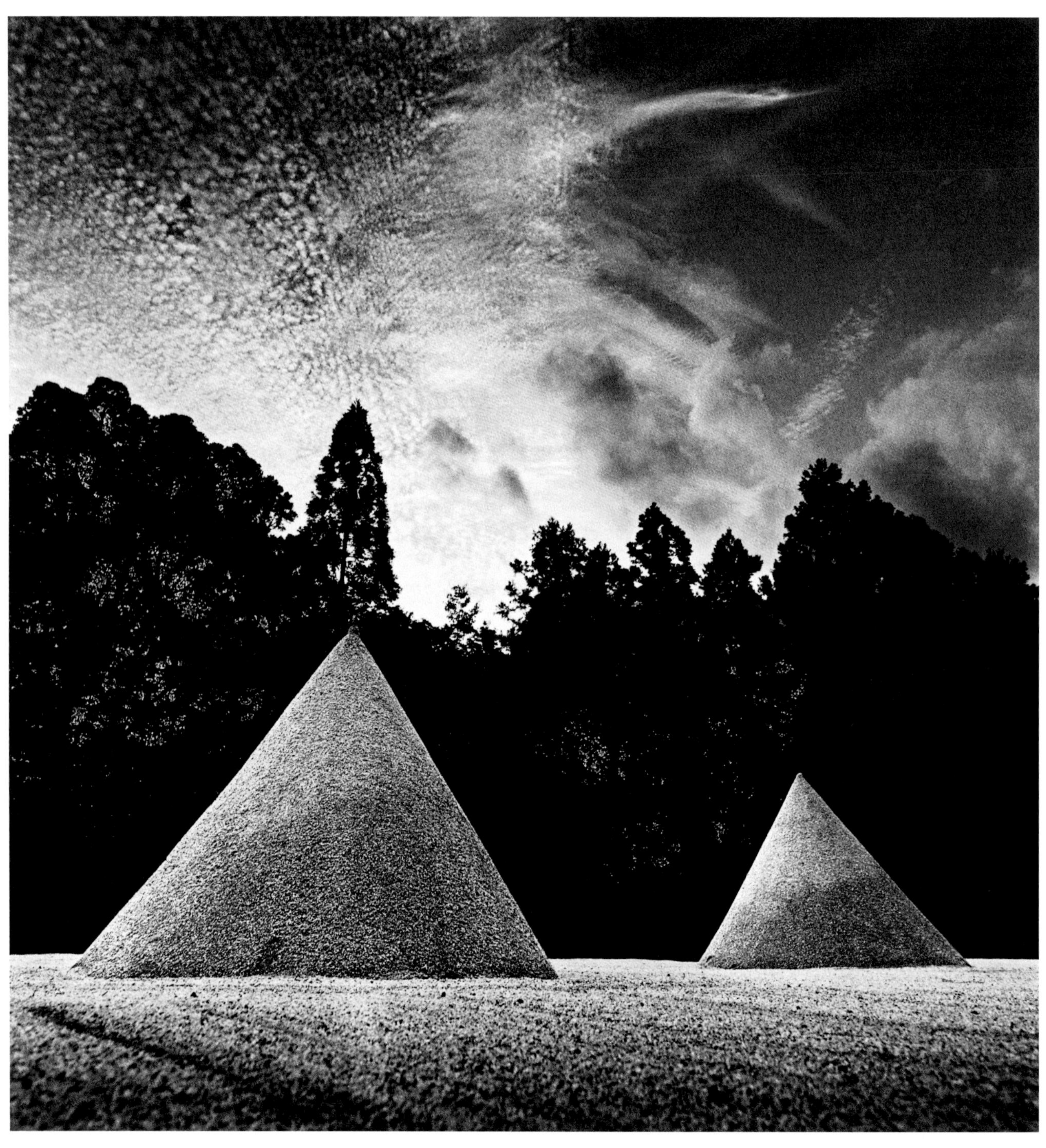

Cat. 42

Monticules de sable, Kamigamojinja, Kyoto, Japon, 1987.
Sand Mounds, Kamigamojinja, Kyoto, Japan, 1987.

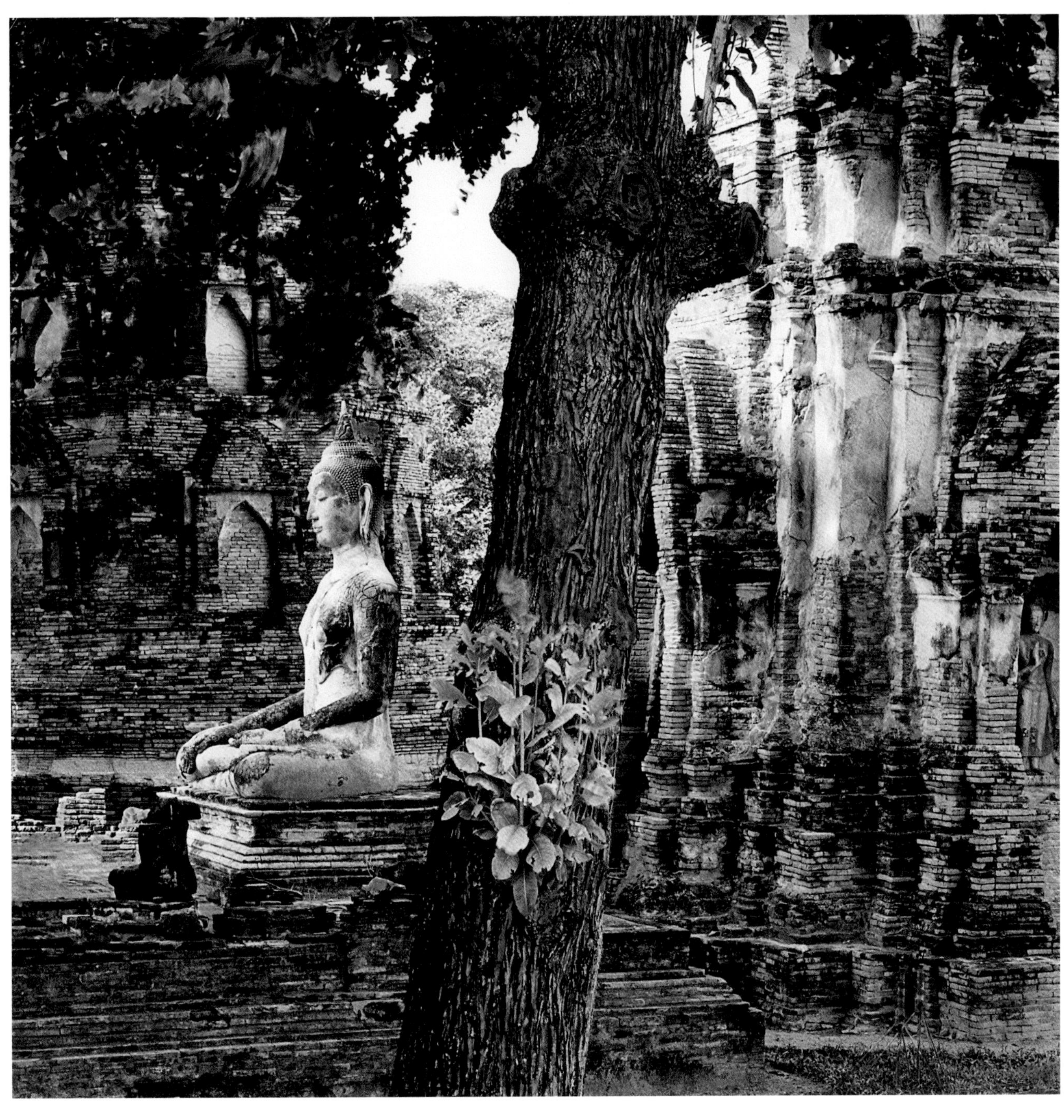

Bouddha assis du Wat Mahathat, Ayutthaya, Thaïlande, 2019.
Wat Mahathat Seated Buddha, Ayutthaya, Thailand, 2019.

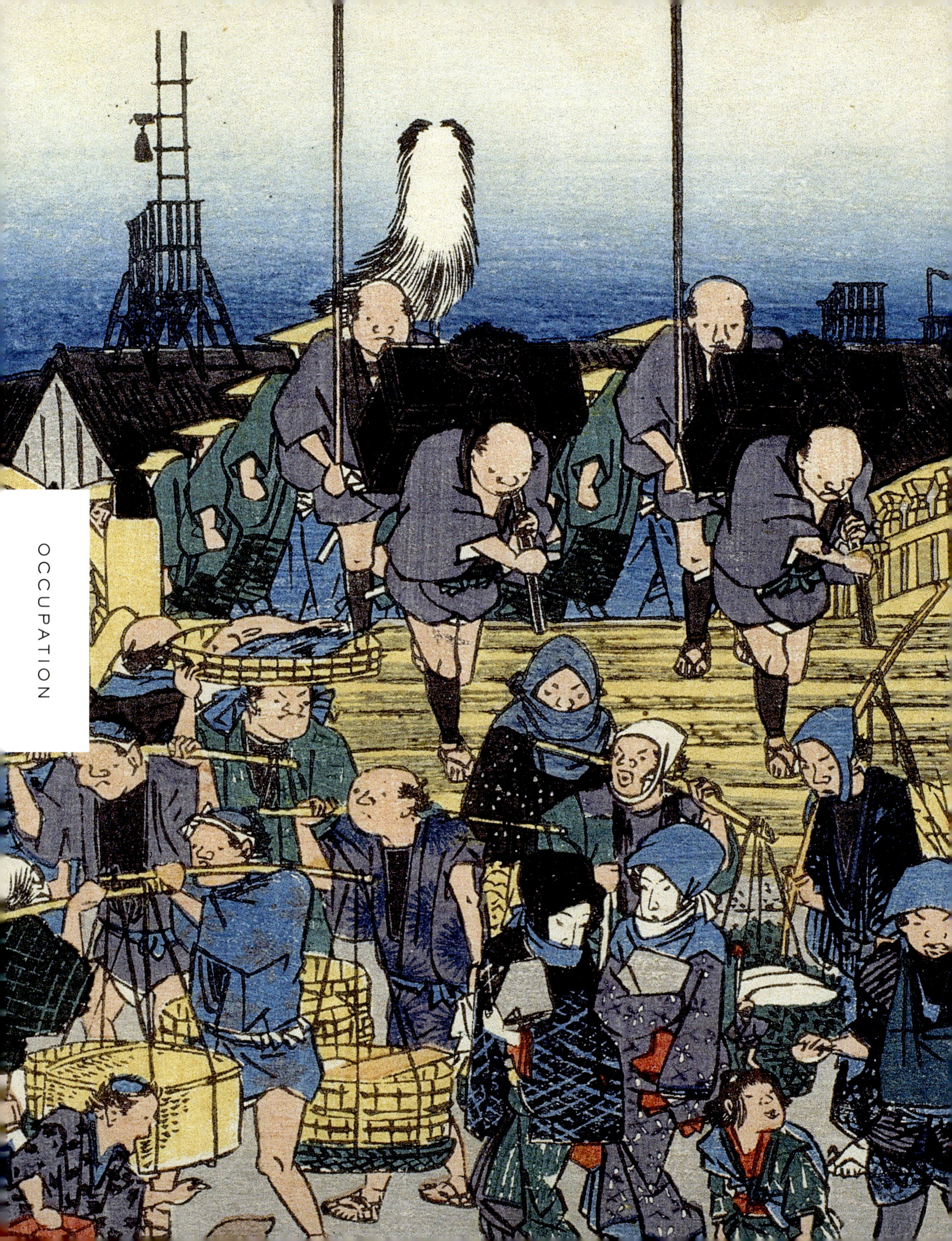
OCCUPATION

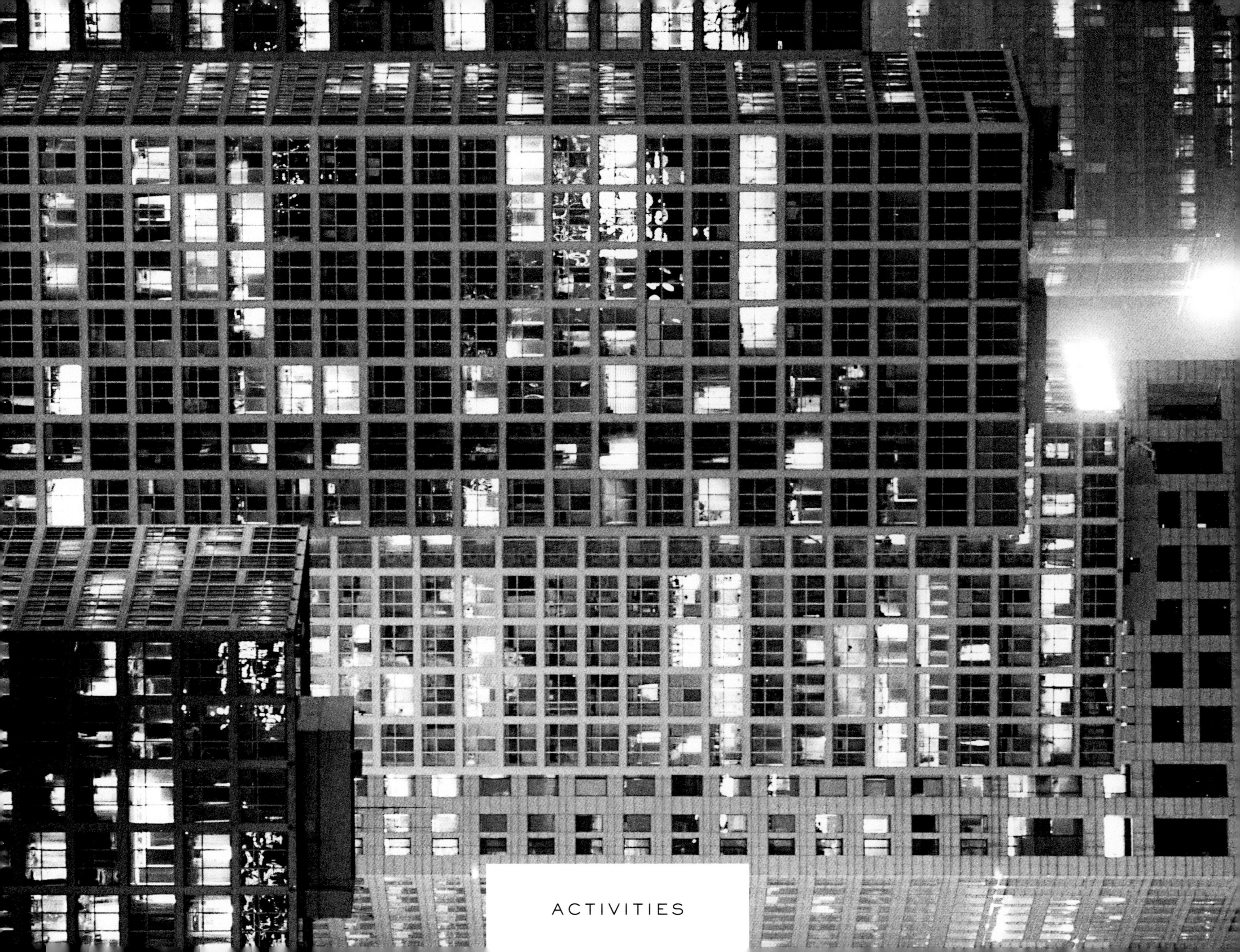
ACTIVITIES

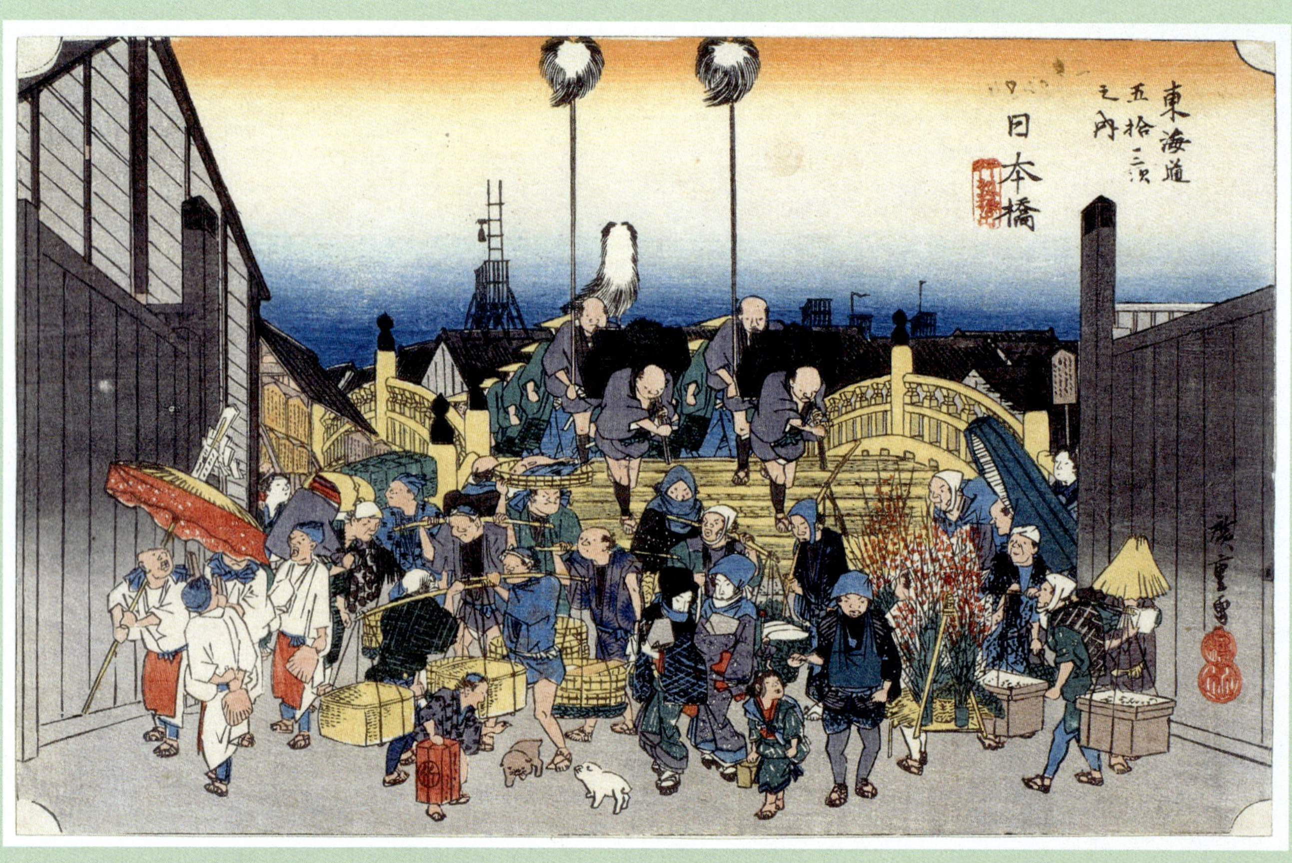

Cat. 44

Utagawa Hiroshige (1797-1858), *Vue du pont Nihonbashi au petit matin*
Japon, époque d'Edo (1600-1868), 1831-1834, série des « Cinquante-trois relais du Tōkaidō »,
estampe polychrome *nishiki-e*, H. 22 cm, l. 35 cm, musée Guimet, EO 2484.

Utagawa Hiroshige (1797–1858), *Nihonbashi Bridge in the Early Morning*
Japan, Edo period (1600-1868), 1831–34, series of *Fifty-three Stations of the Tōkaidō*,
polychrome *nishiki-e* print, H. 22 cm, W. 35 cm, Guimet Museum, EO 2484.

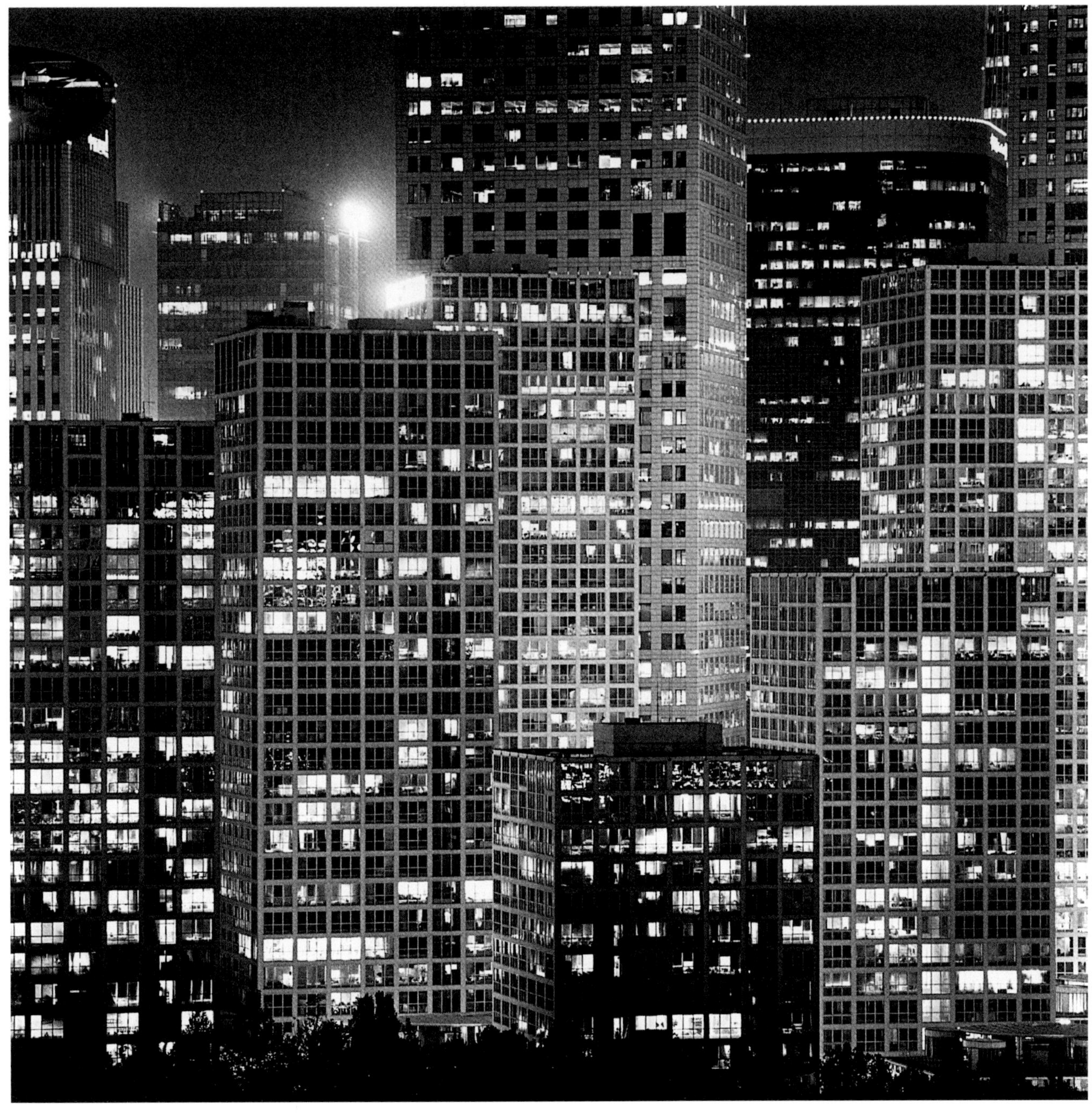

Cat. 45

Lumières de la ville, Chaoyang, Pékin, Chine, 2016.
City Lights, Chaoyang, Beijing, China, 2016.

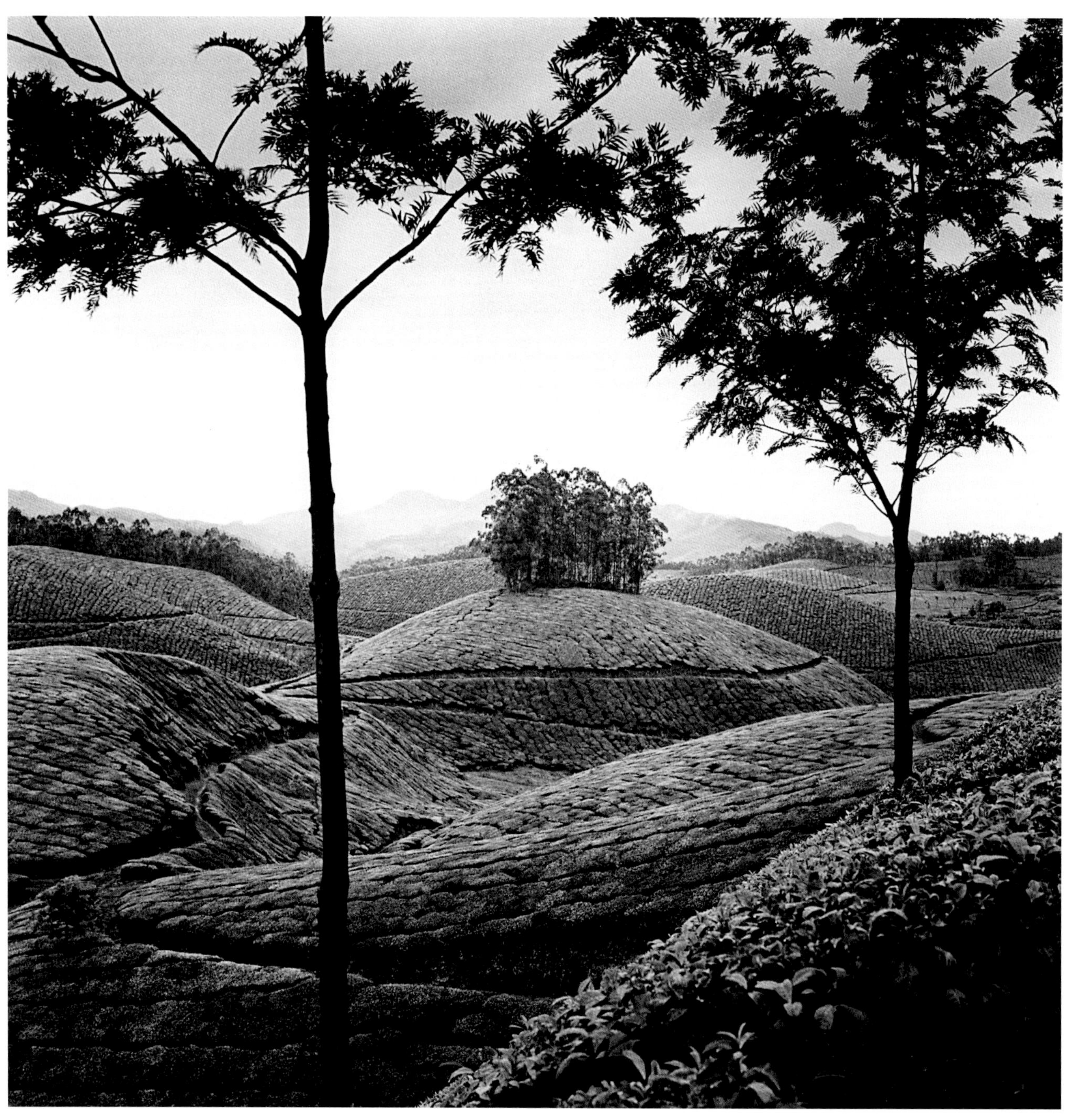

Plantations de thé, étude 1, Munnar, Inde, 2008.
Tea Estates, Study 1, Munnar, India, 2008.

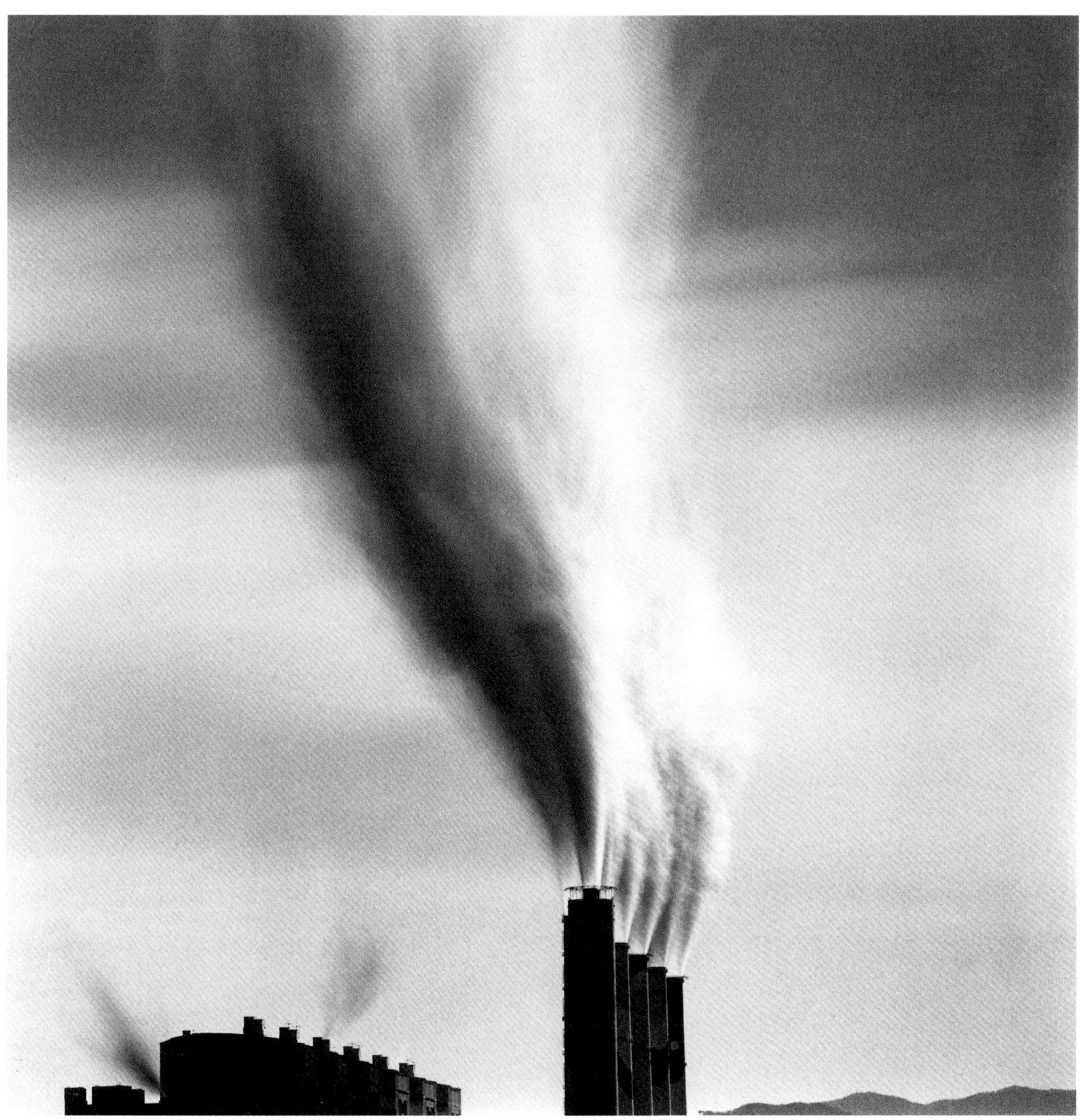

Centrale électrique de Hadong, étude 1, Namhea, Gyeongsangnam-do, Corée du Sud, 2018.
Hadong Power Station, Study 1, Namhea, Gyeongsangnam-do, South Korea, 2018.

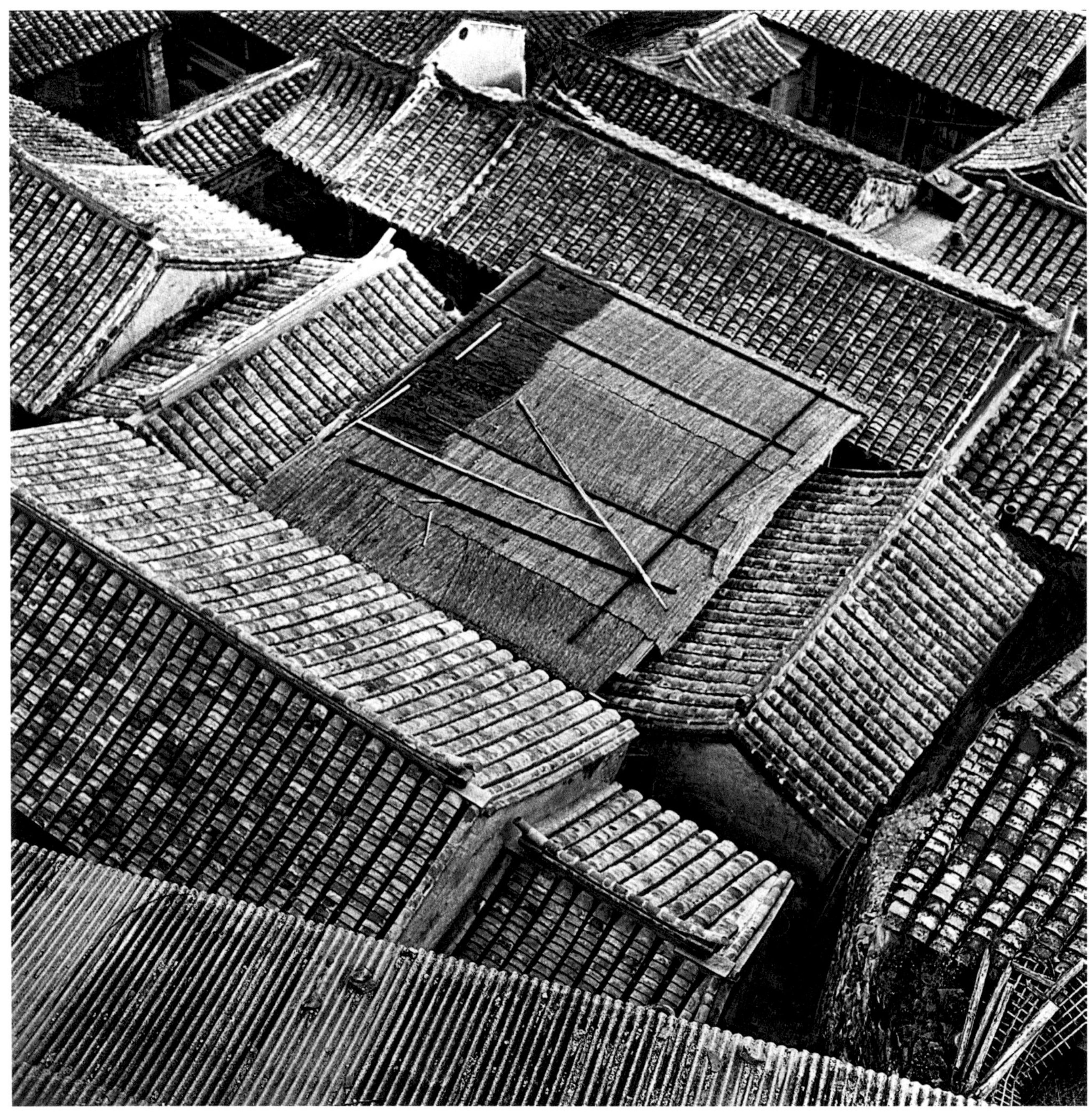

Cat. 48

Toits, Cuandixia, Pékin, Chine, 2016.
Rooftops, Cuandixia, Beijing, China, 2016.

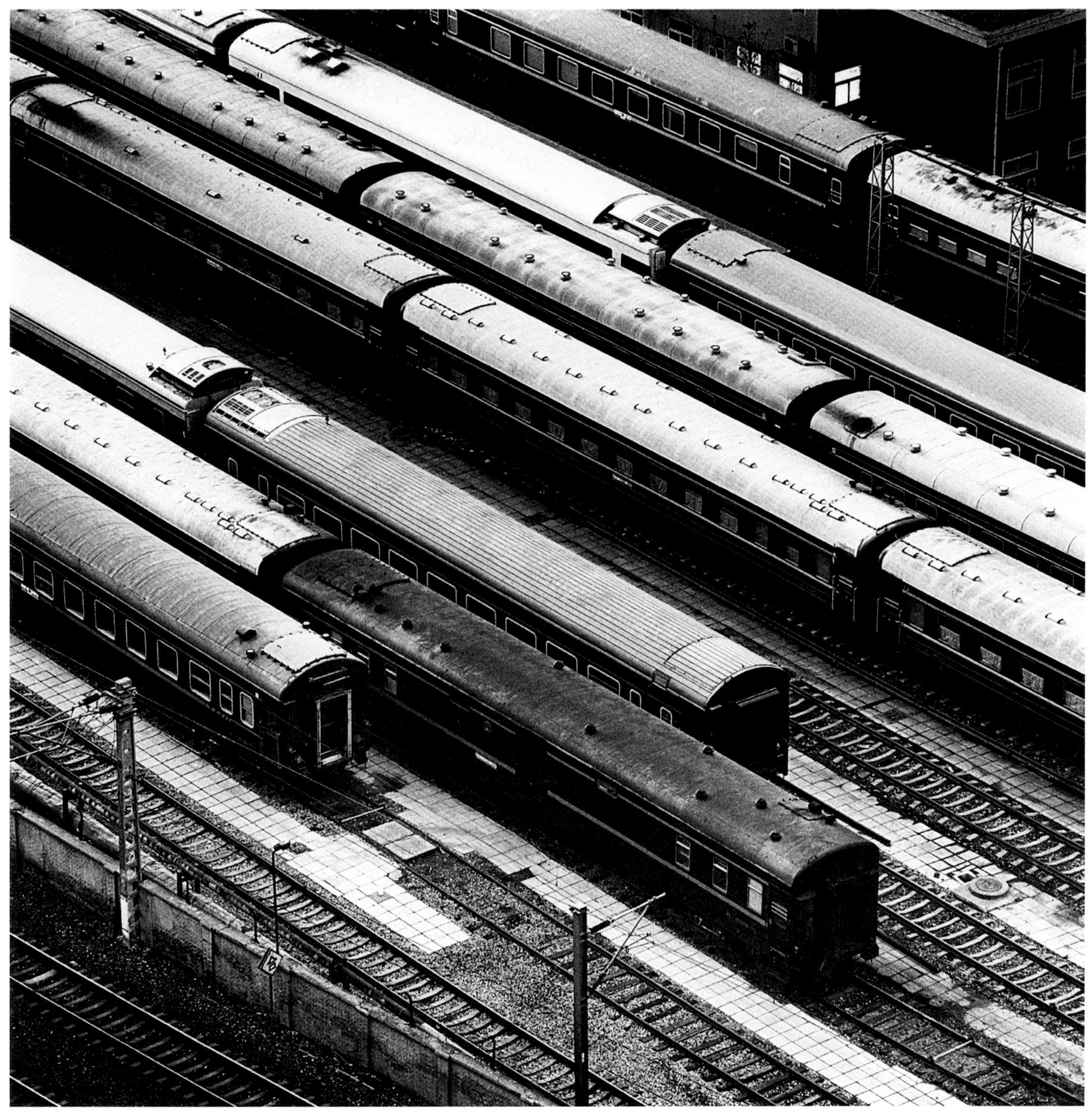

Cat. 49
Gare de triage, Pékin, Chine, 2016.
Train Yard, Beijing, China, 2016.

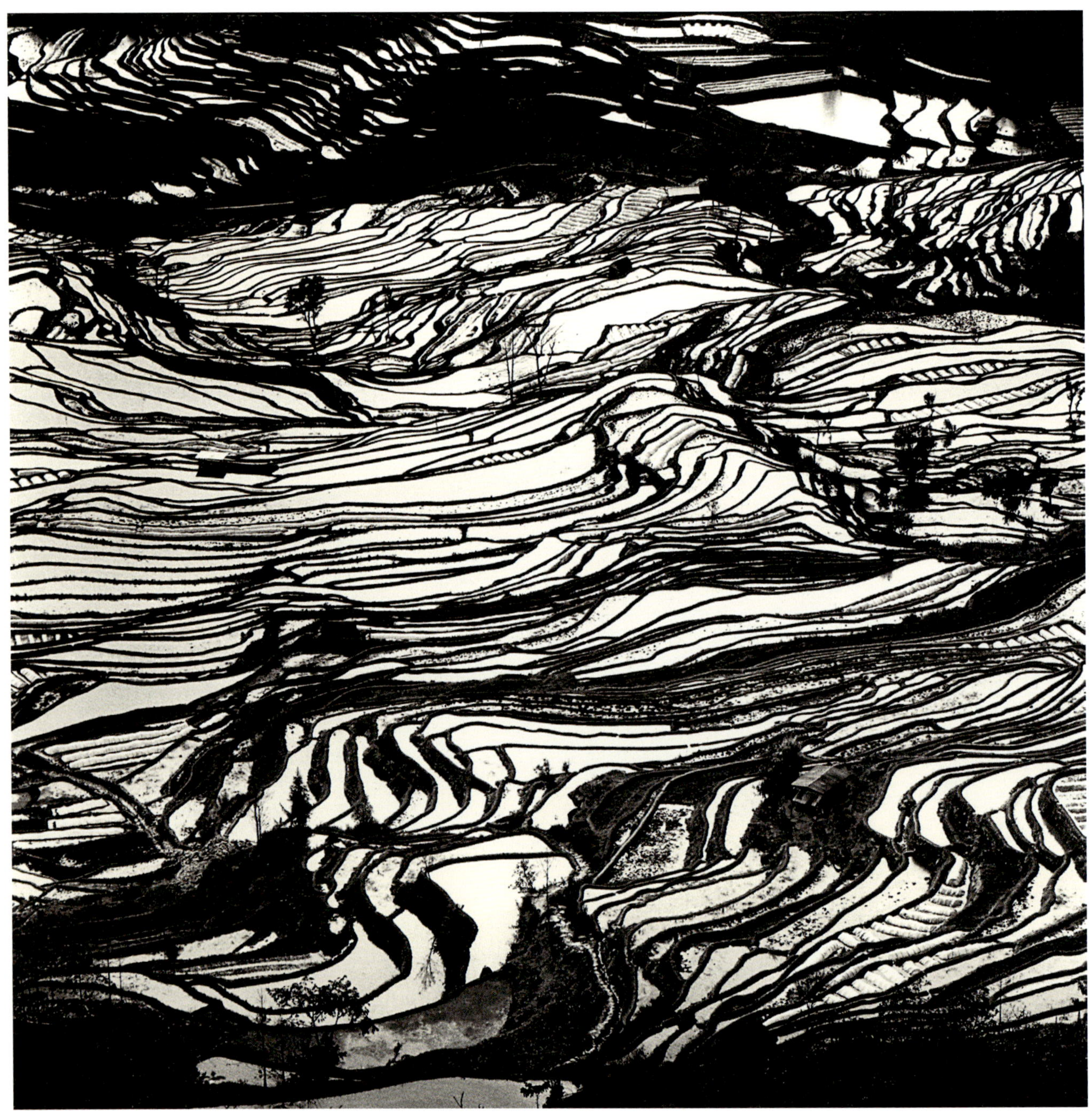

Yuanyang, étude 3, Yunnan, Chine, 2013.
Yuanyang, Study 3, Yunnan, China, 2013.

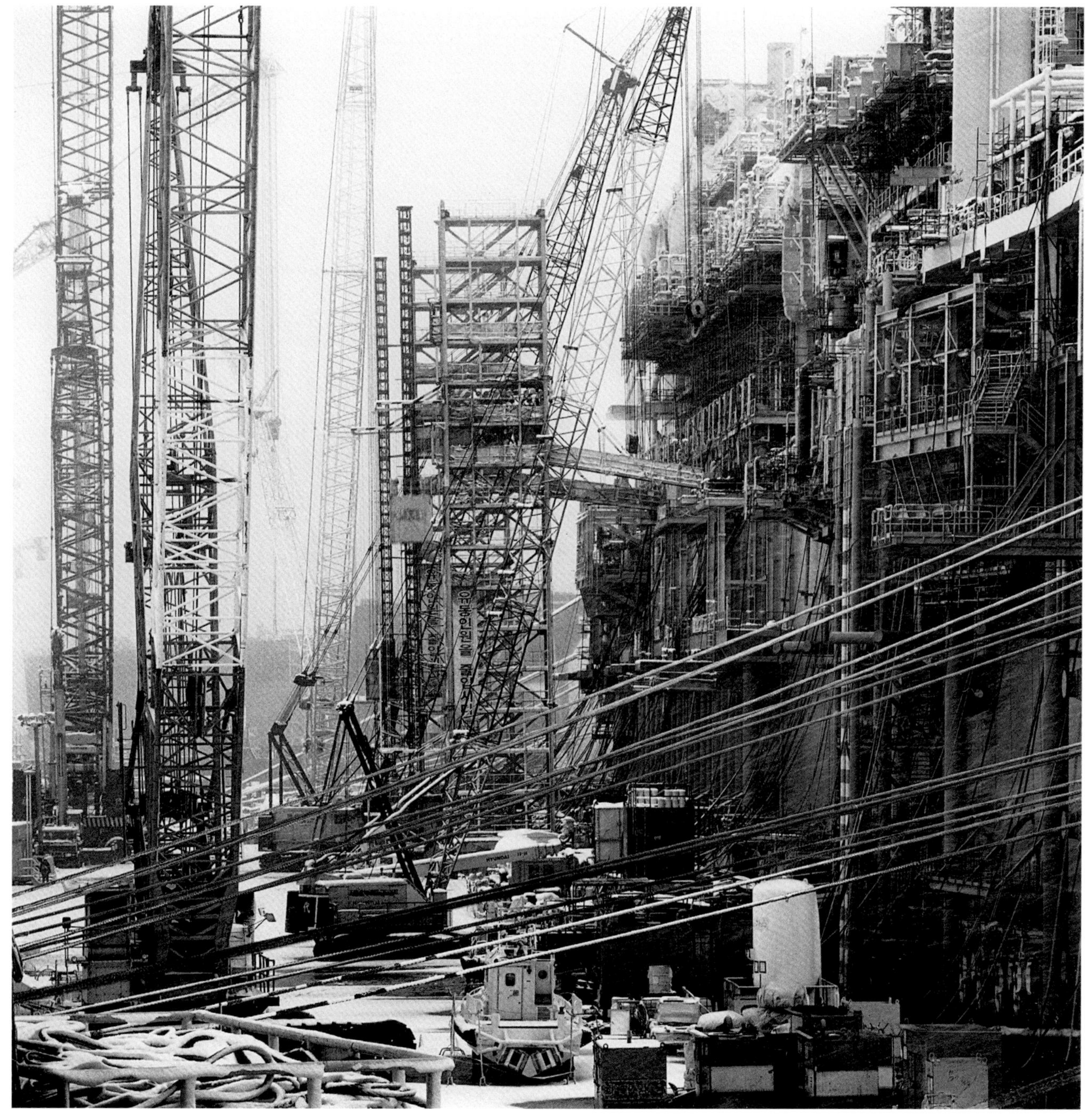

Construction navale, étude 1, Geoje, Gyongnam, Corée du Sud, 2011.
Ship Building, Study 1, Geoje, Gyongnam, South Korea, 2011.

CAPTURER
L'INVISIBLE

CAPTURING
THE INVISIBLE

Le désir d'interprétation et la quête de transcendance du sujet menée par Michael Kenna l'ont fréquemment conduit à tester les limites de la photographie en tentant de représenter l'invisible. Cette matière insaisissable prend plusieurs formes dans son œuvre. Au premier chef, il faut compter l'émotion suscitée chez le spectateur par la mise en conversation de deux éléments distincts, à l'instar du haïku. Chez Michael Kenna, l'interprétation du sujet peut également mener à une forme de photo-calligraphie où le rythme introduit par des éléments sombres et répétés est magnifié par la blancheur de l'arrière-plan, bien souvent dans les vallons enneigés de Hokkaidō. Les expériences formelles du photographe l'ont parfois entraîné jusqu'à l'abstraction, lorsque les contrastes et la longueur des temps de pose provoquent une compression de l'espace permettant d'extraire la forme pure du réel.

Les frontières poreuses entre le visible et l'invisible, entre le signe et le sens, ont aussi fait l'objet d'explorations chez les artistes d'Asie orientale. Cette recherche est notamment sensible au Japon, où la calligraphie contemporaine dialogue de temps à autre avec le genre du paysage, et en Corée, où l'on trouve un goût pour la poésie des détails dans la peinture à l'encre et un intérêt pour la forme abstraite dans la collecte des pierres de lettrés (*suseok*).

Michael Kenna's urge to interpret and his quest to transcend his subject matter have frequently led him to push the boundaries of photography by striving to depict the invisible. Its elusiveness is made apparent in several ways in his art. First and foremost is the emotion stirred in the viewer by the dialogue between two distinct elements, after the example of the *haiku*. For Michael Kenna, interpreting the subject can also lead to a kind of photo-calligraphy in which the visual rhythm of dark, repeated shapes is amplified by the sheer white background, often in the snowy valleys of Hokkaidō. His formal experimentation has often taken him to the brink of abstraction, when the contrasts and lengthy exposure times induce a compression of space that is in turn distilled into the purest form of reality.

The porosity of the veil between the visible and invisible realms, between sign and meaning, has also been explored in East Asian art. This inquiry is most tangible in Japan, where contemporary calligraphy occasionally dialogues with landscape painting, and in Korea, where a love of poetic detail shines through in ink paintings and an interest for abstract forms is evident in the practice of collecting *suseok*, or literati's stones.

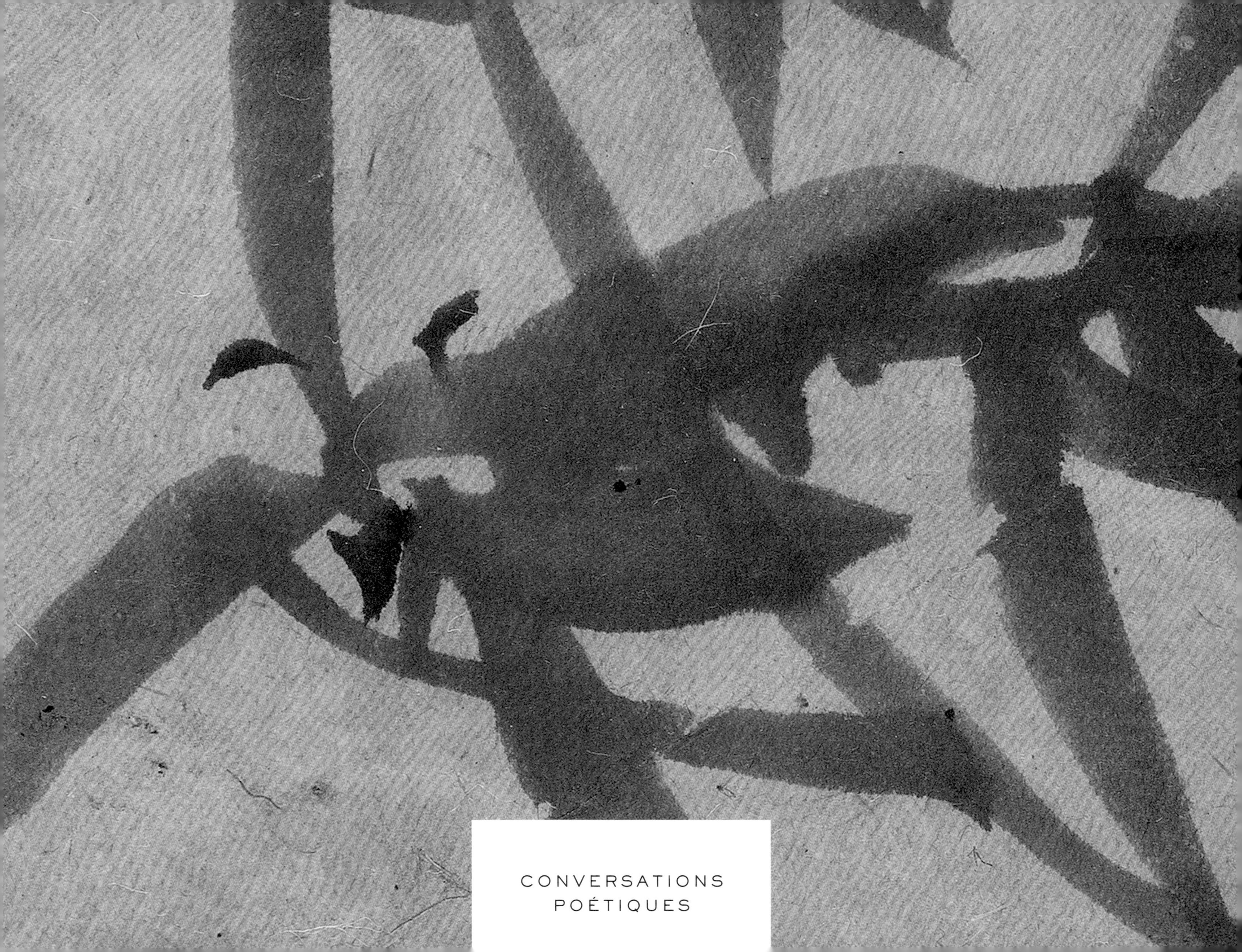
CONVERSATIONS
POÉTIQUES

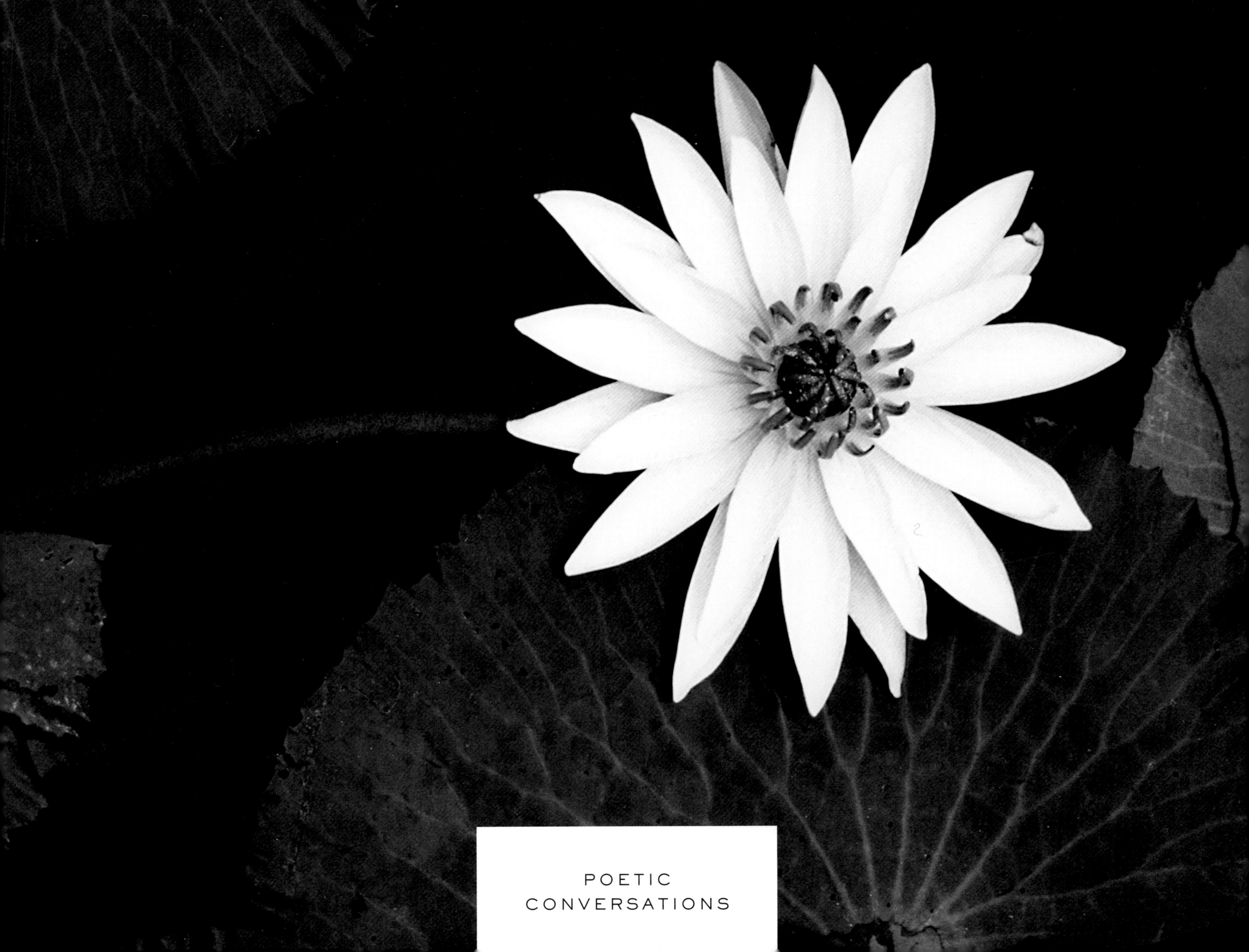
POETIC
CONVERSATIONS

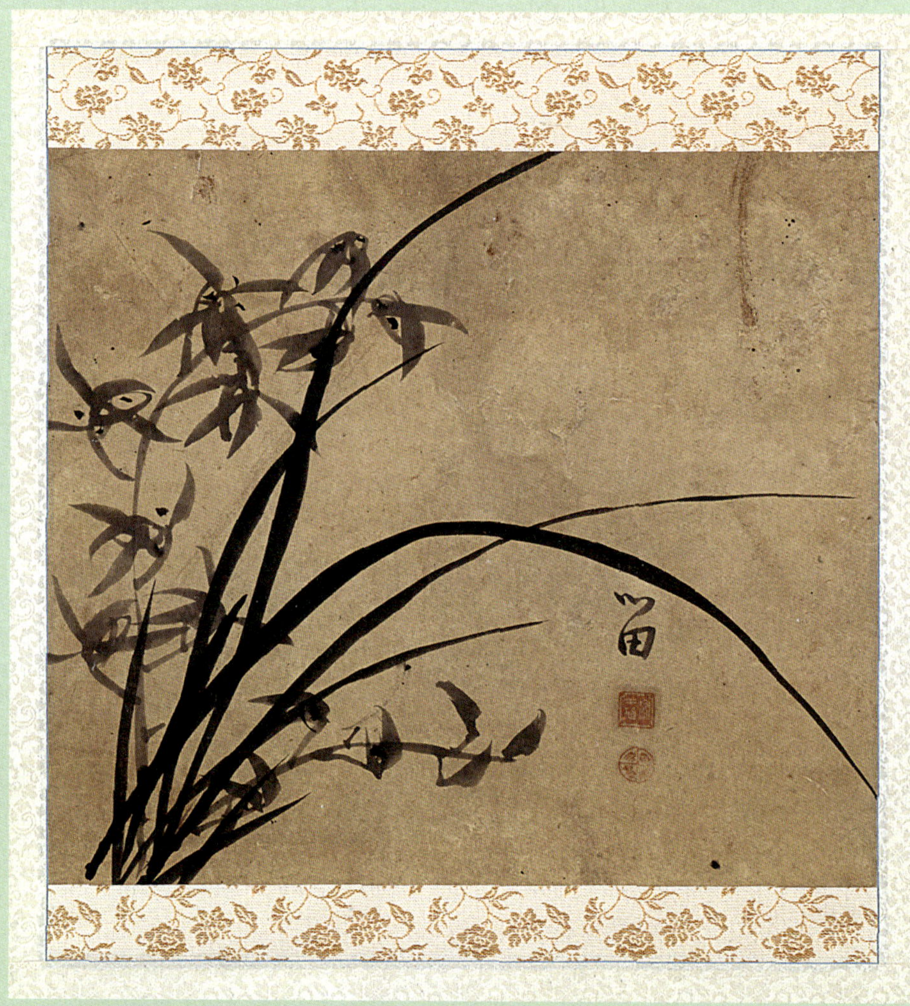

Ahn Jung-sik (1816-1919), *Orchidées,*
Corée, époque Joseon (1392–1897), XIXe siècle, encre sur papier, H. 170 cm,
l. 65 cm, musée Guimet, donation Itami Jun (2003), ITJ 9.

Ahn Jung-sik (1816–1919), *Orchids*
Korea, Joseon period (1392–1897), 19th century, ink on paper, H. 170 cm,
W. 65 cm, Guimet Museum, Itami Jun donation (2003), ITJ 9.

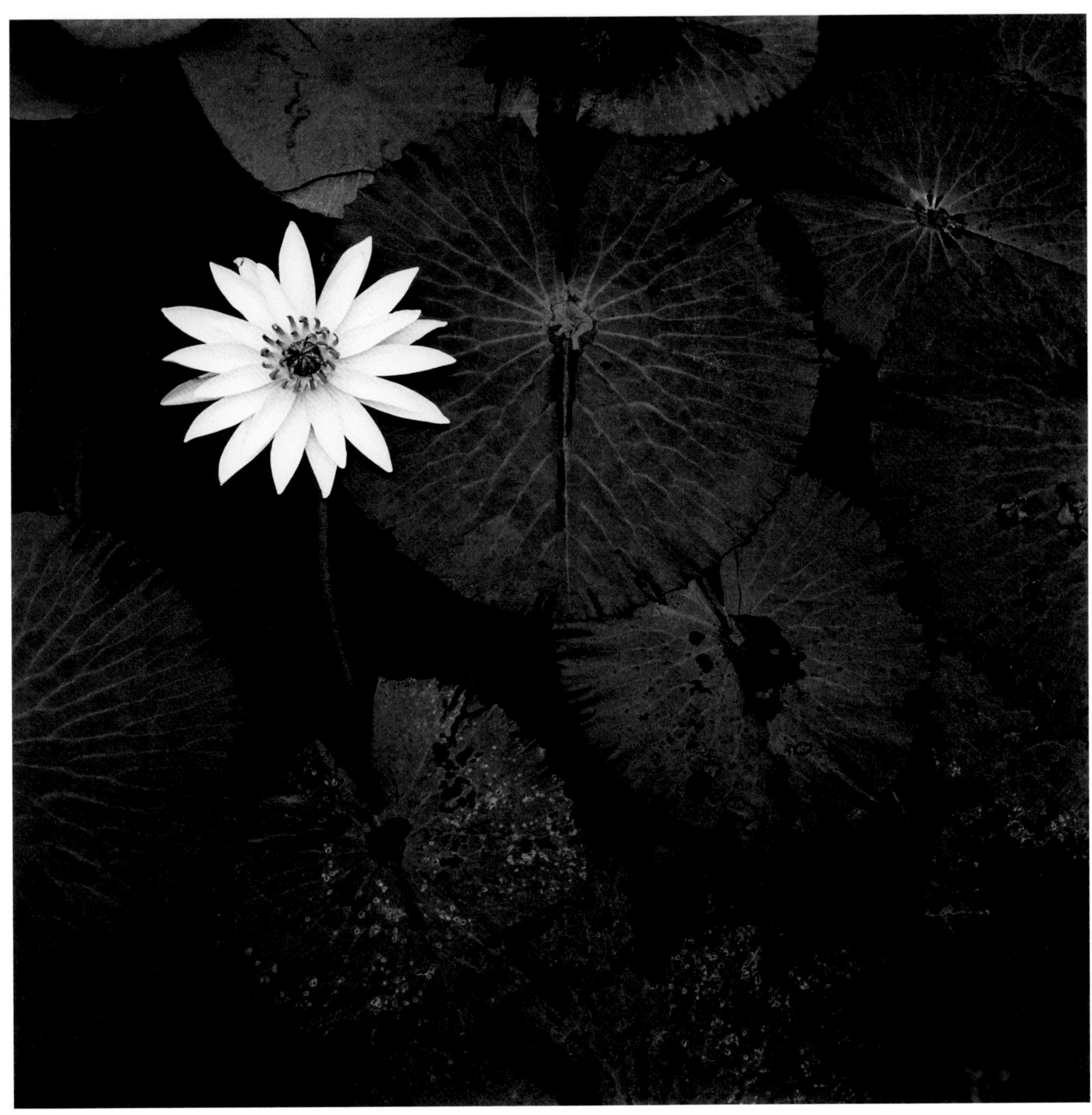

La fleur de lotus de Mamta, Viengkeo, Luang Prabang, Laos, 2015.
Mamta's Lotus Flower, Viengkeo, Luang Prabang, Laos, 2015.

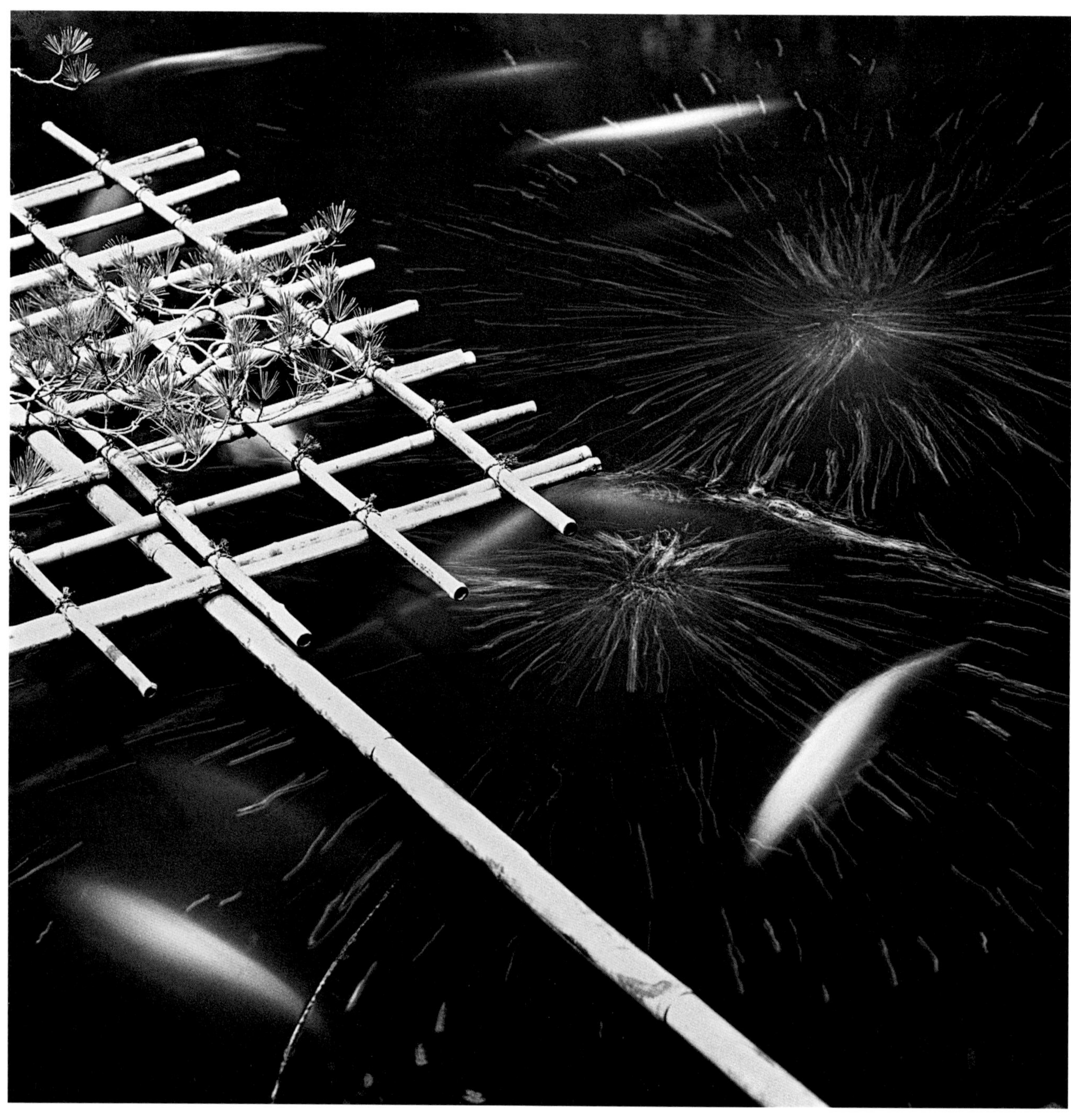

Étang du temple, Sanbo-in, Kōya-san, Japon, 2006.
Temple Pond, Sanbo-in, Kōya-san, Japan, 2006.

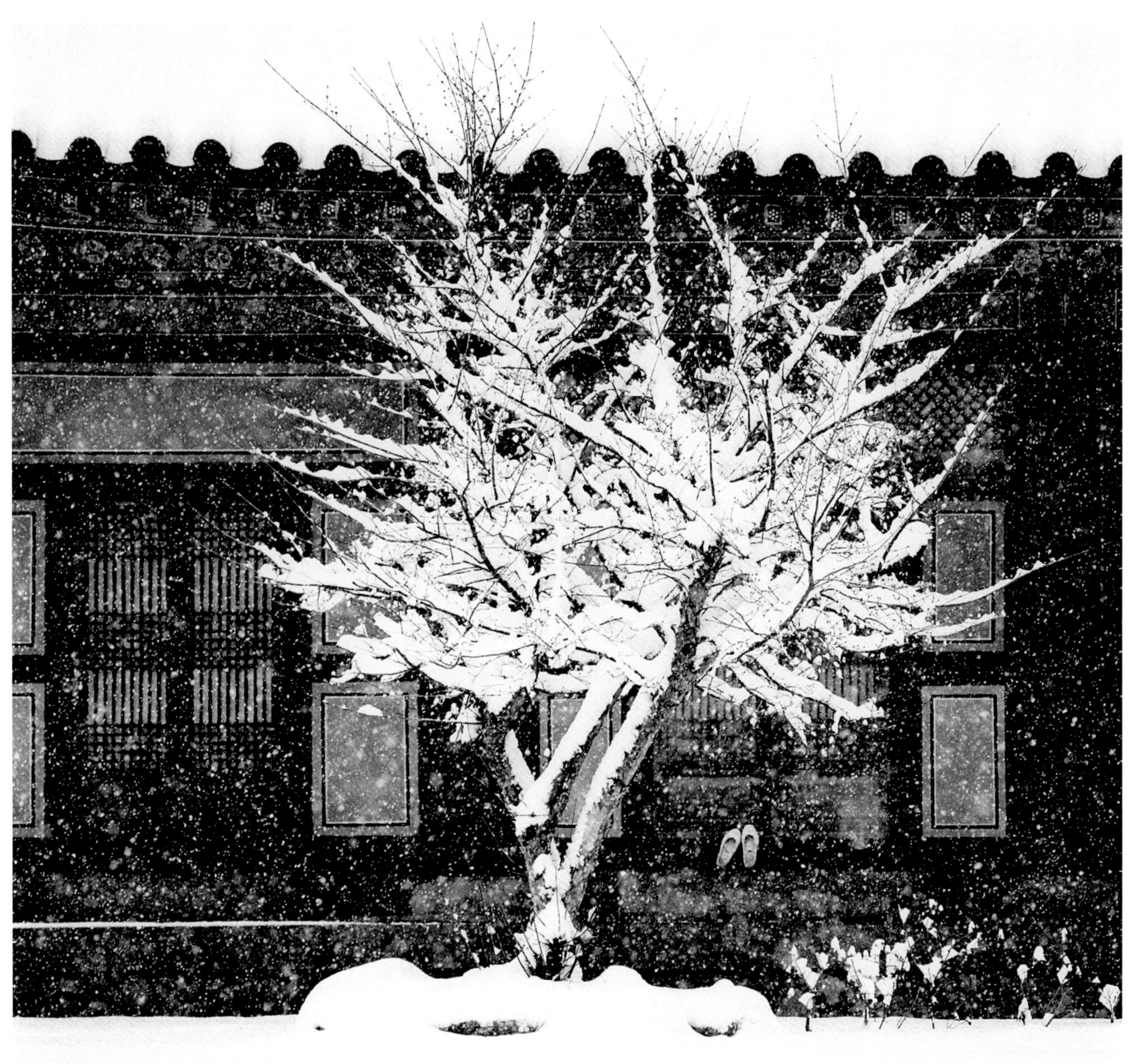

Cat. 55

Arbre et chaussons, temple de Woljeongsa, Gangwon-do, Corée du Sud, 2005.
Tree and Slippers, Woljeongsa Temple, Gangwon-do, South Korea, 2005.

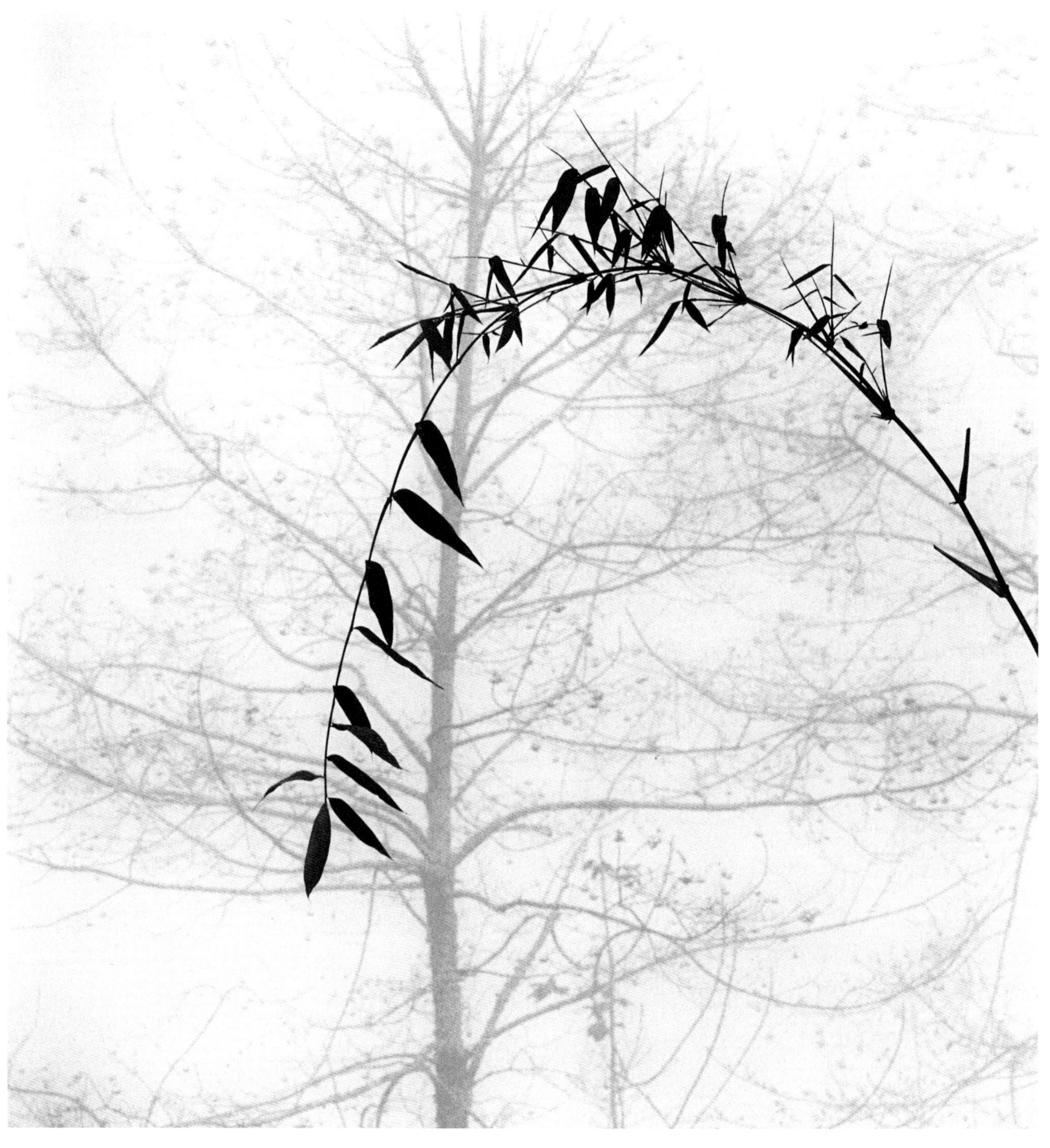

Cat. 56

Bambou et arbre, Qingkou, Yunnan, Chine, 2013.
Bamboo and Tree, Qingkou, Yunnan, China, 2013.

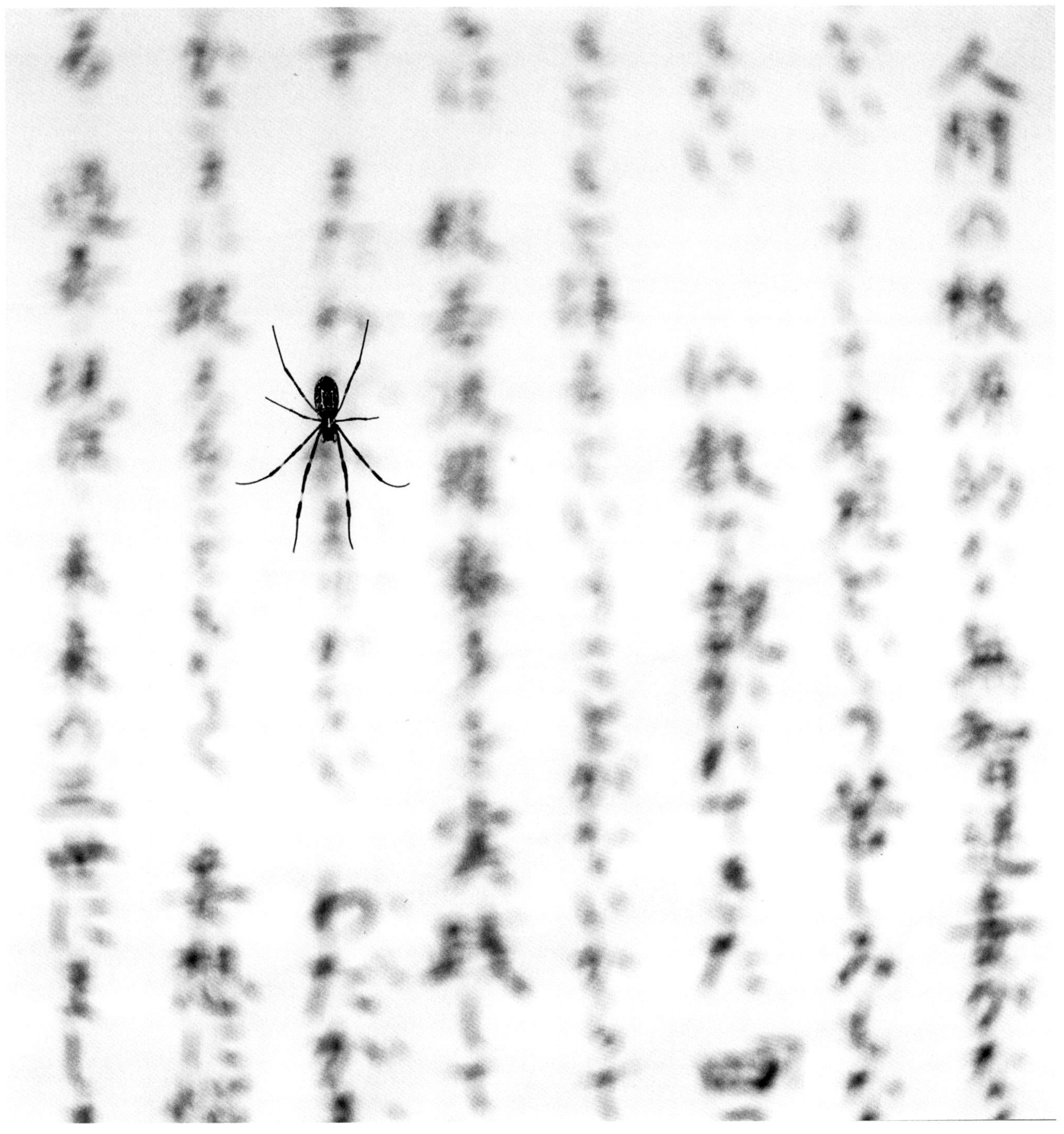

Cat. 57

Araignée et texte sacré, étude 2, Gokuraku-ji, Shikoku, Japon, 2001.
Spider and Sacred Text, Study 2, Gokuraku-ji, Shikoku, Japan, 2001.

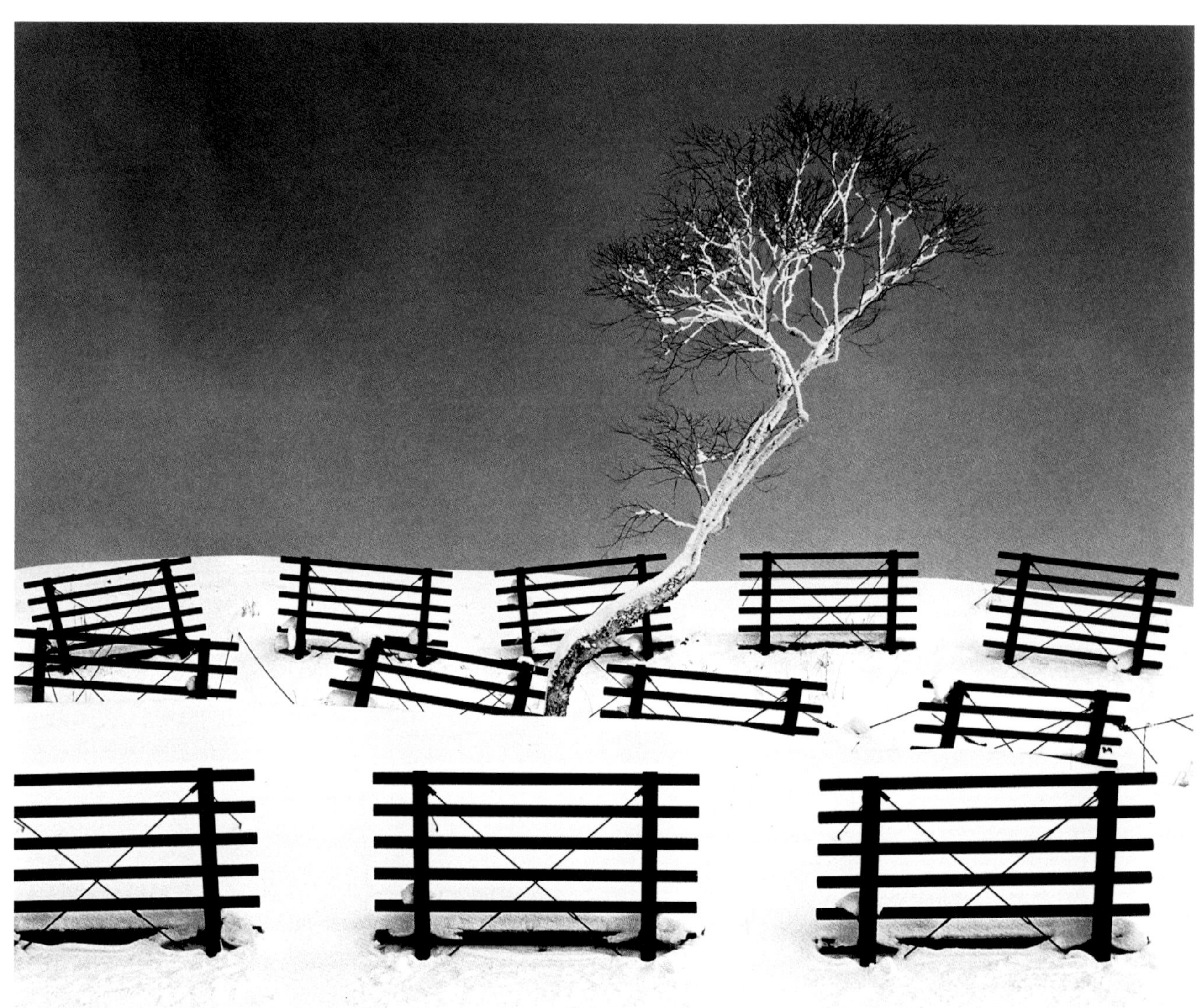

Dakekanba et barrières à neige, Hokkaidō, Japon, 2020.
Dakekanba and Snow Barriers, Hokkaidō, Japan, 2020.

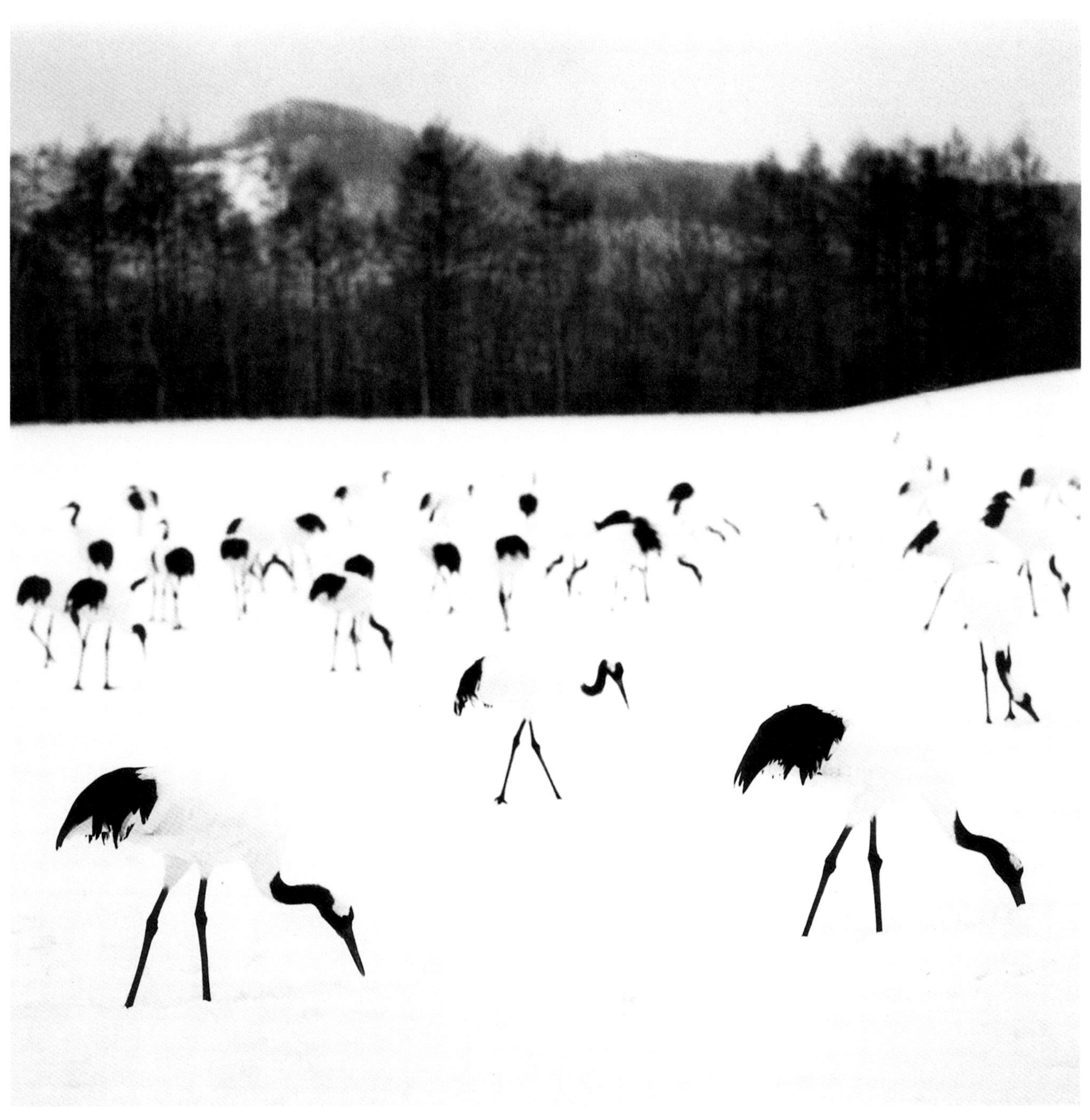

Cat. 59

Grues du Japon, Tsurui, Hokkaidō, Japon, 2005.
Flock of Red Crown Cranes, Tsurui, Hokkaidō, Japan, 2005.

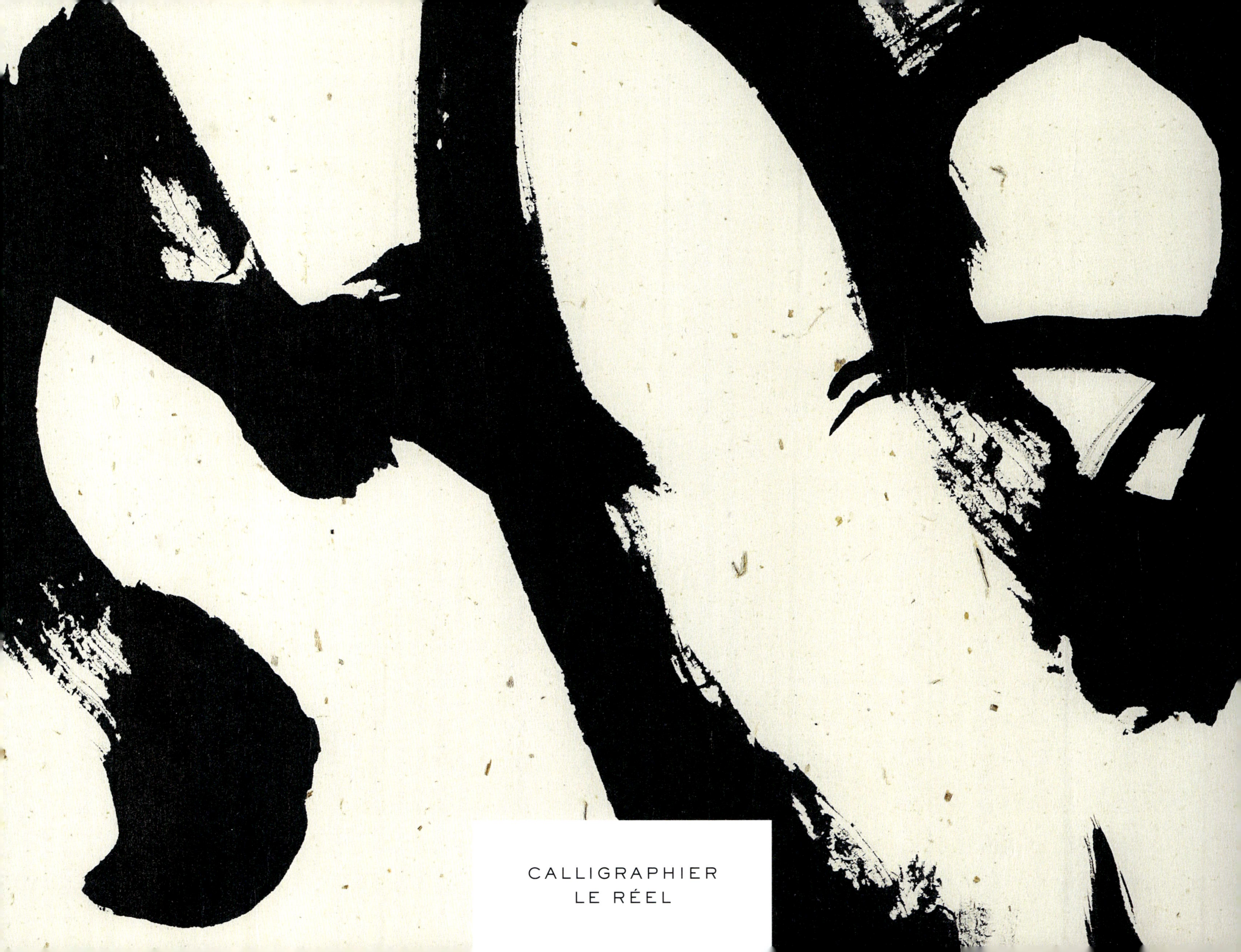
CALLIGRAPHIER
LE RÉEL

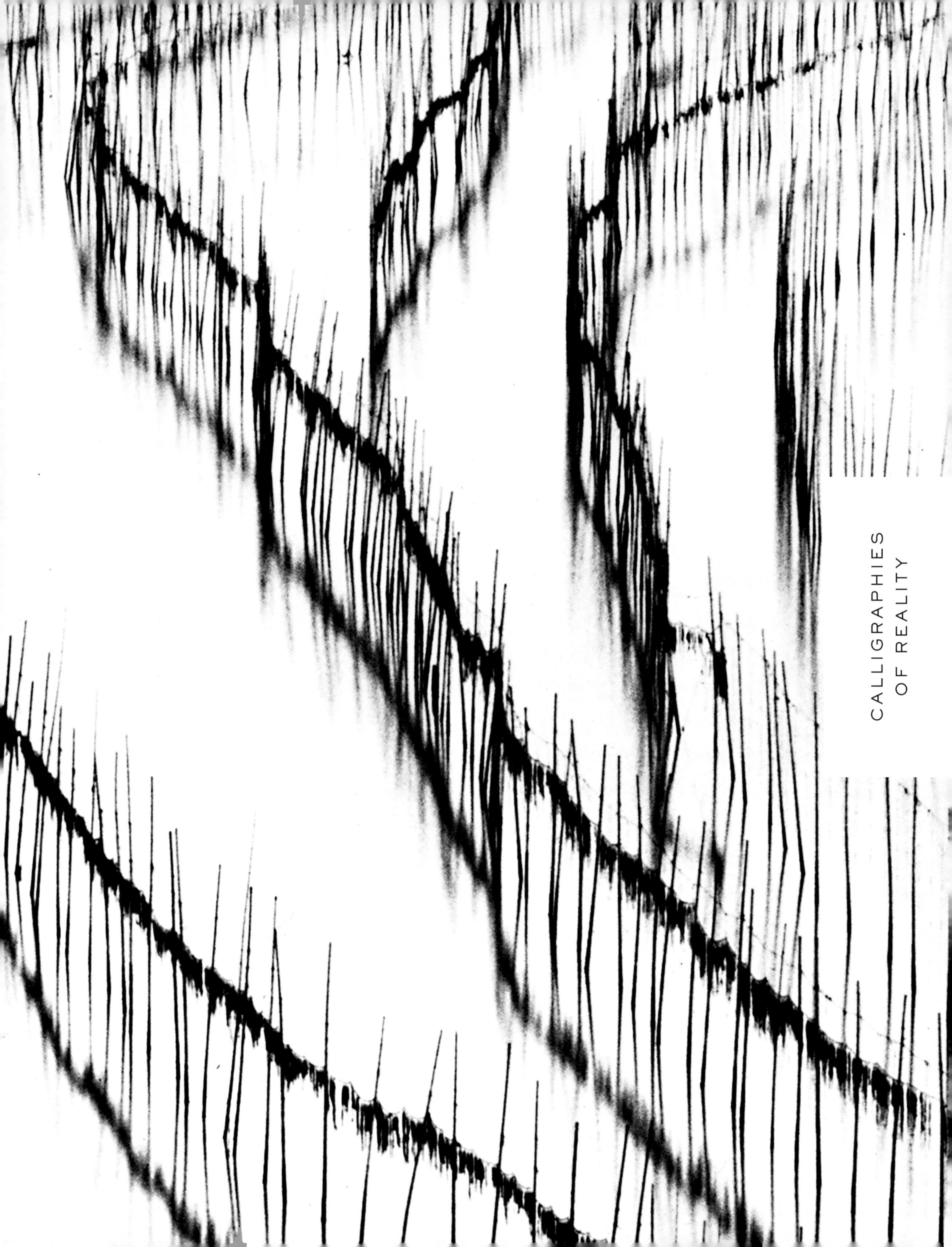
CALLIGRAPHIES
OF REALITY

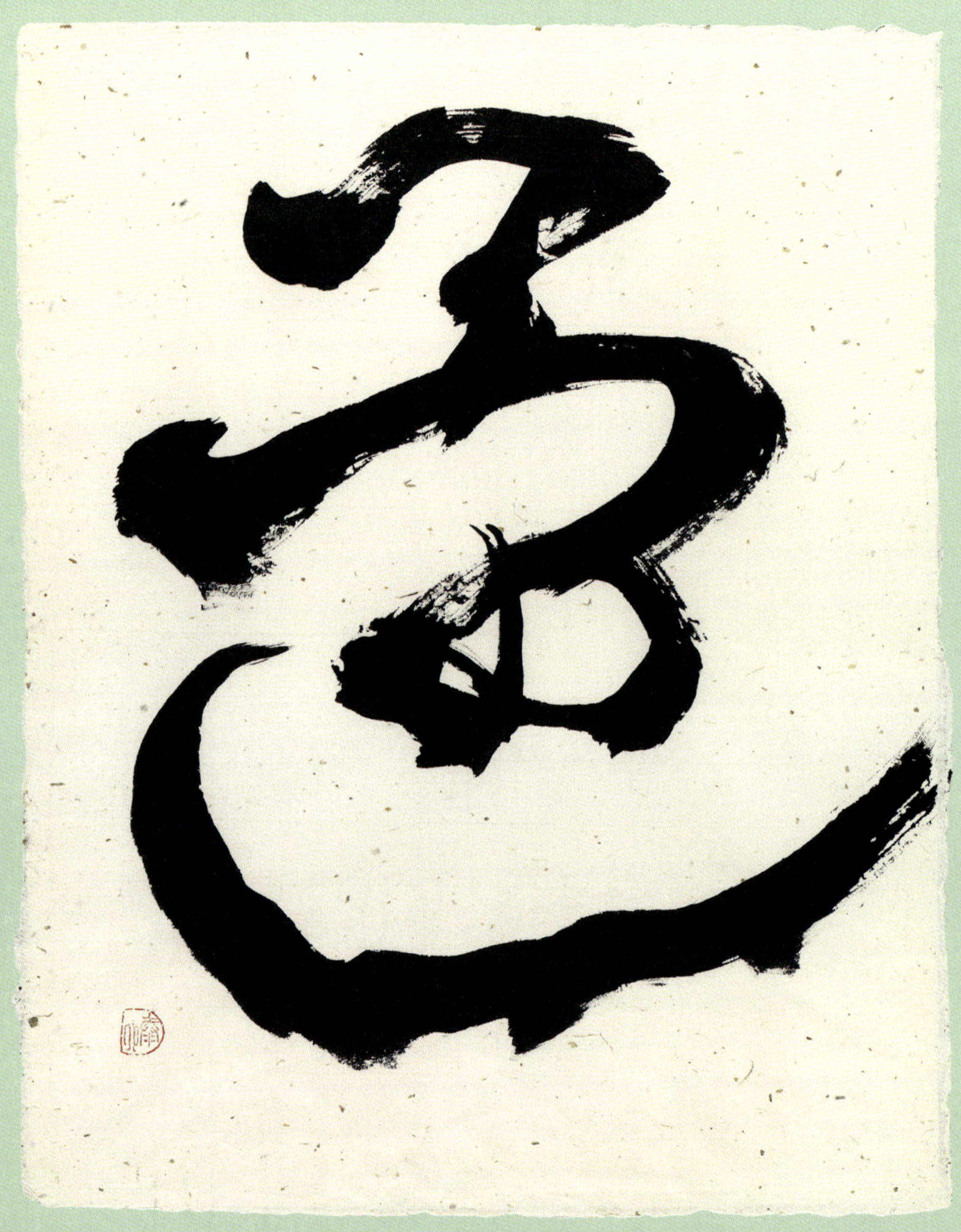

Cat. 60

Teshima Tairiku (né en 1947), calligraphie du caractère *Kan* (« retour, revenir »)
Japon, 2010, encre sur papier, H. 58,5 cm, l. 45,5 cm, musée Guimet, don Teshima Tairiku (2013), MA 12509.

Teshima Tairiku (born 1947), Calligraphy of the *Kan* character ("return, come back")
Japan, 2010, ink on paper, H. 58.5 cm, W. 45.5 cm, Guimet Museum, donated by Teshima Tairiku (2013),
MA 12509.

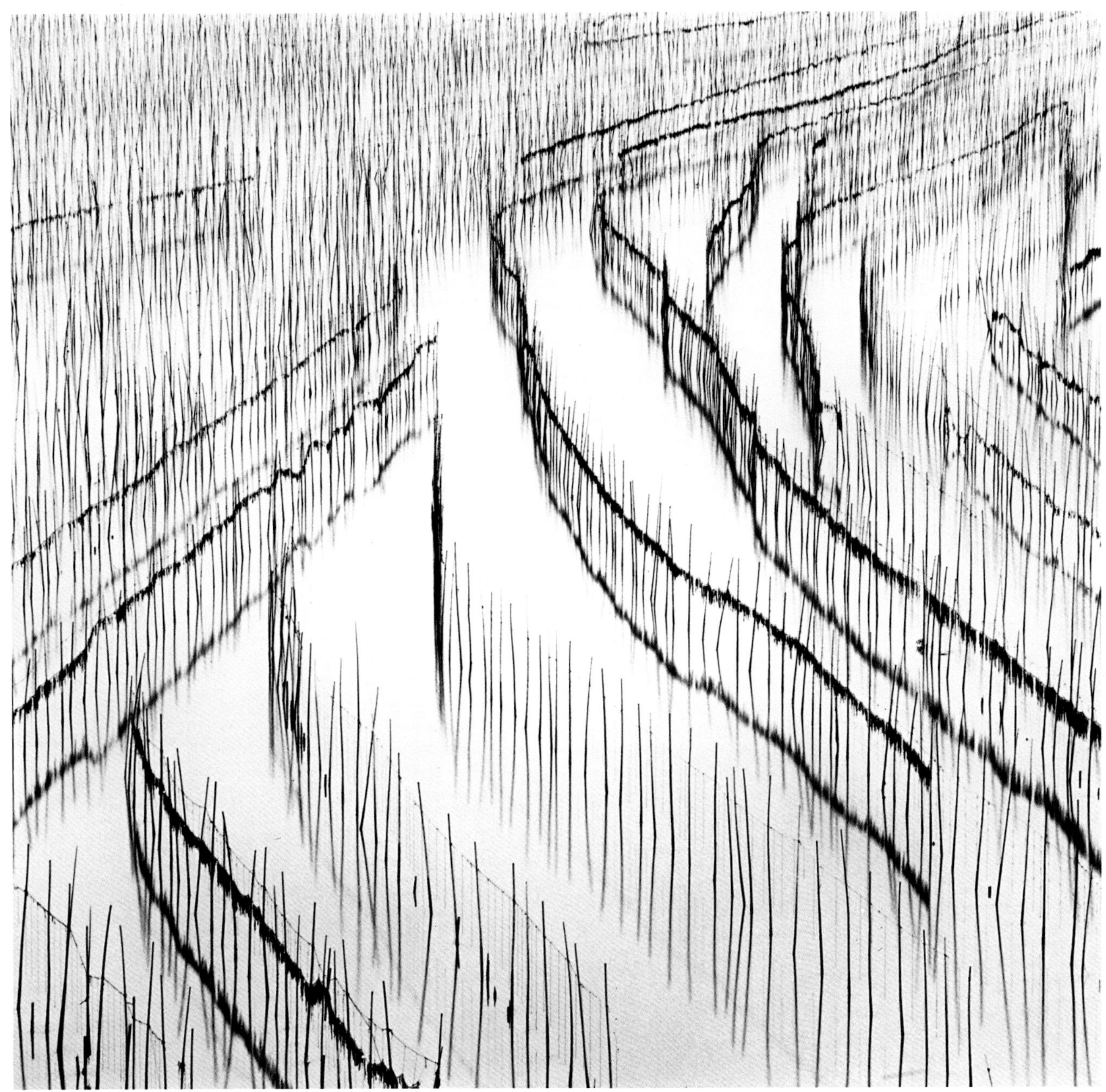

Cat. 61

Fermes d'algues, étude 3, Xiapu, Chine, 2010.
Seaweed Farms, Study 3, Xiapu, China, 2010.

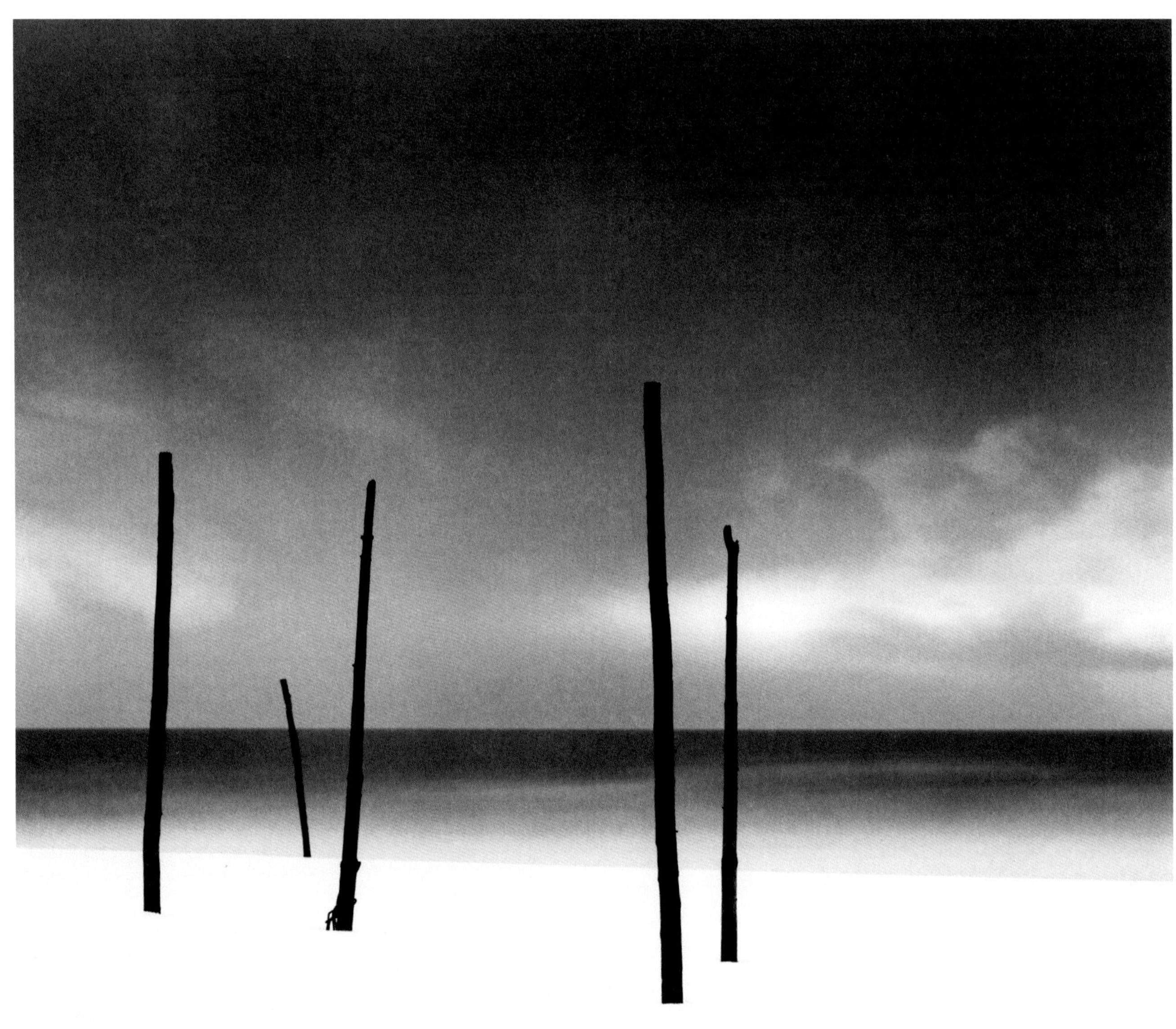

Cat. 62
Cinq poteaux, Tomamae, Hokkaidō, Japon, 2004.
Five Poles, Tomamae, Hokkaidō, Japan, 2004.

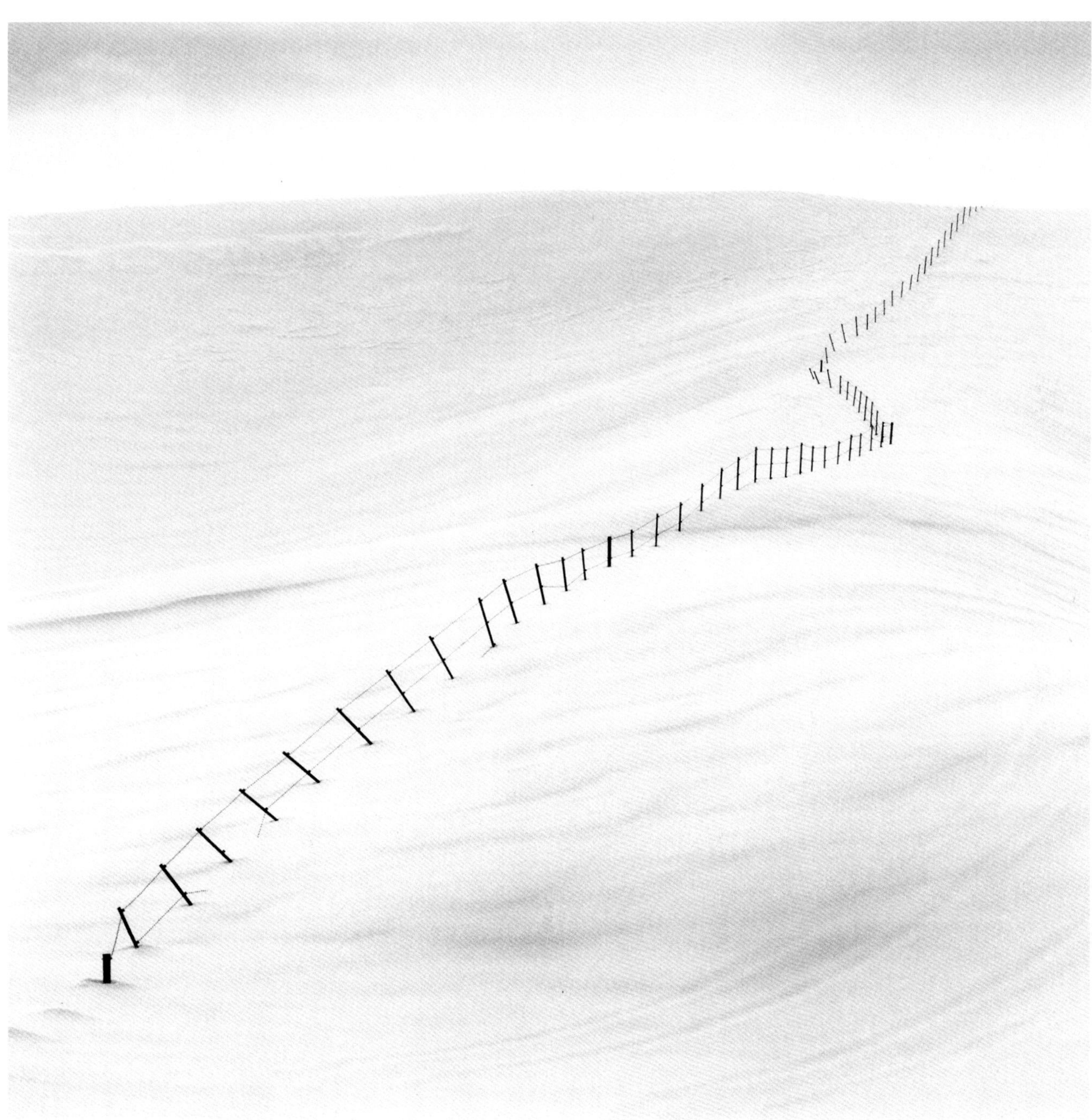

Clôture à flanc de colline, étude 7, Teshikaga, Hokkaidō, Japon, 2004.
Hillside Fence, Study 7, Teshikaga, Hokkaidō, Japan, 2004.

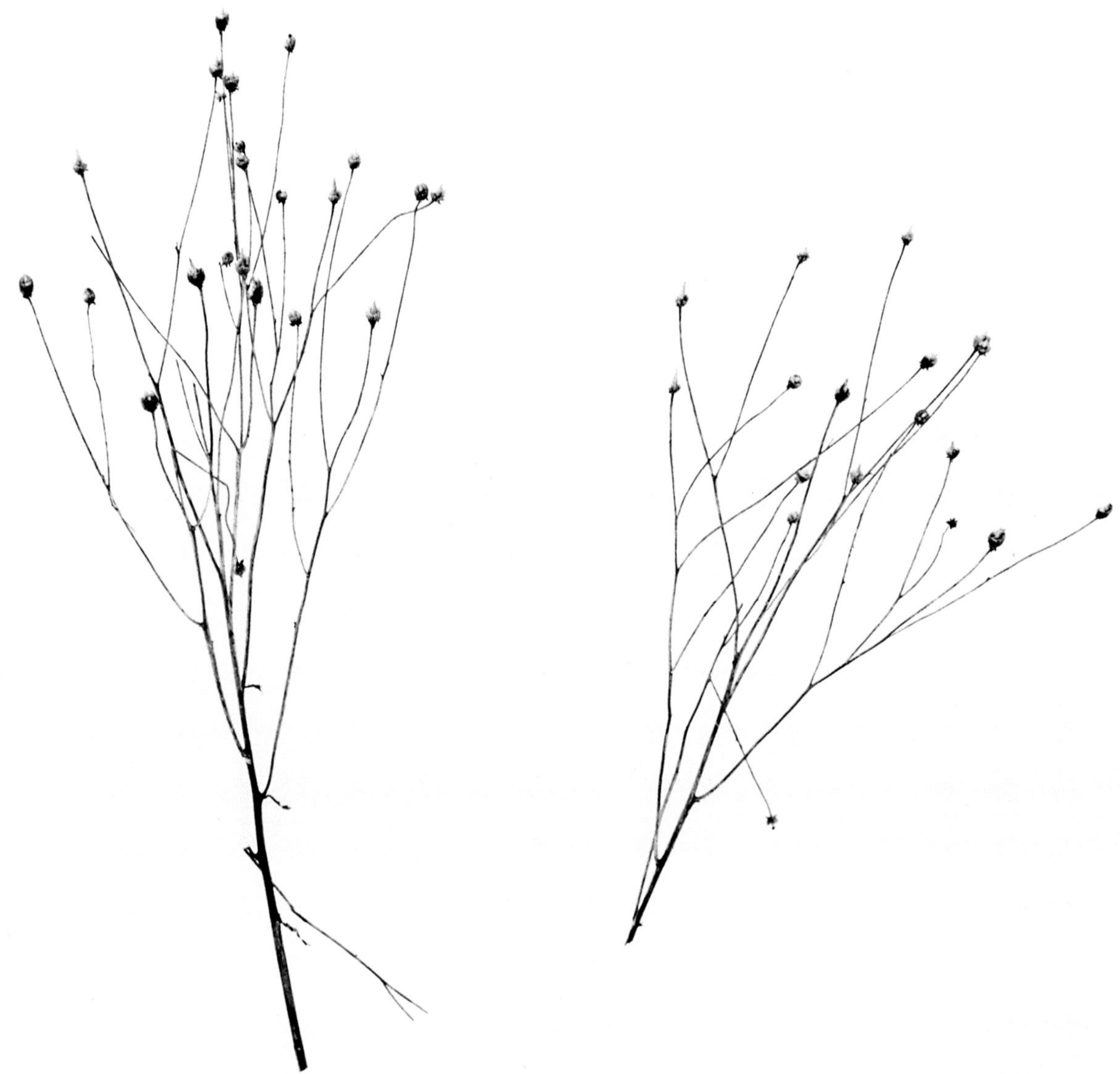

Cat. 63
Deux tiges d'hiver, Biei, Hokkaidō, Japon, 2013.
Two Winter Stalks, Biei, Hokkaidō, Japan, 2013.

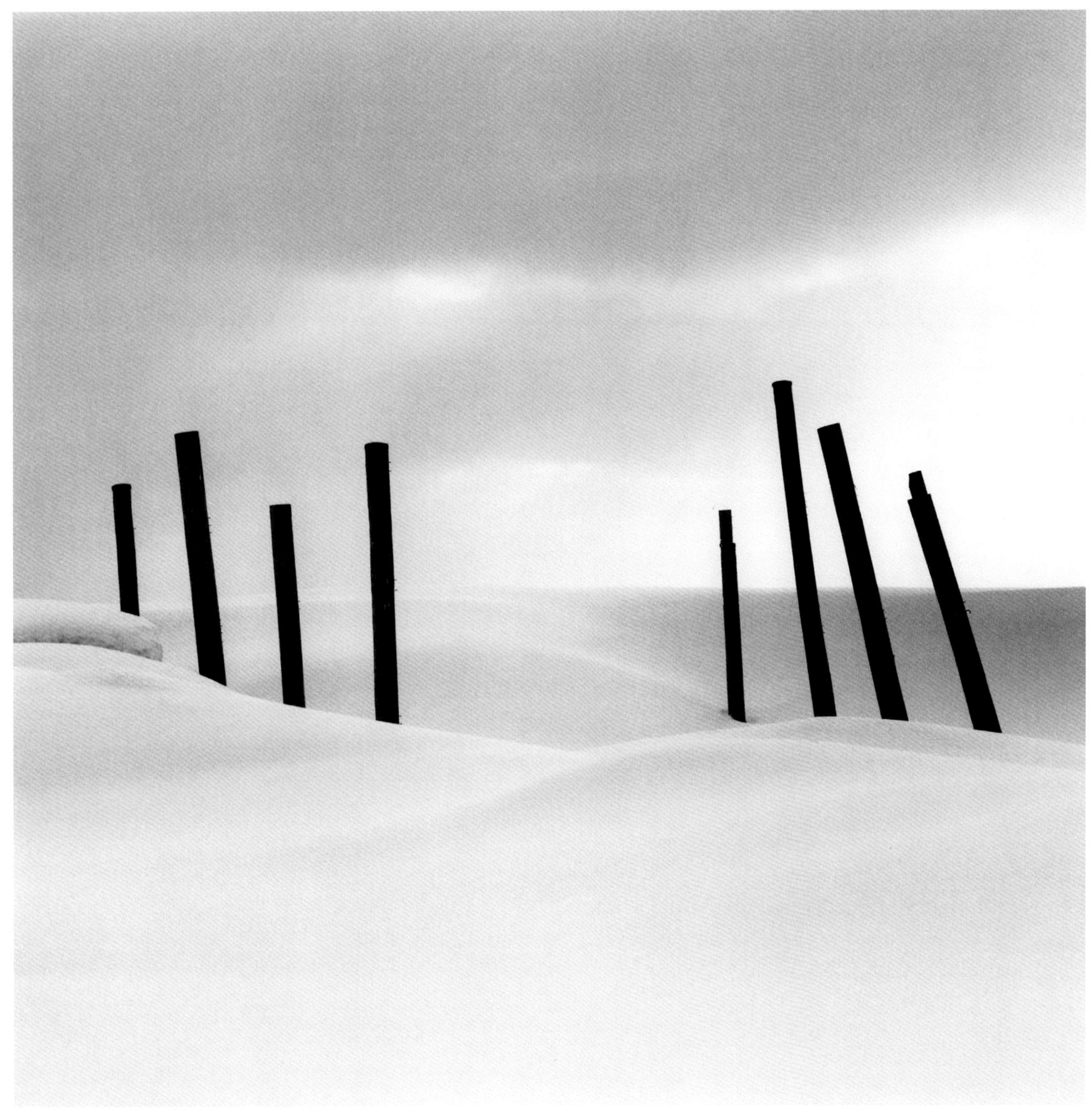

Cat. 64

Huit poteaux, Rumoi, Hokkaidō, Japon, 2004.
Eight Posts, Rumoi, Hokkaidō, Japan, 2004.

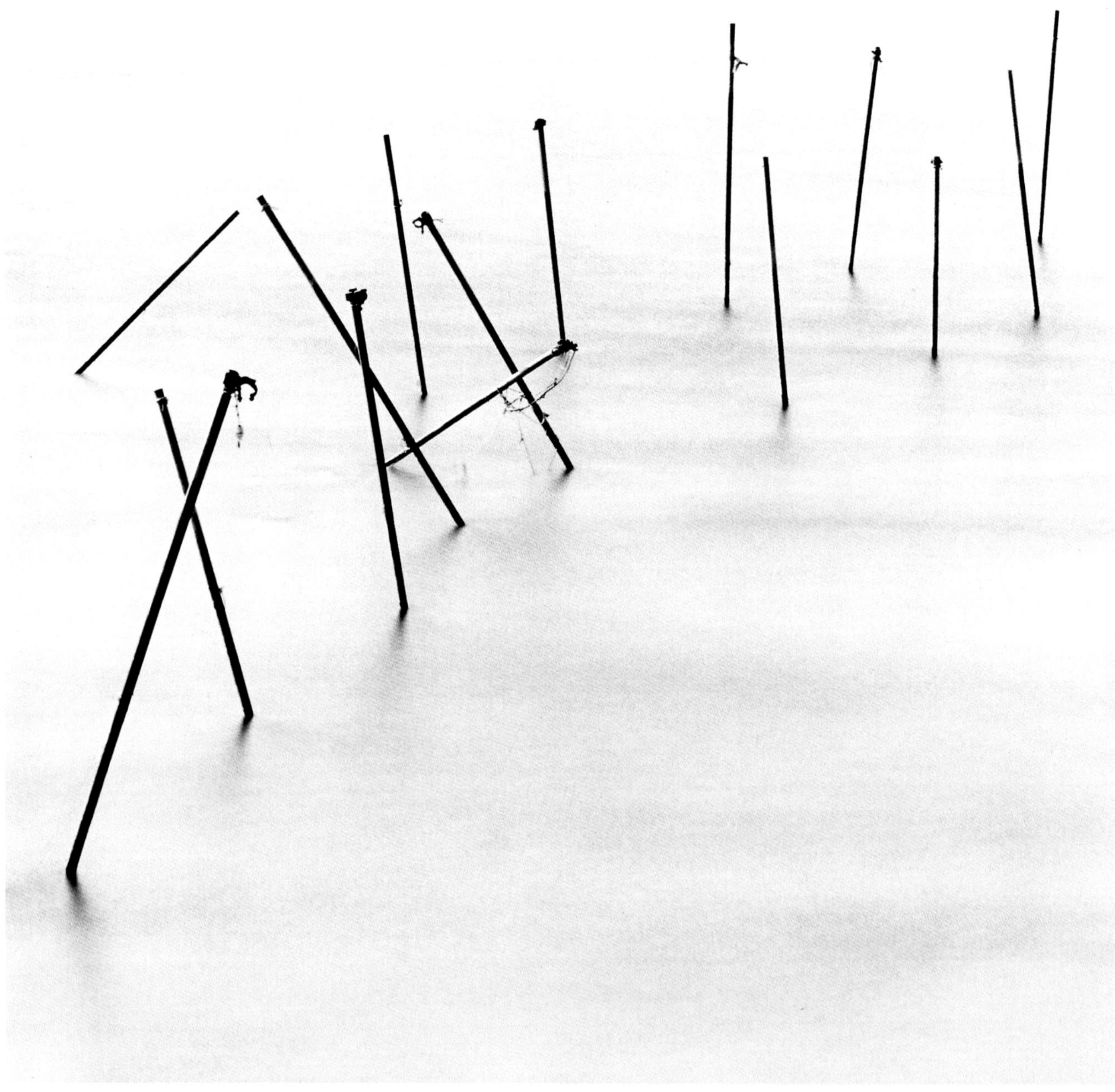

Cat. 65
Seize poteaux, Daebudu, Gyeonggi-do, Corée du Sud, 2012.
Sixteen Poles, Daebudu, Gyeonggi-do, South Korea, 2012.

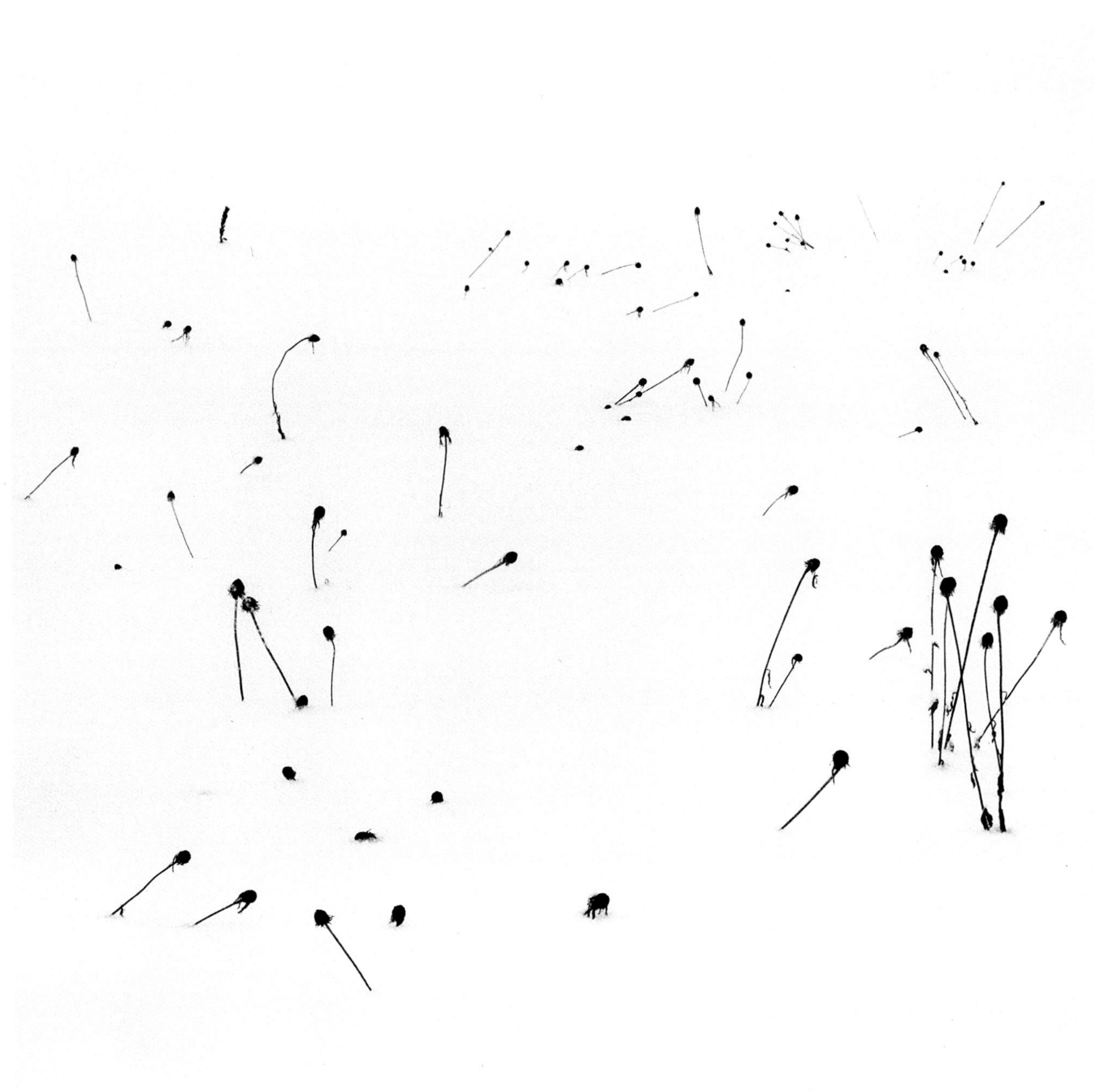

Cat. 66

Fleurs en hiver, Sanai, Hokkaidō, Japon, 2004.
Flowers in Winter, Sanai, Hokkaidō, Japan, 2004.

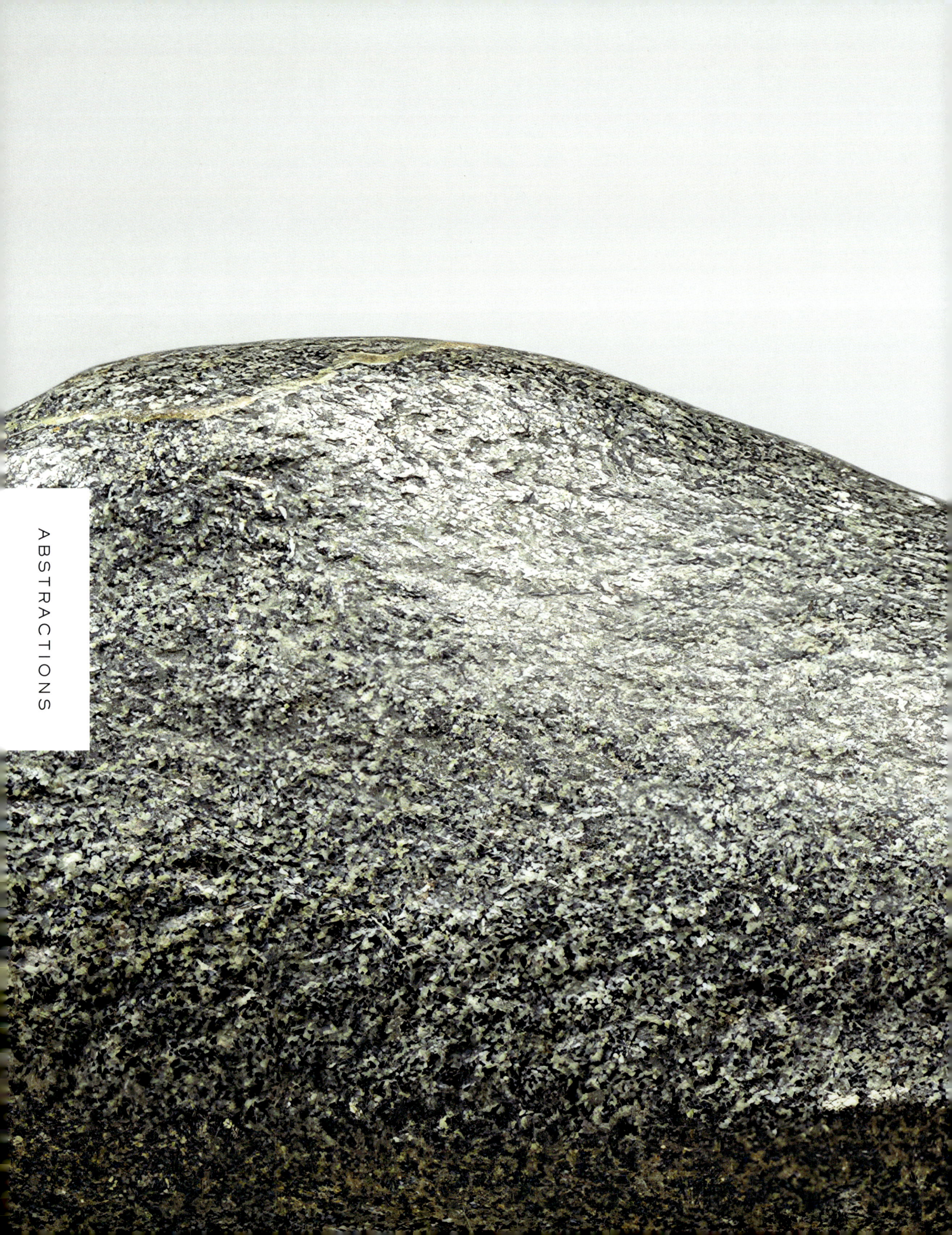

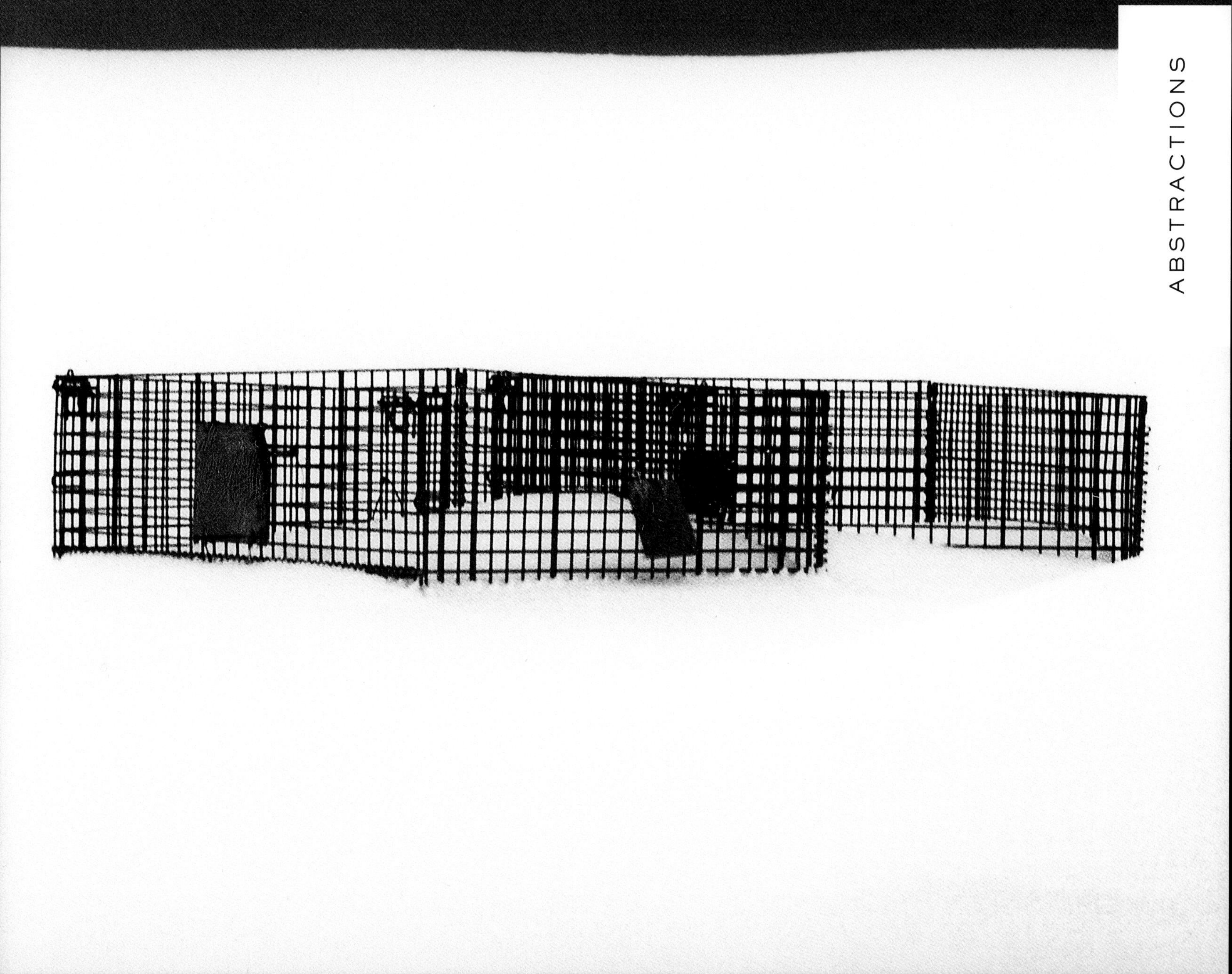

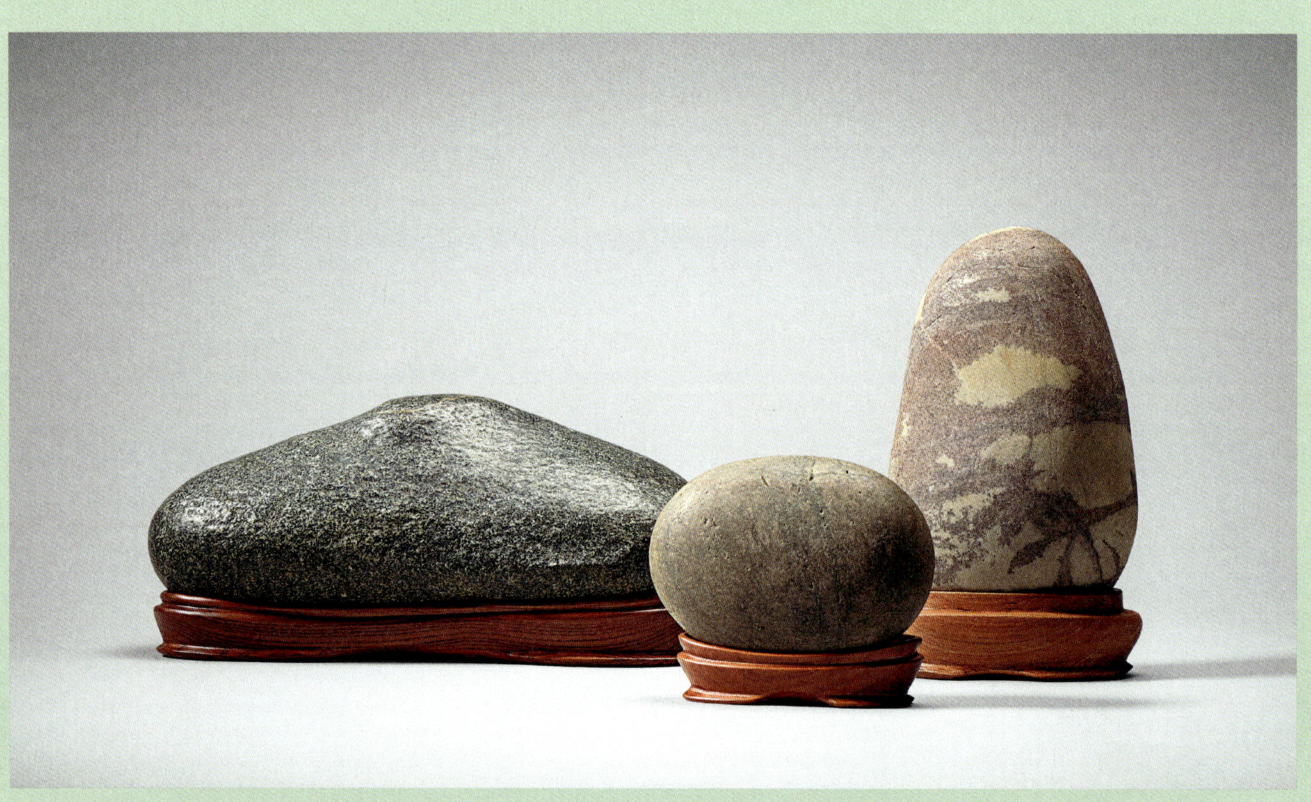

Cat. 67, 68, 69

Colline ; *Hibou* ; *Sous la mer*
Pierres de lettrés collectés par Min Moung-chul
Corée, xxᵉ siècle, H. 15 cm, l. 29,2 cm, Pr. 11,3 cm (cat. 67) / H. 9,5 cm, l. 13,3 cm, Pr. 5,2 cm (cat. 68) / H. 20,6 cm, l. 12,2 cm, Pr. 6,6 cm (cat. 69),
musée Guimet, don Min Moung-Chul (2019), MA 13019, MA 13023 et MA 13039.

Hillock ; *Owl* ; *Under the sea*
Literati's stones collected by Min Moung-chul
Korea, 20th century, H. 15 cm, W. 29.2 cm, D. 11.3 cm (cat. 67) / H. 9.5 cm, W. 13.3 cm, D. 5.2 cm (cat. 68) / H. 20.6 cm, W. 12.2 cm, D. 6.6 cm
(cat. 69), Guimet Museum, donated by Min Moung-Chul (2019), MA 13019, MA 13023 and MA 13039.

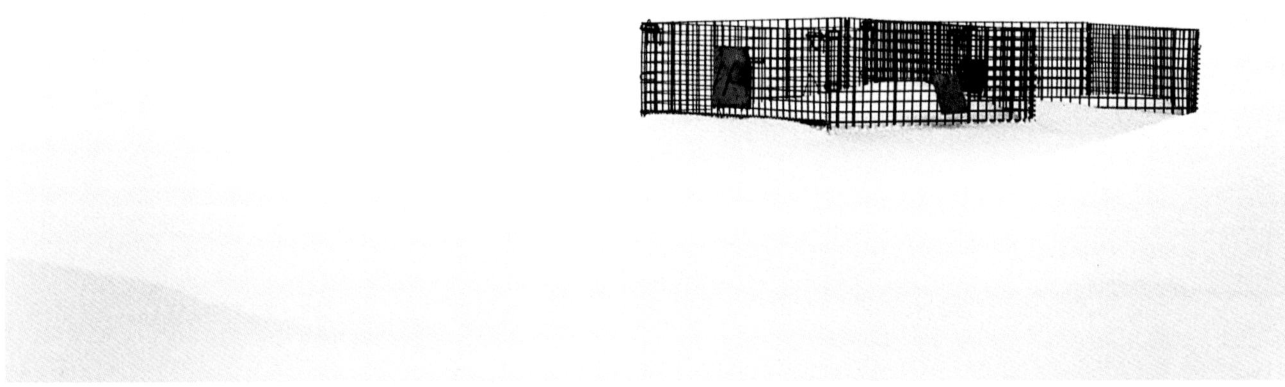

Cage de Nandaro, Rumoi, Hokkaidō, Japon, 2004.
Nandaro Cage, Rumoi, Hokkaidō, Japan, 2004.

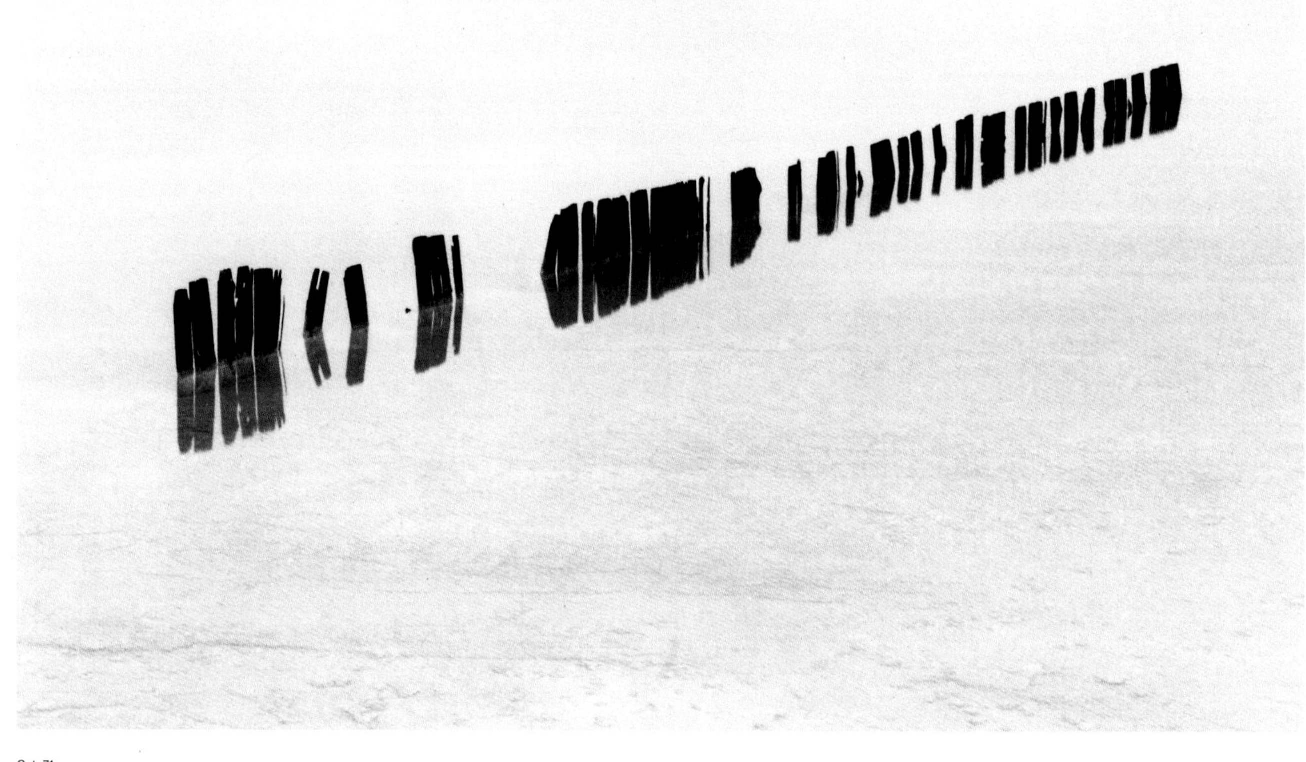

Lac Usoriyama, Osorezan, Honshū, Japon, 2002.
Usoriyama Lake, Osorezan, Honshū, Japan, 2002.

Banquise, cap Hinode, Hokkaidō, Japon, 2005.
Ice Floe, Cape Hinode, Hokkaidō, Japan, 2005.

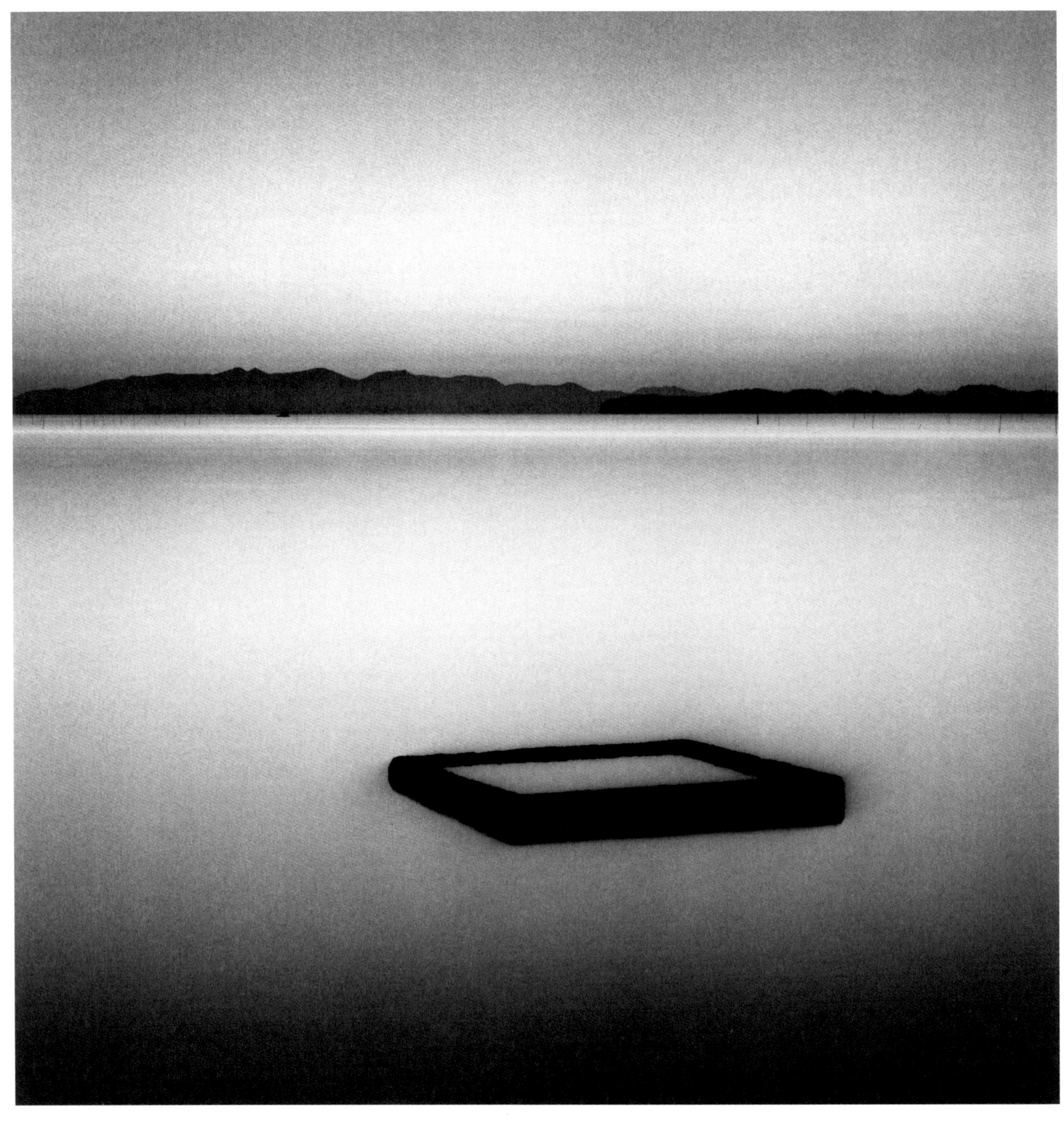

Cat. 73
Réservoir pour le nettoyage des poissons, Sunjeong Maeul, Go-Heung Jeollanam-do, Corée du Sud, 2023.
Fish Washing Tank, Sunjeong Maeul, Go-Heung Jeollanam-do, South Korea, 2023.

Cat. 74
Structure de serre, étude 2, Biei, Hokkaidō, Japon, 2004.
Greenhouse Structure, Study 2, Biei, Hokkaidō, Japan, 2004.

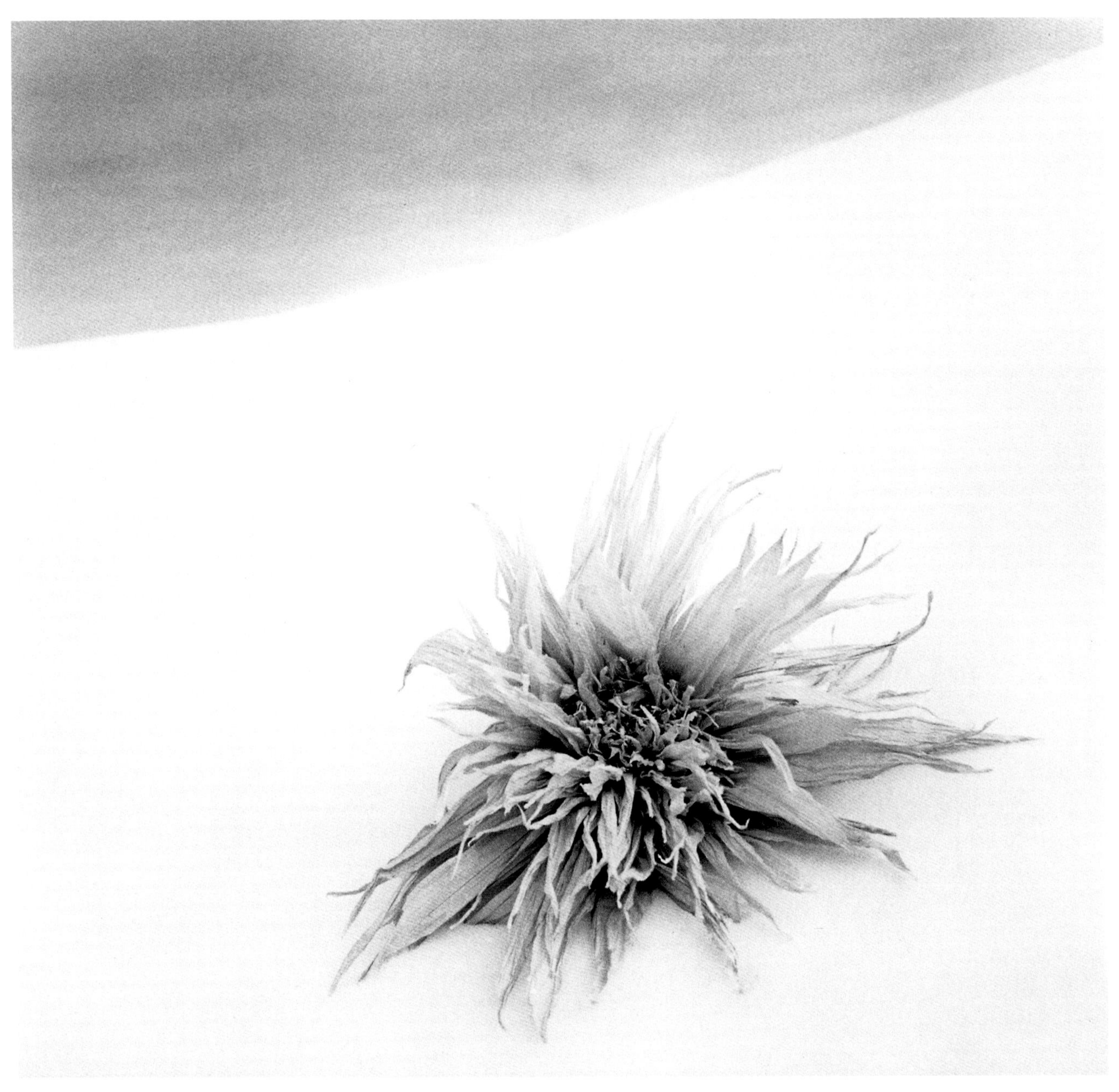

Cat. 75
Fleurs de papier de Maki, étude 4, Hokkaidō, Japon, 2020.
Maki's Washi Flowers, Study 4, Hokkaidō, Japan, 2020.

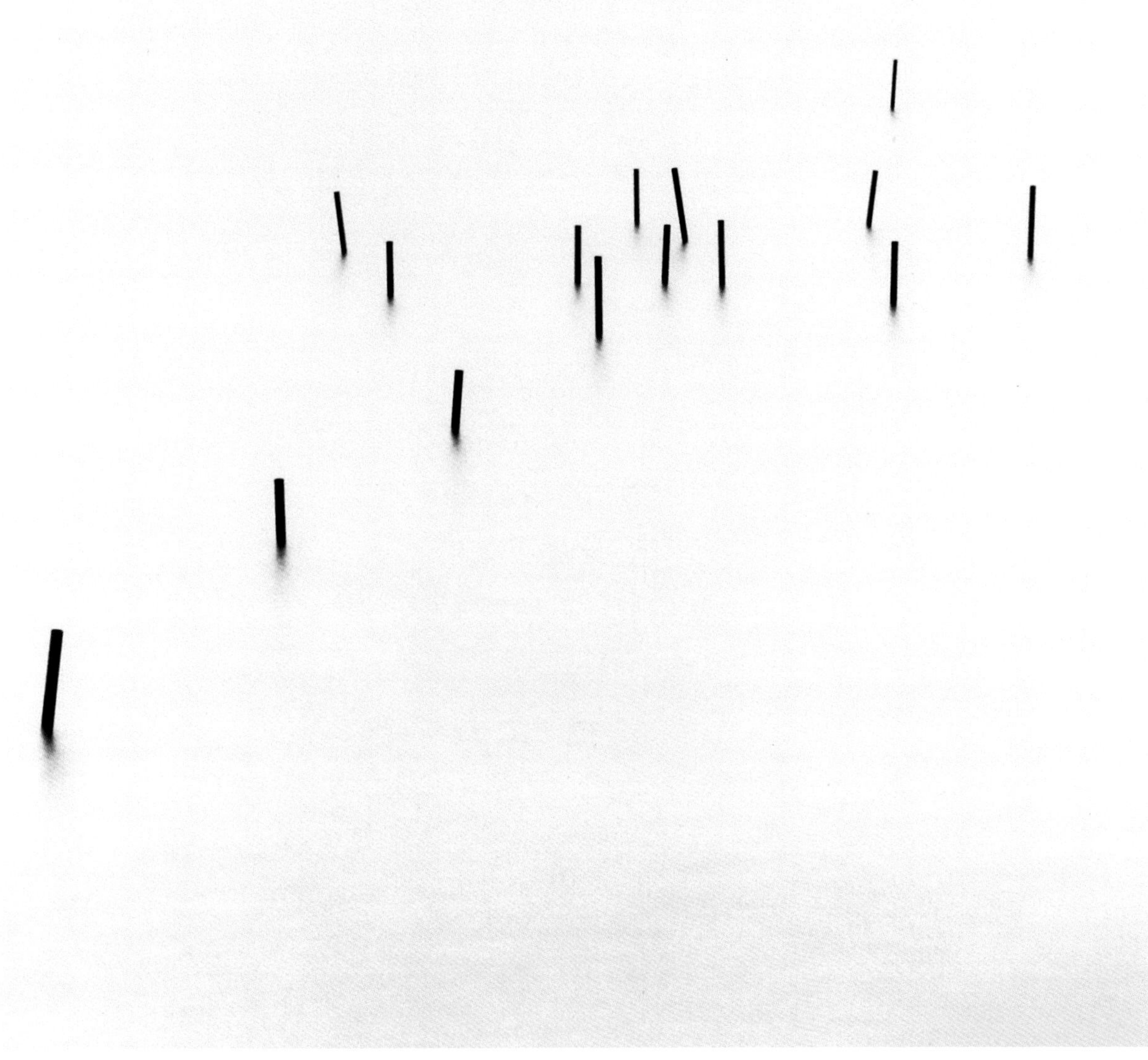

Quinze poteaux, lac Yamanaka, Honshū, Japon, 2001.
Fifteen Poles, Yamanaka Lake, Honshū, Japan, 2001.

LE RETOUR
AU MOTIF

MOTIFS
REVISITED

Au gré de ses voyages en Asie, Michael Kenna s'est pris d'affection pour certains lieux et pour certains motifs, au point de les rephotographier périodiquement. Les séries ainsi constituées – qu'elles touchent au paysage naturel, à la présence humaine ou à l'invisible – sont devenues des jalons incontournables dans son œuvre.

La série « Rafu », composée de nus féminins réalisés au Japon depuis 2008, se situe en marge du travail habituel de l'artiste. Comme ses paysages, néanmoins, elle mobilise le pouvoir d'interprétation et d'abstraction de la photographie pour questionner la relation entre le corps et l'espace, qu'il s'agisse d'un intérieur traditionnel japonais ou du cadre imposé par l'appareil.

La souplesse organique des corps se retrouve dans les photographies prises par Michael Kenna d'un chêne du Japon sur les rives du lac Kussharo, à l'est de Hokkaidō, de 2002 à son abattage soudain en 2009. À l'occasion de plusieurs séjours, le photographe a construit un véritable dialogue formel avec ce chêne, détaillant toutes les facettes de sa présence extraordinaire au fil des saisons.

L'architecture s'est enfin montrée tout aussi propice à un travail sériel pour Michael Kenna, en particulier deux types de structures érigées dans le paysage japonais et coréen comme autant de sculptures : les *torii*, portes qui marquent l'entrée des sanctuaires shinto, et d'anciennes tours de sauveteurs disposées le long des plages de Corée du Sud.

Over the course of his travels in Asia, Michael Kenna fell in love with certain places and motifs, returning to photograph them periodically. The resulting series on the themes of landscapes, human presence, and invisibility have become cornerstones of his creative output.

The *Rafu* series of female nudes photographed in Japan since 2008 lies outside his customary artistic practice. Yet, like his landscapes, it harnesses photography's power of interpretation and abstraction to explore the relationship between the human body and space, as much that of traditional Japanese interiors as the frame imposed by the lens.

The supple organicity of the human body is also found in Michael Kenna's photographs of a Japanese oak on the shores of Lake Kussharo in eastern Hokkaidō, from 2002 to its unexpected felling in 2009. Over several visits, Kenna developed a formal dialogue with the tree, capturing every facet of its extraordinary presence from season to season.

Architecture has proven equally inspiring for Michael Kenna's serial work, in particular two types of sculptural constructions found in Japan and Korea—the torii gates that stand at the entrance to Shinto shrines and the old lifeguard towers placed along South Korean beaches.

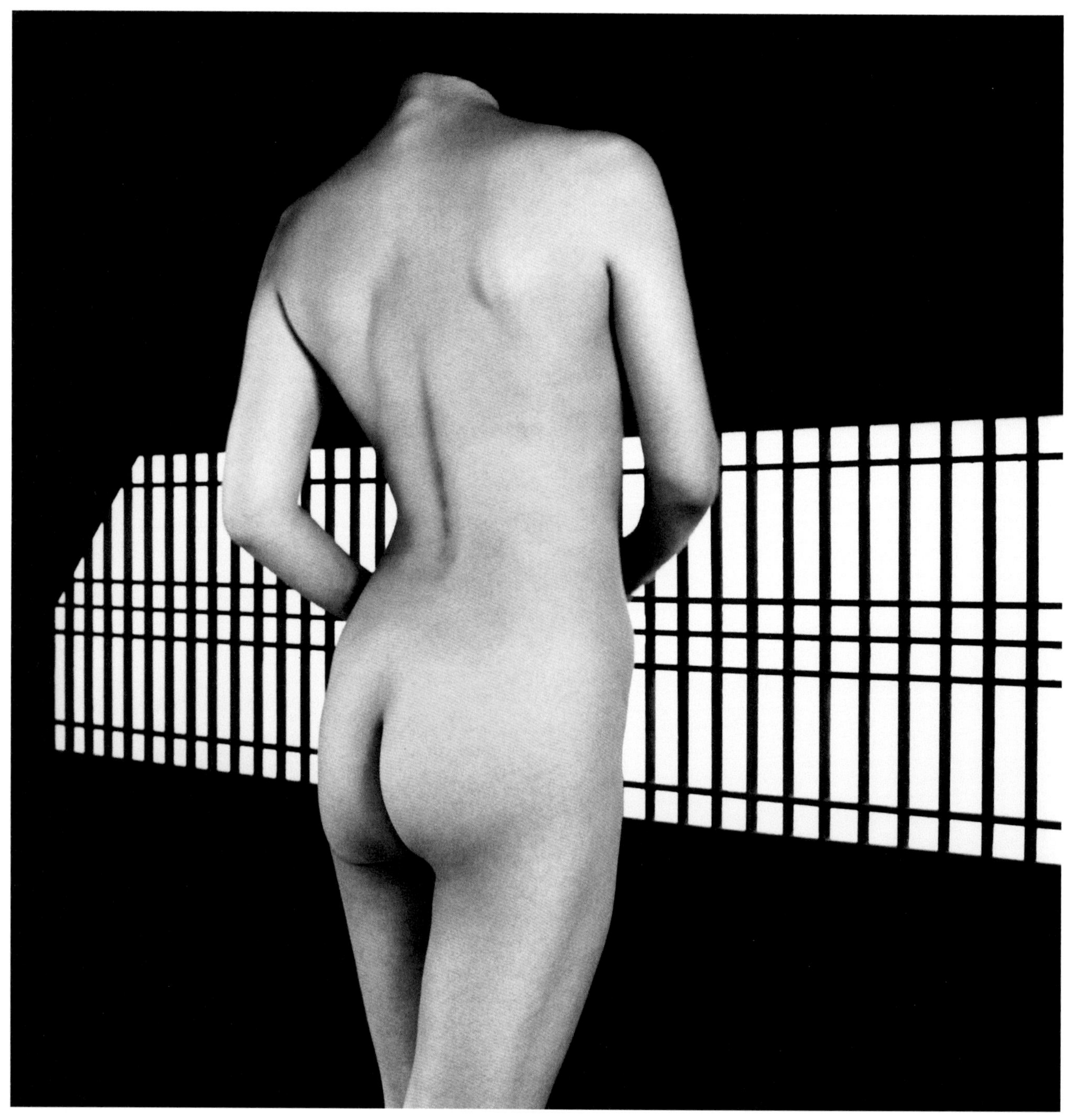

Ryoko, étude 2, Japon, 2008.
Ryoko, Study 2, Japan, 2008.

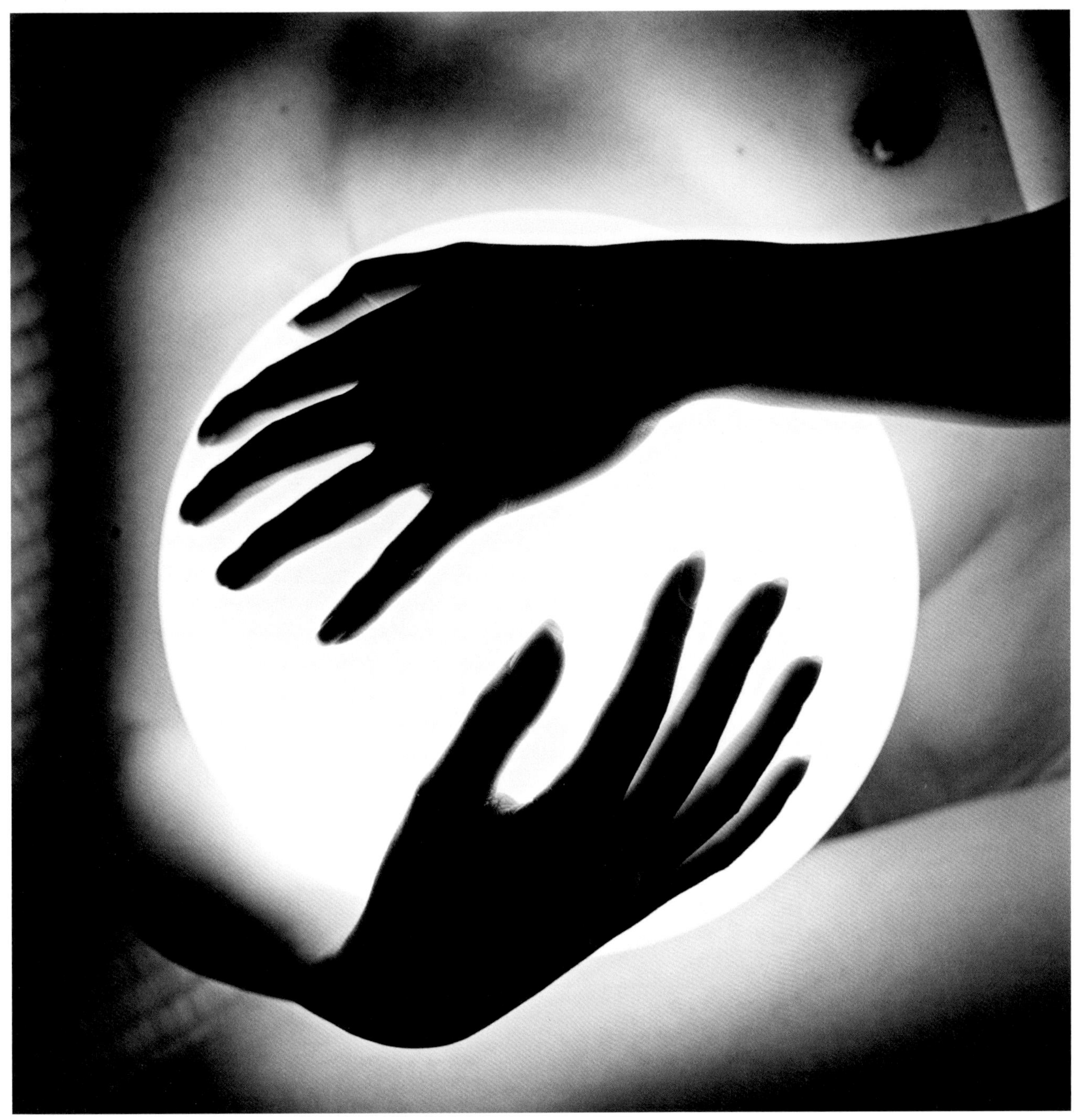

Ai, étude 5, Japon, 2012.
Ai, Study 5, Japan, 2012.

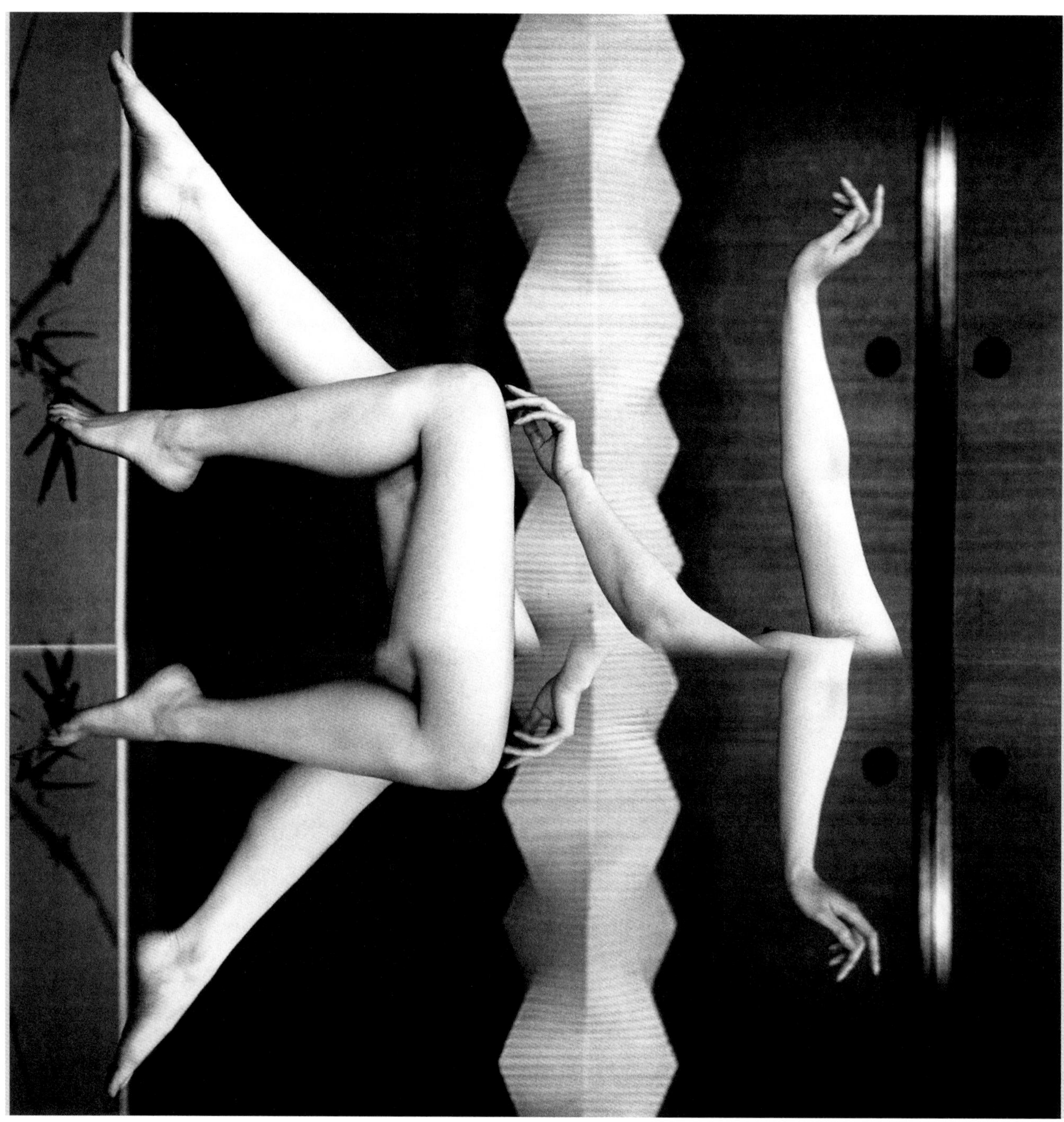

Ai, étude 2, Japon, 2012.
Ai, Study 2, Japan, 2012.

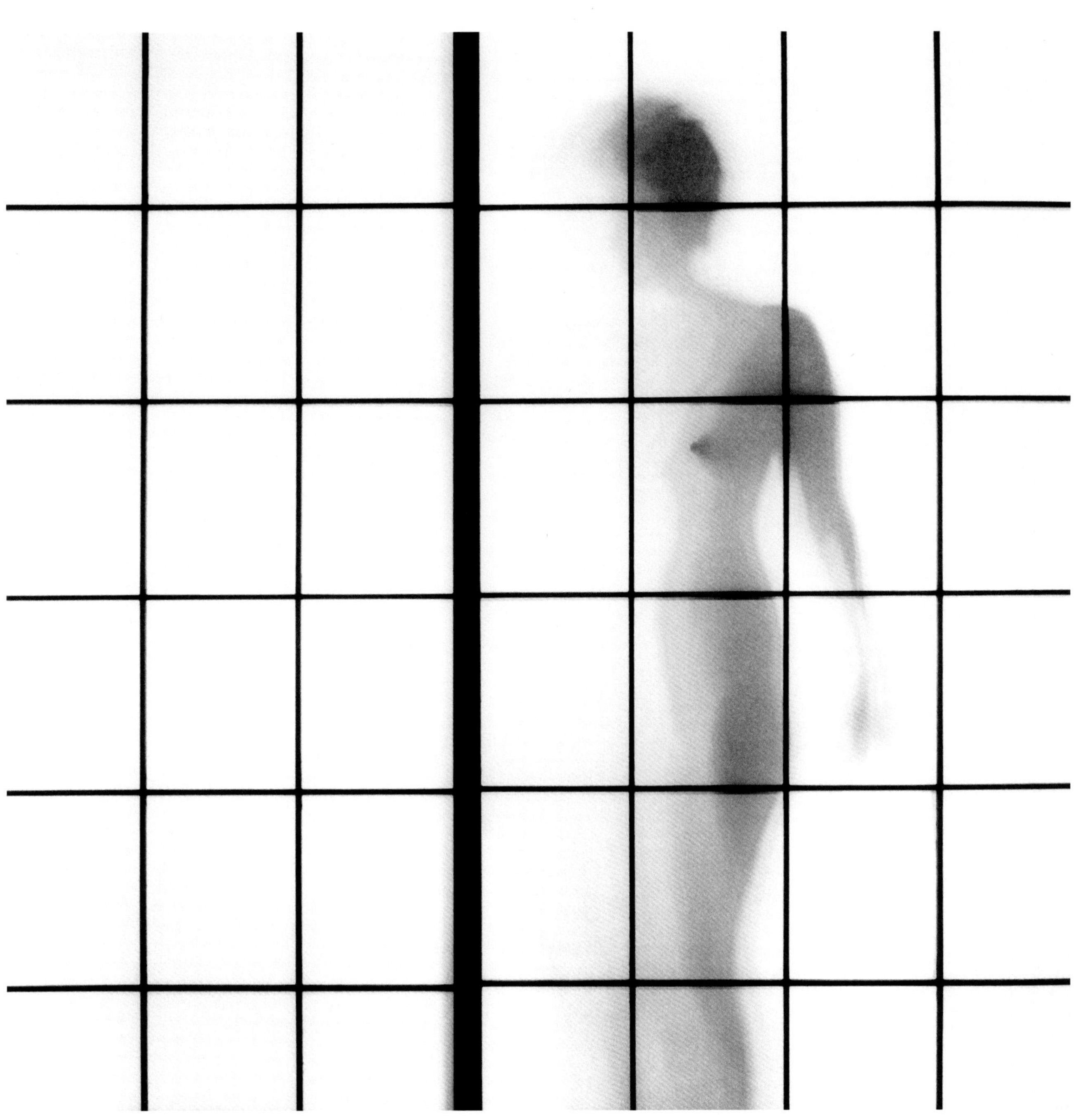

Cat. 80

Ayako, étude 3, Japon, 2010.
Ayako, Study 3, Japan, 2010.

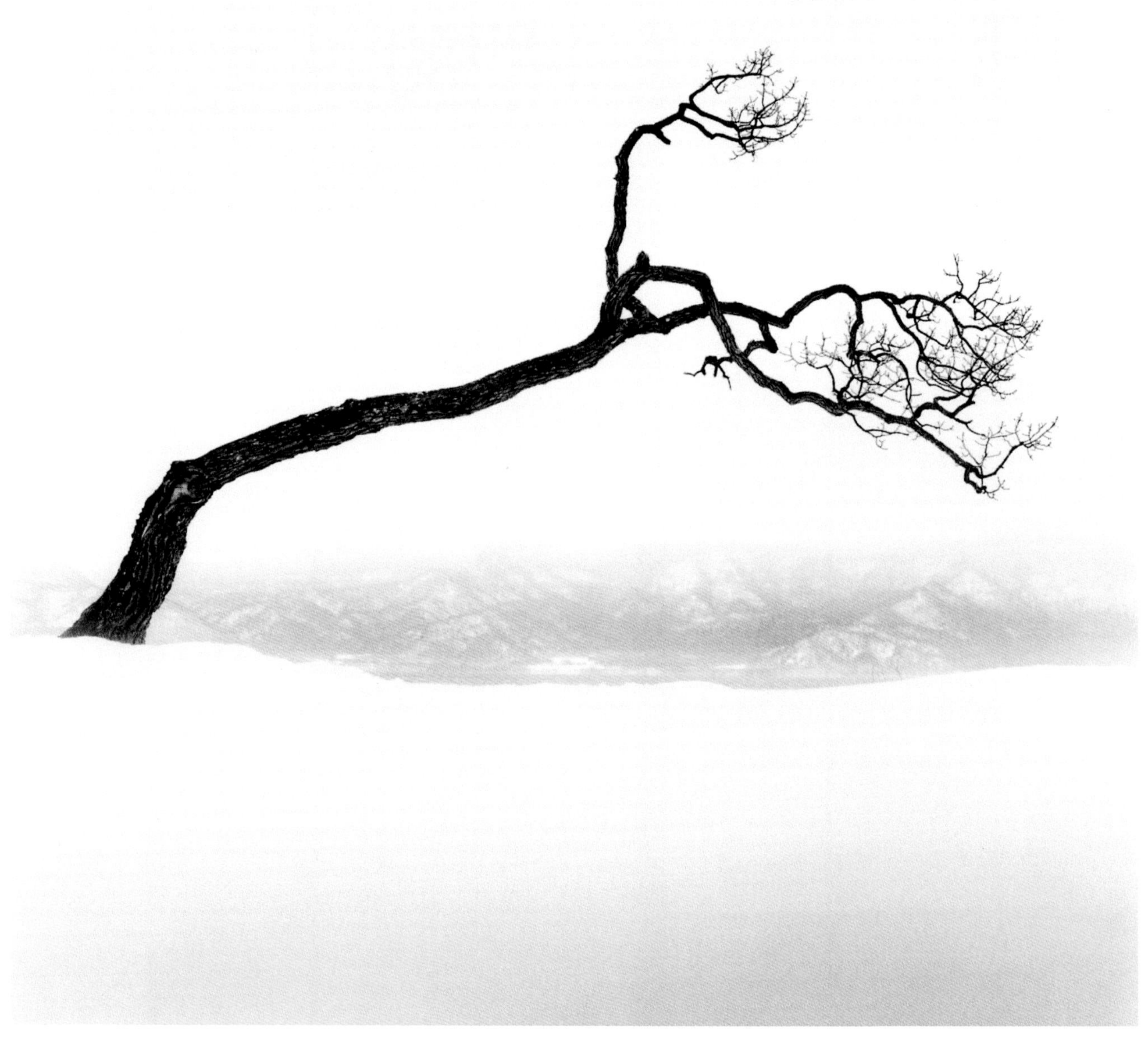

Cat. 81
Arbre du lac Kussharo, étude 9, Kotan, Hokkaidō, Japon, 2009.
Kussharo Lake Tree, Study 9, Kotan, Hokkaidō, Japan, 2009.

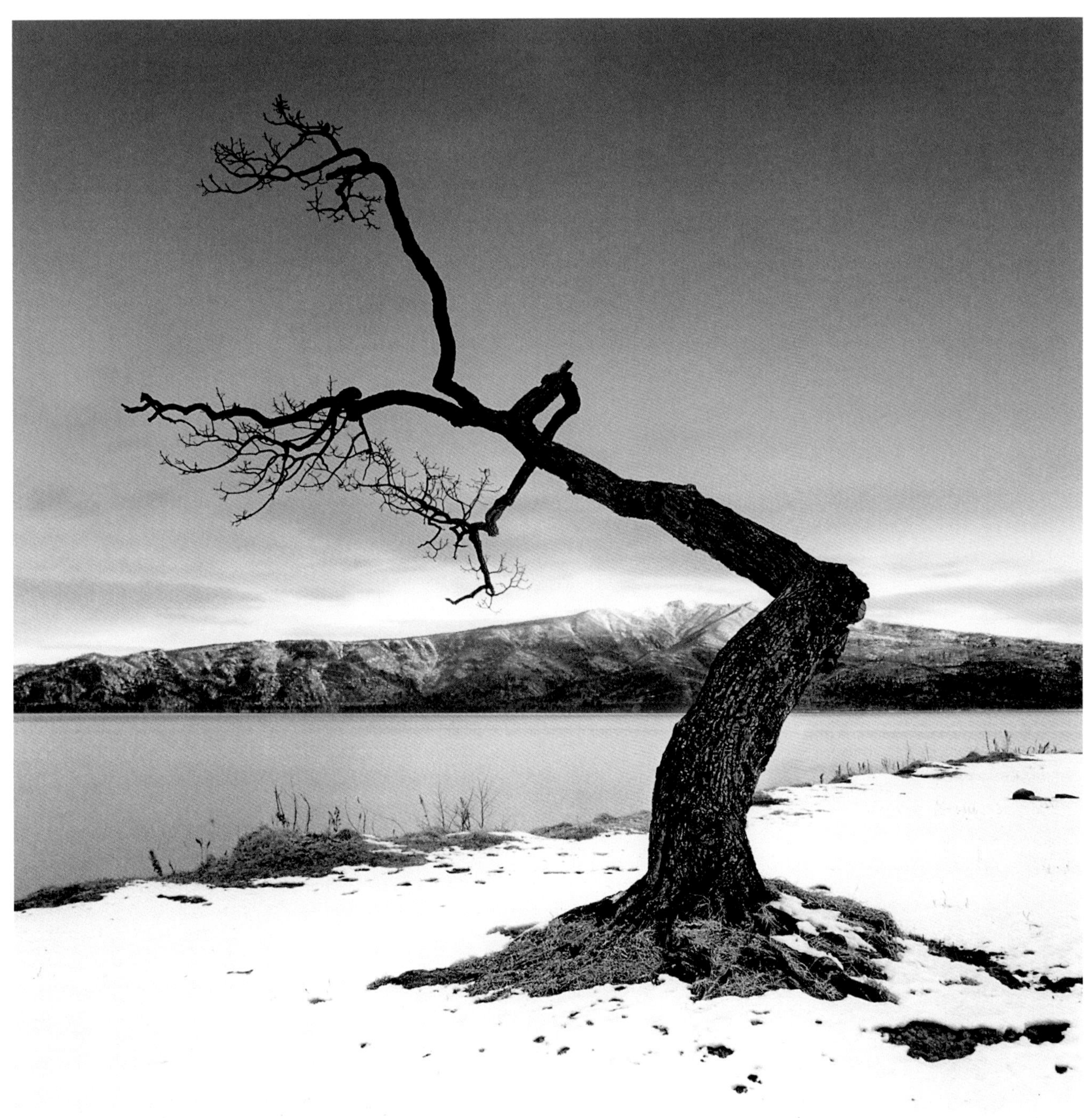

Cat. 82

Arbre du lac Kussharo, étude 12, Kotan, Hokkaidō, Japon, 2008.
Kussharo Lake Tree, Study 12, Kotan, Hokkaidō, Japan, 2008.

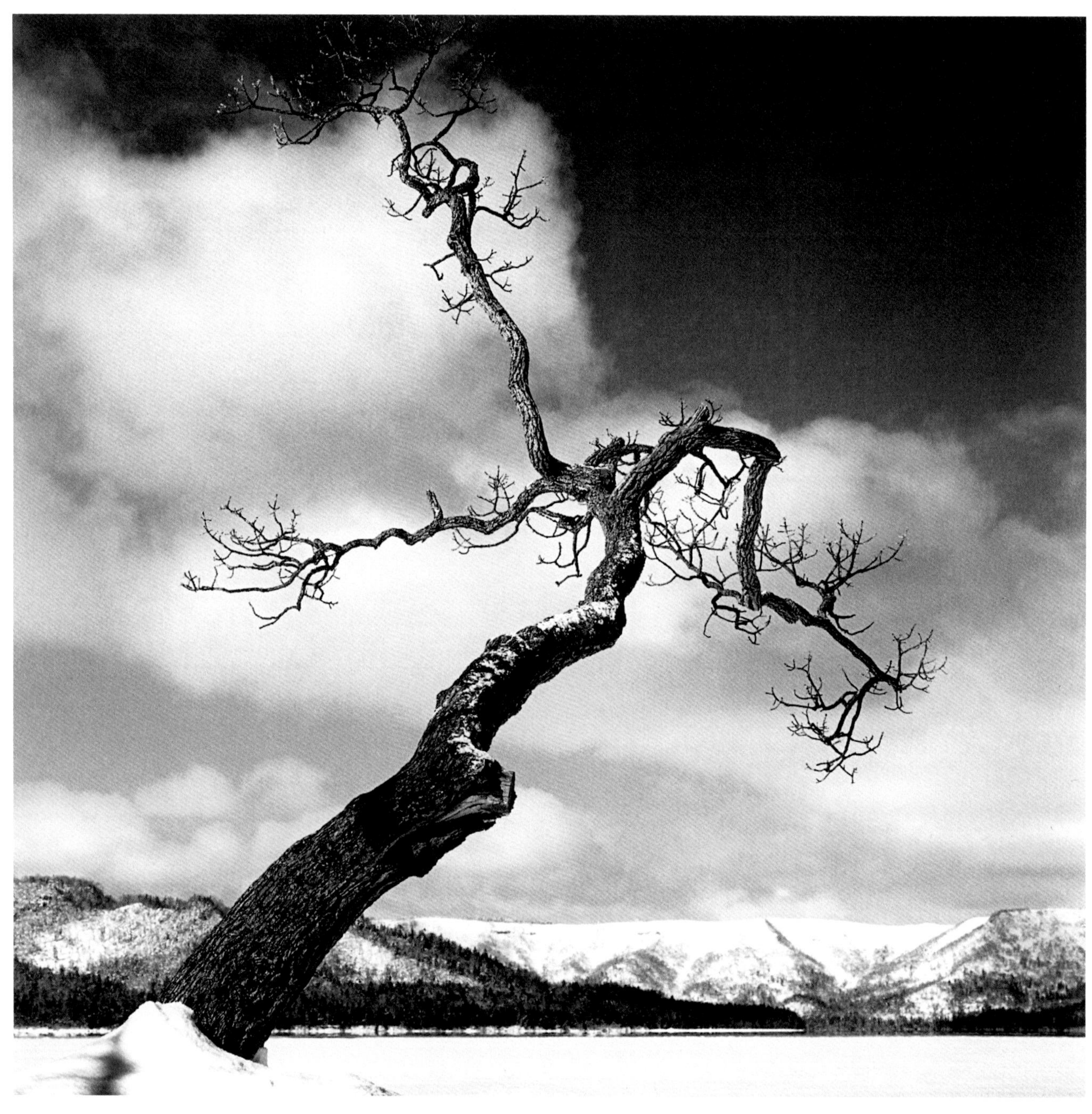

Cat. 83
Arbre du lac Kussharo, étude 11, Kotan, Hokkaidō, Japon, 2004.
Kussharo Lake Tree, Study 11, Kotan, Hokkaidō, Japan, 2004.

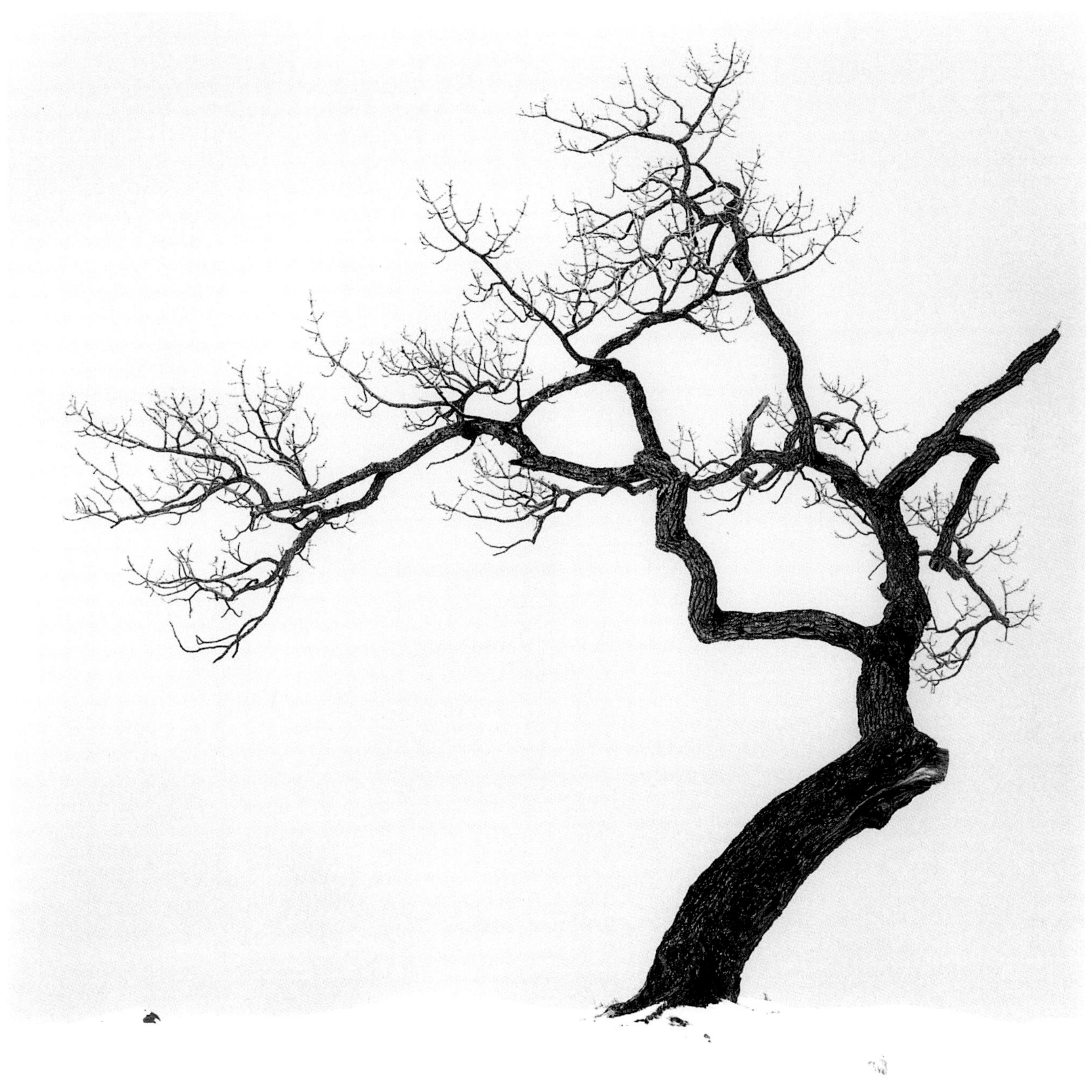

Cat. 84

Arbre du lac Kussharo, étude 1, Kotan, Hokkaidō, Japon, 2002.
Kussharo Lake Tree, Study 1, Kotan, Hokkaidō, Japan, 2002.

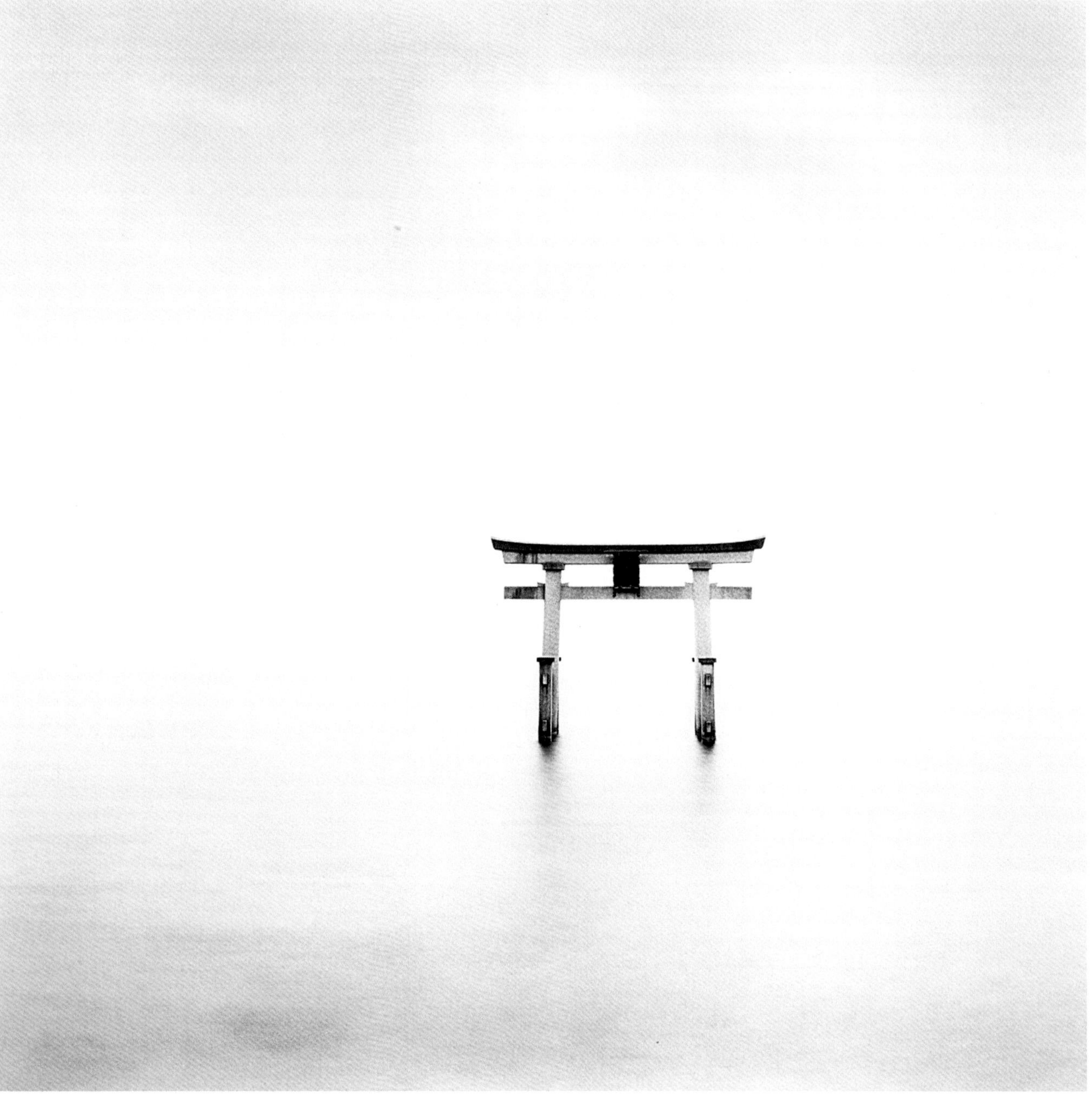

Cat. 85

Torii, étude 1, Takashima, Honshū, Japon, 2002.
Torii, Study 1, Takashima, Honshū, Japan, 2002.

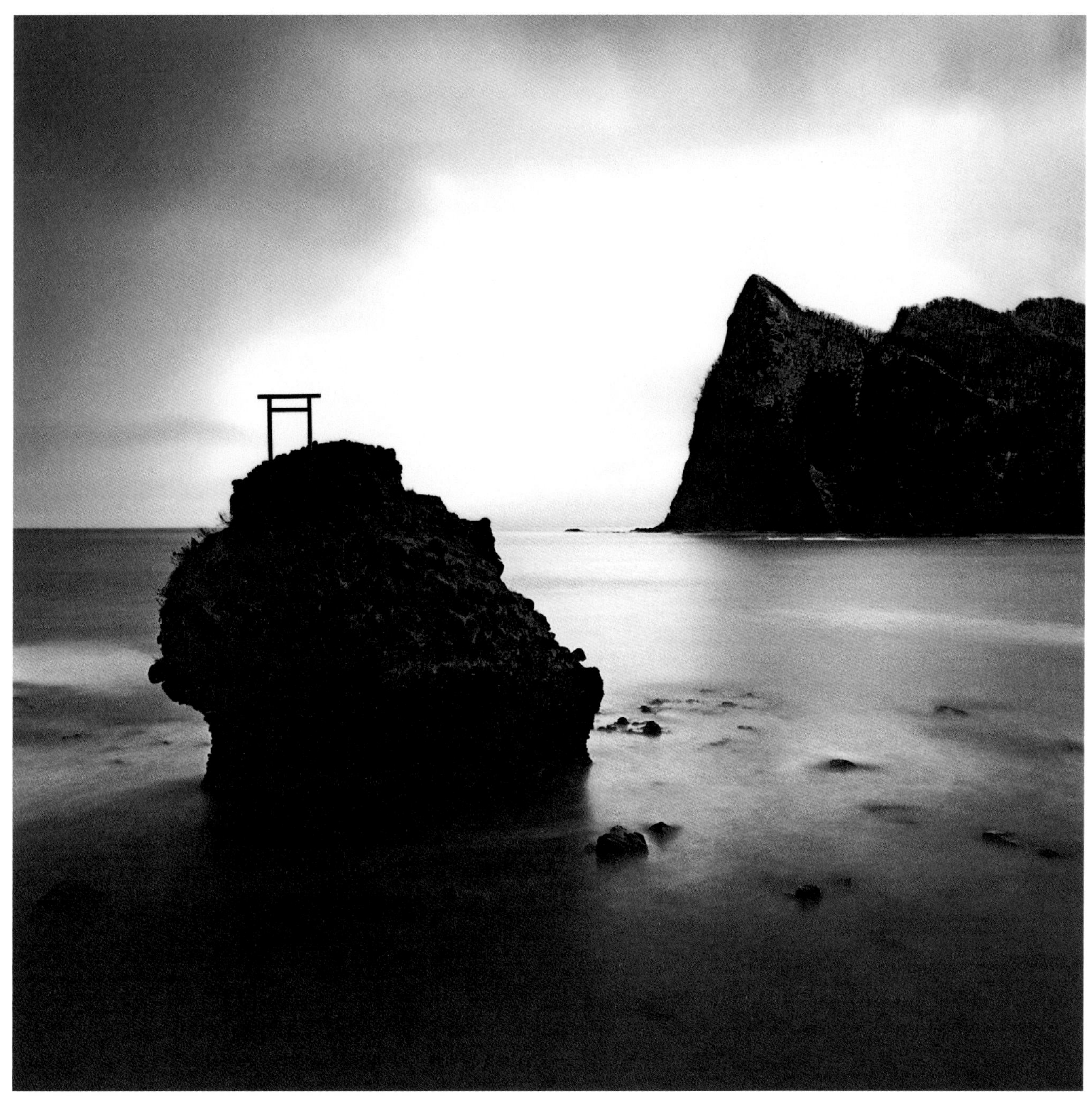

Formations rocheuses, étude 3, Yoichi, Hokkaidō, Japon, 2004.
Rock Formations, Study 3, Yoichi, Hokkaidō, Japan, 2004.

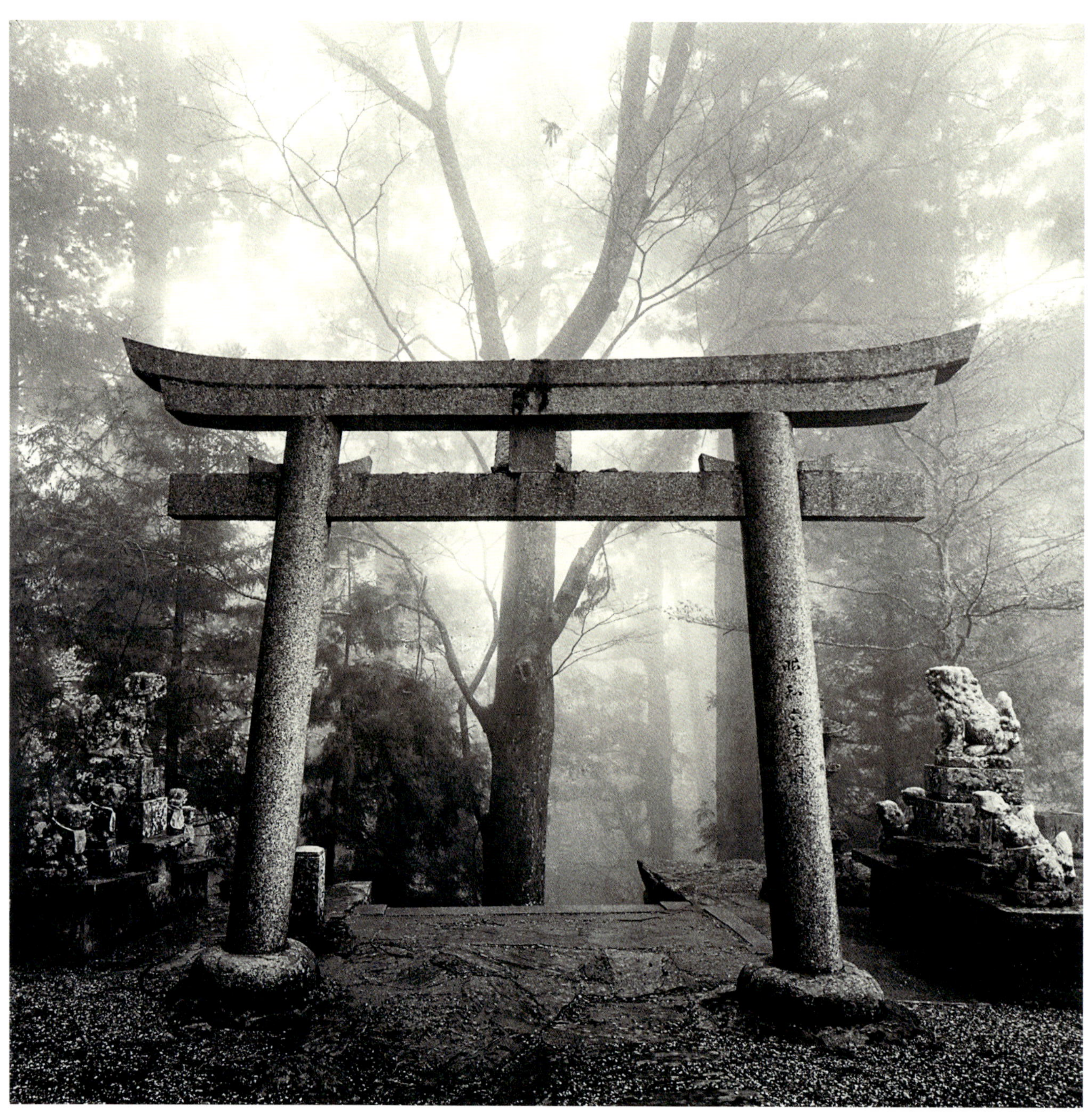

Cat. 87

Portique torii *de la forêt*, Shōsan-ji, Tokushima, Shikoku, Japon, 2010.
Forest Torii Gate, Shōsan-ji, Tokushima, Shikoku, Japan, 2010.

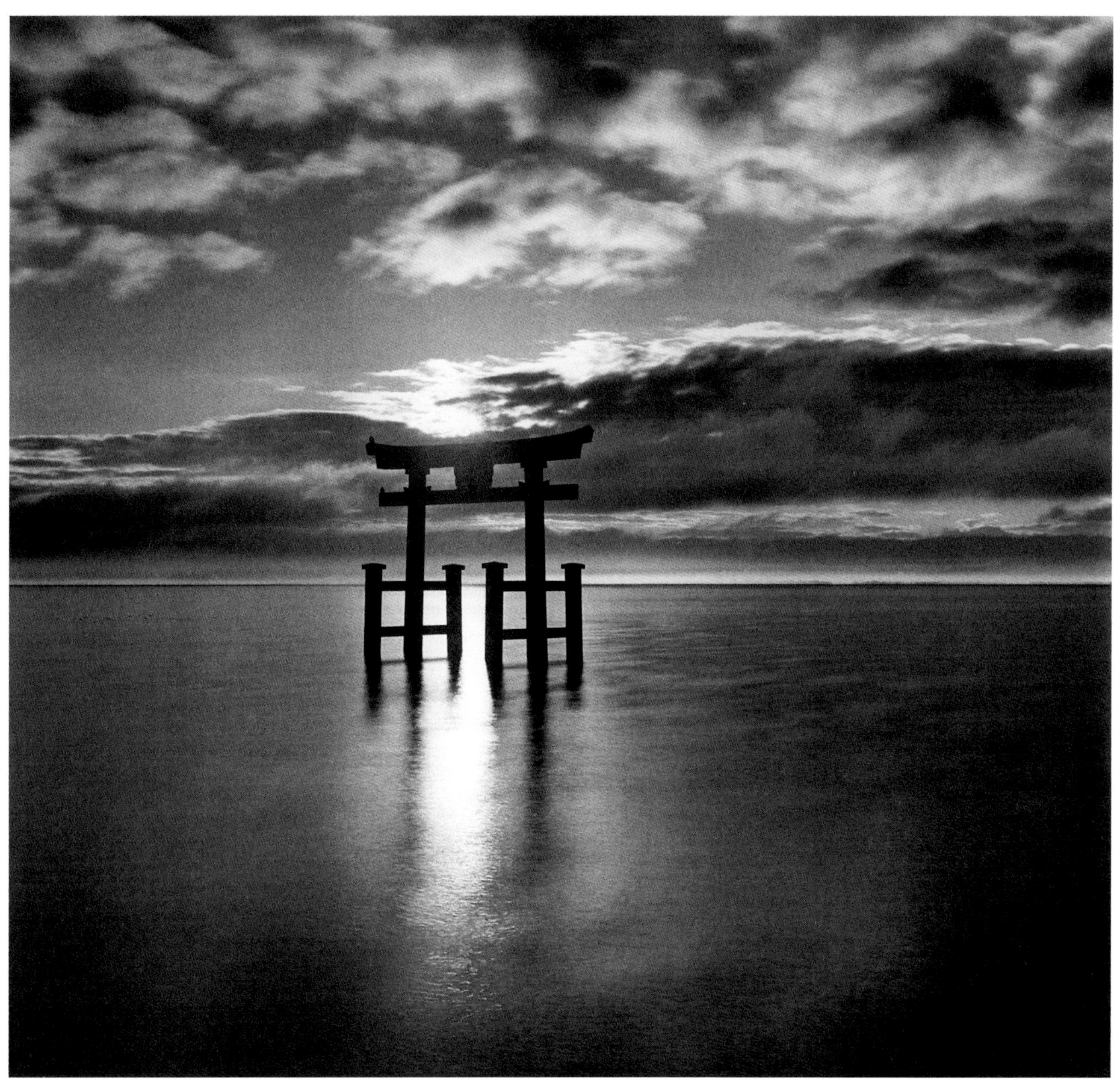

Torii, étude 3, Takashima, Honshū, Japon, 2007.
Torii, Study 3, Takashima, Honshū, Japan, 2007.

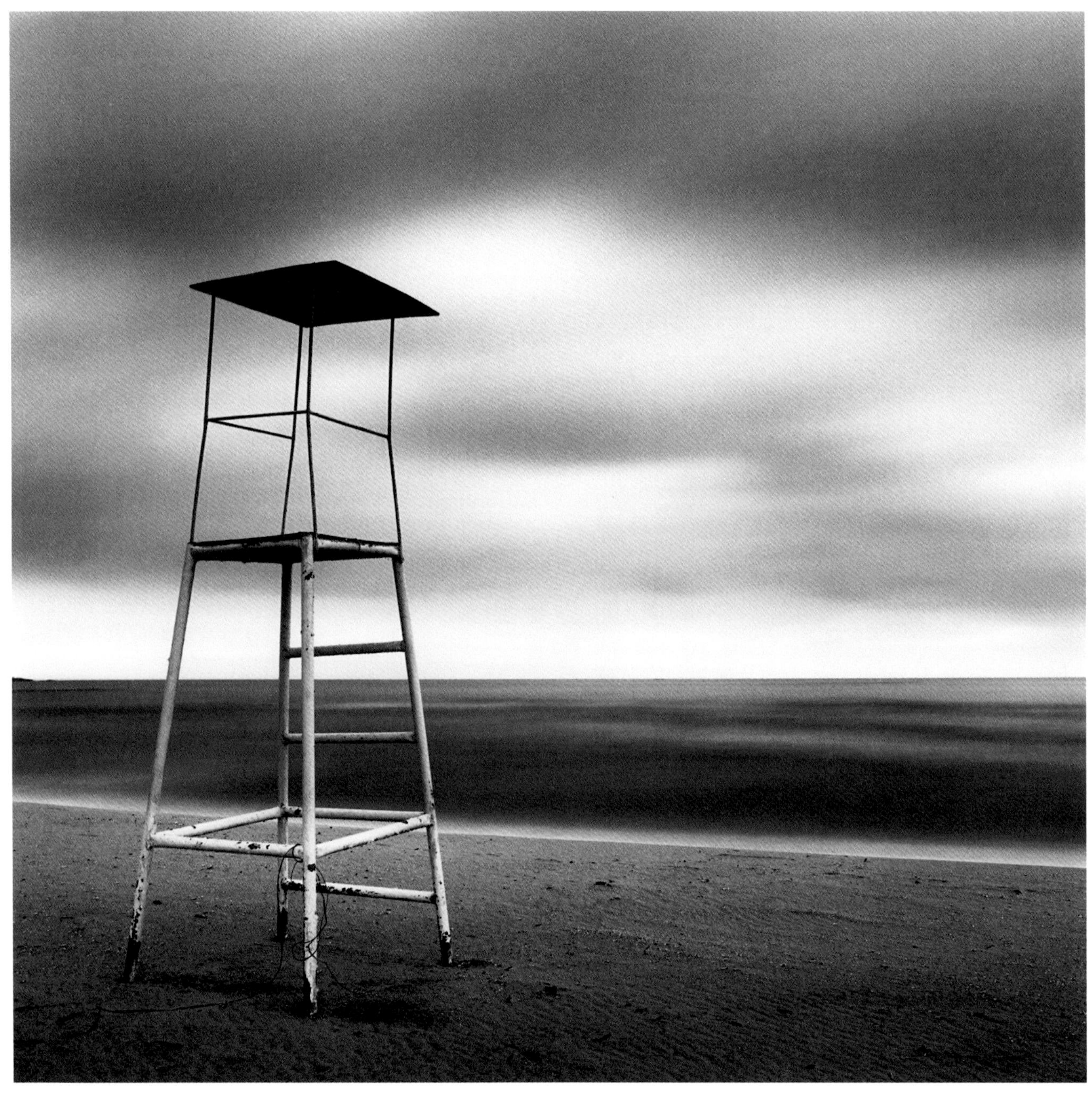

Cat. 89
Tour de garde, étude 1, Sampo, Gangwon-do, Corée du Sud, 2005.
Watchtower, Study 1, Sampo, Gangwon-do, South Korea, 2005.

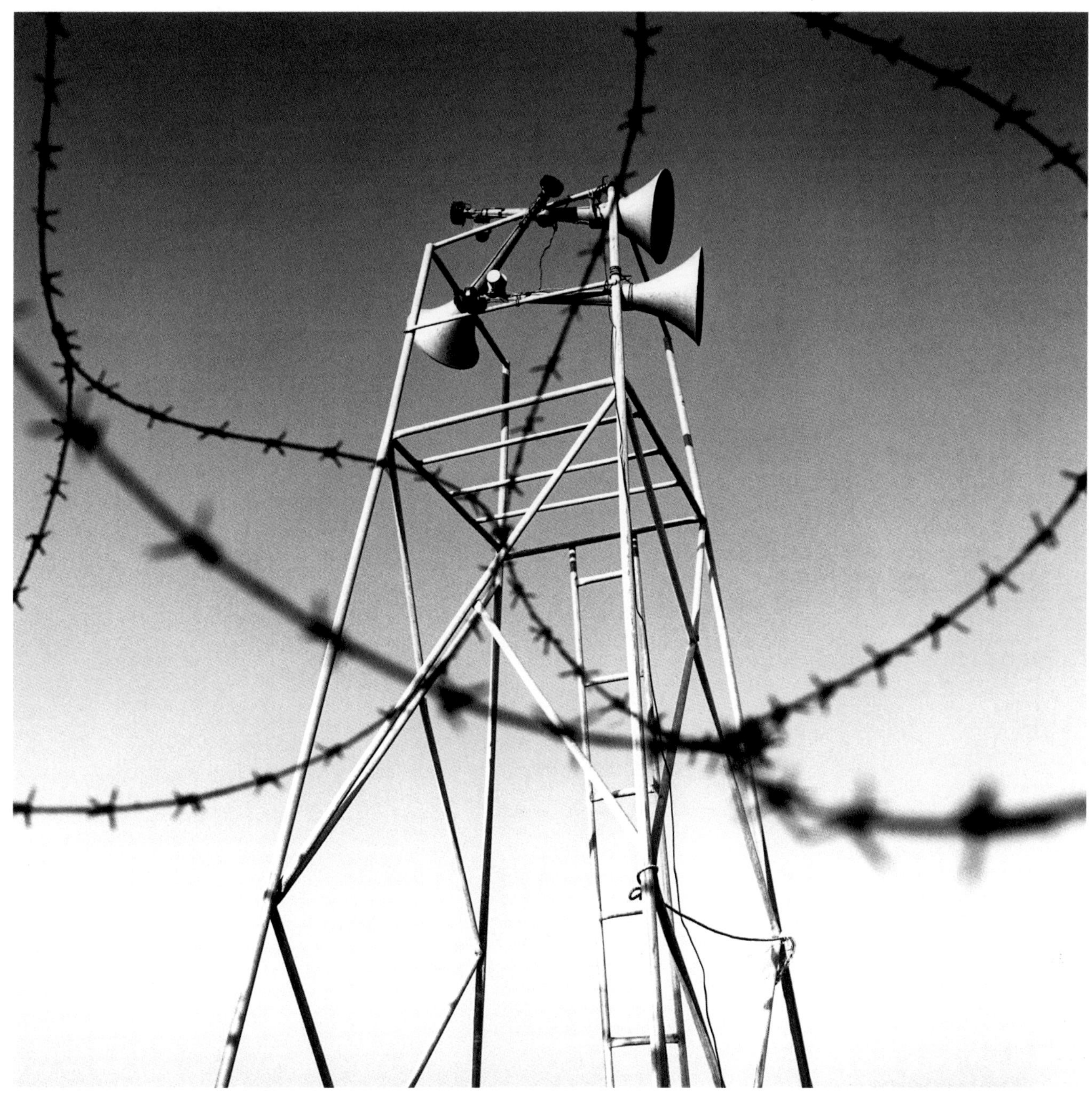

Cat. 90

Tour de garde, étude 6, Daejin, Gangwon-do, Corée du Sud, 2006.
Watchtower, Study 6, Daejin, Gangwon-do, South Korea, 2006.

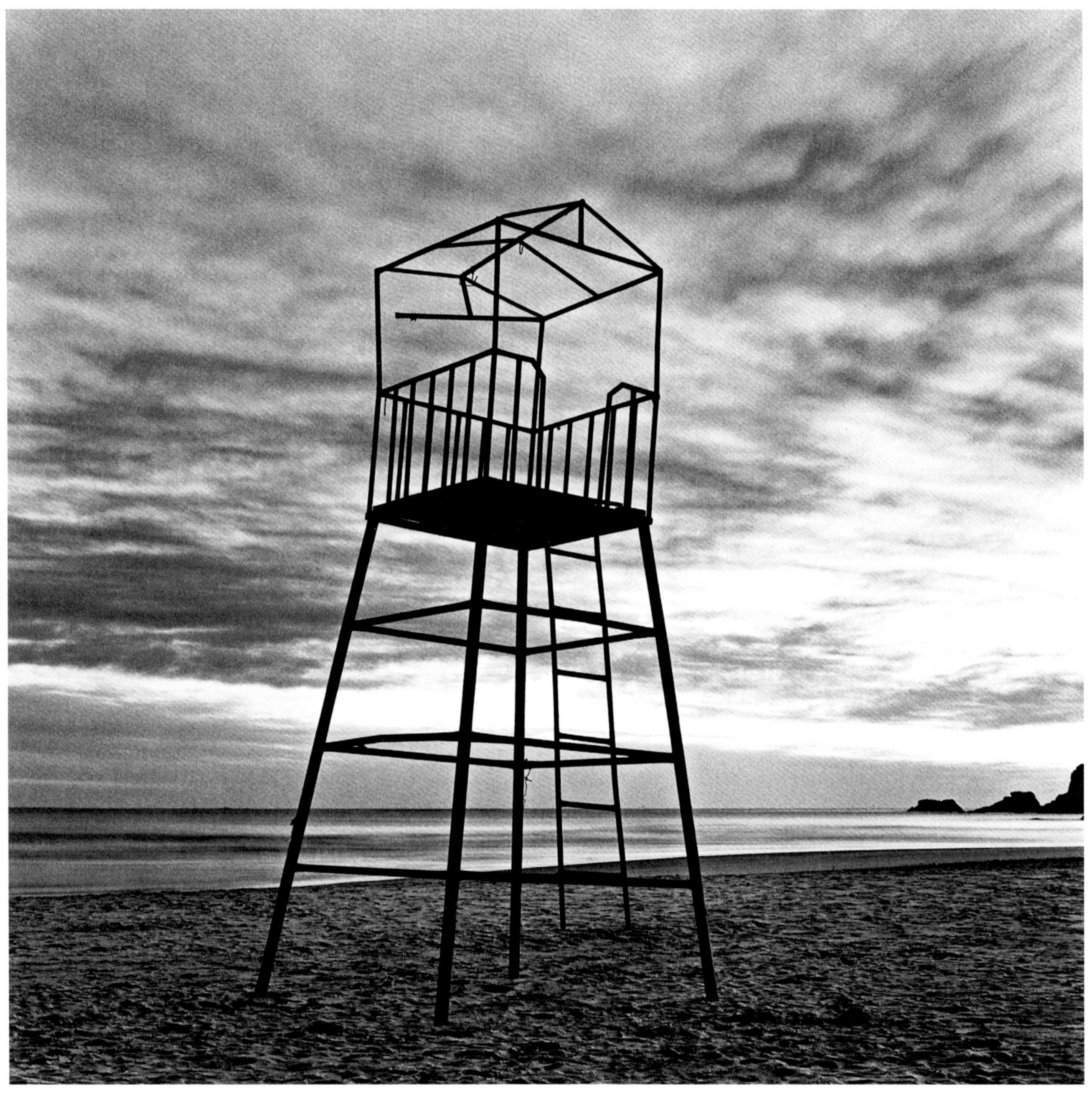

Cat. 91
Tour de garde, étude 9, Hajodae, Gangwon-do, Corée du Sud, 2006.
Watchtower, Study 9, Hajodae, Gangwon-do, South Korea, 2006.

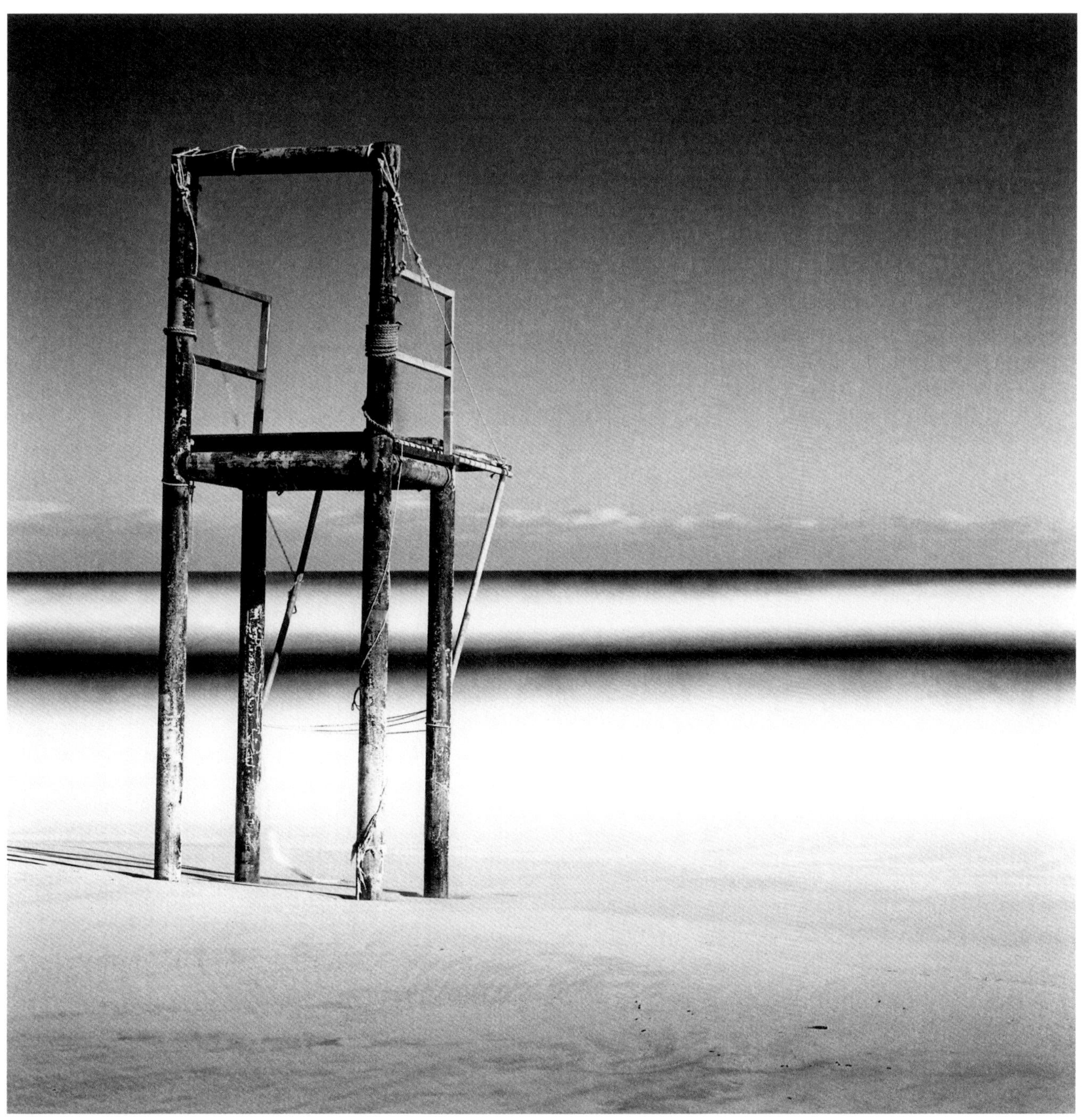

Tour de garde, étude 49, plage de Bongsudae, Gangwon-do, Corée du Sud, 2018.
Watchtower, Study 49, Bongsudae Beach, Gangwon-do, South Korea, 2018.

CHRONOLOGIE
SÉLECTIVE

SELECTIVE
CHRONOLOGY

1953
Naissance de Michael Kenna à Widnes,
Lancashire, Royaume-Uni.

1964-1972
Fréquente le St Joseph's College, à Upholland,
Lancashire, Royaume-Uni.

1972-1973
Fréquente la Banbury School of Art, à Banbury,
Oxfordshire, Royaume-Uni.

1973-1976
Fréquente le London College of Printing, Londres,
Royaume-Uni.

1977
S'installe à San Francisco, Californie, États-Unis.

1978
Rencontre la photographe Ruth Bernhard (1905-
2006), dont il commence à réaliser les tirages des
épreuves photographiques.

1979
Première exposition personnelle aux États-Unis,
Equivalents Gallery, Seattle, Washington, États-
Unis.

1980
Première exposition personnelle en Angleterre,
Oxford Polytechnic Gallery, Oxford, Royaume-Uni.

1981
Récipiendaire du prix Imogen Cunningham, États-
Unis.

1982
Exposition muséale personnelle, Infinity Gallery,
Governors State University, University Park, Illinois,
États-Unis.

1983
Exposition personnelle au Fox Talbot Museum,
Lacock, Royaume-Uni.

1984
Parution de la première monographie consacrée
à l'artiste, *Michael Kenna. Photographs*
(Weston & Stephen Wirtz Galleries).

1987
Premier séjour au Japon.
Parution de *Michael Kenna. 1977-1987* (Galerie
Min, Tokyo).
Expositions personnelles à la Galerie Min, Tokyo,
et au Center for Fine Arts, Osaka, Japon.

1988
Exposition personnelle itinérante à l'University
of the Pacific Museum, Stockton, Californie ; au
Long Beach Museum of Art, Californie ; au Tampa
Museum of Art, Floride, États-Unis.

1953
Michael Kenna is born in Widnes, Lancashire, UK.

1964–72
Attends St Joseph's College, Upholland,
Lancashire, UK.

1972–73
Attends Banbury School of Art, Banbury,
Oxfordshire, UK.

1973–76
Attends London College of Printing, London, UK.

1977
Moves to San Francisco, California, USA.

1978
Meets the photographer Ruth Bernhard (1905–
2006) and starts printing for her.

1979
First solo exhibition in the United States at the
Equivalents Gallery, Seattle, Washington, USA.

1980
First solo exhibition in England at the Oxford
Polytechnic Gallery, Oxford, UK.

1981
Receives the Imogen Cunningham Award, USA.

1982
Solo museum exhibition at the Infinity Gallery,
Governors State University, University Park, Illinois,
USA.

1983
Solo exhibition at the Fox Talbot Museum, Lacock,
UK.

1984
Publication of the first monograph on the artist,
Michael Kenna: Photographs (Weston & Wirtz
Galleries).

1987
First stay in Japan.
Publication of *Michael Kenna, 1977–1987* (Gallery
Min, Tokyo).
Solo exhibitions at Gallery Min, Tokyo, and the
Center for Fine Arts, Osaka, Japan.

1988
Traveling solo exhibition at University of the
Pacific Museum, Stockton, California; Long Beach
Museum of Art, California; and Tampa Museum of
Art, Florida.

1989
Receives the Institute for Aesthetic Development
Award, USA.

1989
Récipiendaire du prix de l'Institute for Aesthetic Development, États-Unis.

1990
Parution de *Michael Kenna* (Galerie Min, Tokyo).

1994
Parution de *Michael Kenna. A Twenty Year Retrospective* (Treville).

1995-1996
L'exposition « A Twenty Year Retrospective » est inaugurée au Photographic Center de Palm Beach, États-Unis, puis est présentée en itinérance au musée Nicéphore Niépce, Chalon-sur-Saône, et au Mois de la Photographie, musée Raoul Dufy, Nice.

1997
Premiers séjours à Hong Kong et en Chine.

2000
Michael Kenna fait don de sa série de photographies des camps de concentration au Patrimoine photographique, France (aujourd'hui Médiathèque du patrimoine et de la photographie). Nommé au grade de chevalier de l'ordre des Arts et des Lettres par le ministre français de la Culture.

2002
Participe à plusieurs expositions collectives au Japon : Tokyo Fuji Art Museum, Tokyo ; Hiroshima Prefectural Art Museum, Hiroshima ; Yokohama Redbrick Warehouse No. 1, Yokohama ; Hamamatsu Municipal Museum of Art, Hamamatsu, Honshū ; Shimonoseki City Art Museum, Shimonoseki, Honshū.

2003
Parution de *Japan* (Nazraeli Press). Participe à plusieurs expositions collectives au Japon : Tanabe Art Museum, Tanabe, Honshū ; Onomichi City Museum of Art, Onomichi, Honshū.

2003-2007
Exposition itinérante collective « Objectif Paris » inaugurée au National Council for Culture, Arts & Letters, Koweït City, Koweït, puis présentée en itinérance dans onze musées du Moyen-Orient, d'Inde et d'Asie de l'Est.

2004
Parution de *Retrospective Two* (Nazraeli Press).

2005
Premier séjour en Corée du Sud. Participe à plusieurs expositions collectives : National Gallery of Modern Art, Bombay, Inde ; CIMA Gallery, Calcutta, Inde ; Capital Library, Pékin, Chine.

2006
Premier séjour en Inde.

1990
Publication of *Michael Kenna* (Gallery Min, Tokyo).

1994
Publication of *Michael Kenna: A Twenty Year Retrospective* (Treville).

1995–96
'A Twenty Year Retrospective' opens at Palm Beach Photographic Centre, USA, then travels to the Nicéphore Niépce Museum, Chalon-sur-Saône, France; and Mois de la Photographie, musée Raoul Dufy, MAMAC, Nice, France.

1997
First stays in Hong Kong and China.

2000
Michael Kenna gifts his series of photographs of concentration camps to Patrimoine Photographique, France (now the Médiathèque du Patrimoine et de la Photographie). Awarded Chevalier of the Order of Arts and Letters by the French Ministry of Culture.

2002
Included in group exhibitions at the Tokyo Fuji Art Museum, Tokyo, Japan; Hiroshima Prefectural Art Museum, Hiroshima, Japan; Yokohama Redbrick Warehouse No. 1, Yokohama, Japan; Hamamatsu Municipal Museum of Art, Hamamatsu, Honshū, Japan; and Shimonoseki City Art Museum, Shimonoseki, Honshū, Japan.

2003
Publication of *Japan* (Nazraeli Press). Included in group exhibitions at the Tanabe Art Museum, Tanabe, Honshū, Japan; and Onomichi City Museum of Art, Onomichi, Honshū, Japan.

2003–07
The group traveling exhibition 'Objectif Paris' opens at the National Council for Culture, Arts & Letters, Kuwait City, Kuwait, then travels to eleven museums in the Middle East, India, and East Asia.

2004
Publication of *Retrospective Two* (Nazraeli Press).

2005
First stay in South Korea. Included in group exhibitions at the National Gallery of Modern Art, Mumbai, India; CIMA Gallery, Kolkata, India; and Capital Library, Beijing, China.

2006
First stay in India. Publication of *Hokkaido* (Nazraeli Press) and *In Japan* (RAM, Tokyo). The solo exhibition 'JAPAN' opens at the Tokyo Metropolitan Museum of Photography, Tokyo, Japan; then travels to the Palm Beach

Parution de *Hokkaido* (Nazraeli Press) et de *In Japan* (RAM, Tokyo).
Inauguration de son exposition personnelle « JAPAN » au Tokyo Metropolitan Museum of Photography, Tokyo, Japon ; puis itinérance au Palm Beach Photographic Centre, Delray Beach, Floride, États-Unis ; New Art Centre, Roche Court, Salisbury, Royaume-Uni ; Carré Amelot, La Rochelle.

2007
Inauguration de « Thirty Year Retrospective » au Shanghai Art Museum, Shanghai, Chine, puis itinérance au Banbury Museum, Banbury, Royaume-Uni.
Participe à plusieurs expositions collectives : musée des Beaux-Arts, Hô Chi Minh-Ville, Vietnam ; Centre culturel français, Hanoï, Vietnam ; Ayala Museum, Manille, Philippines ; Singapore City Hall, Singapour ; Jogja Gallery, Yogyakarta, Indonésie ; Gallery CCCL, Surabaya, Indonésie ; National Gallery of Indonesia, Jakarta, Indonésie.

2008
Premier séjour au Vietnam.
Exposition personnelle au Kushiro Art Museum, Kushiro, Hokkaidō, Japon.

2009
Parution de *Michael Kenna. Rétrospective* (Bibliothèque nationale de France) et de *In Hokkaido* (RAM, Tokyo).
Inauguration de l'exposition « Michael Kenna. Rétrospective » à la Bibliothèque nationale de France, Paris ; puis itinérance au Centro Andaluz de la Fotografía, Almería, Espagne ; Moscow Museum of Modern Art, Moscou, Russie.

2010
Parution de *Huangshan* (Nazraeli Press).
Expositions personnelles au Miyanomori Art Museum, Sapporo, Japon et au Shanghai International Art Exhibition, Shanghai, Chine.

2011
Premiers séjours à Taïwan et en Thaïlande.
Parution de *In France* (RAM, Tokyo) et de *Philosopher's Tree* (K.O.N.G. Gallery, Séoul).

2012
Parution de *Tranquil Morning* (K.O.N.G. Gallery, Séoul).

2013
Parution de *Shinan* (Nazraeli Press) et *A Journey Through Asia* (Tasveer Arts).
Récipiendaire du prix Hae-sun Lee de photographie décerné par la Photographic Artist Association of Korea, Séoul, Corée du Sud.
Inauguration de l'exposition personnelle « A Journey Through Asia » à Tasveer Arts, Bangalore, puis itinérance dans plusieurs autres institutions en Inde.

Photographic Centre, Delray Beach, Florida, USA; New Art Centre, Roche Court, Salisbury, UK; and Carré Amelot, La Rochelle, France.

2007
'Thirty Year Retrospective' opens at the Shanghai Art Museum, Shanghai, China; and travels to the Banbury Museum, Banbury, UK.
Included in group exhibitions at the Museum of Fine Arts, Ho Chi Minh City, Vietnam; Centre Culturel Français, Hanoi, Vietnam; Ayala Museum, Manila, Philippines; Singapore City Hall, Singapore; Jogja Gallery, Yogyakarta, Indonesia; Gallery CCCL, Surabaya, Indonesia; and National Gallery of Indonesia, Jakarta, Indonesia.

2008
First stay in Vietnam.
Solo exhibition at the Kushiro Art Museum, Kushiro, Hokkaidō, Japan.

2009
Publication of *Michael Kenna: Rétrospective* (Bibliothèque nationale de France) and *In Hokkaido* (RAM, Tokyo).
'Michael Kenna: Rétrospective' opens at the Bibliothèque nationale de France, Paris, France; then travels to the Centro Andaluz de la Fotografía, Almería, Spain; and the Moscow Museum of Modern Art, Moscow, Russia.

2010
Publication of *Huangshan* (Nazraeli Press).
Solo exhibitions at the Miyanomori Art Museum, Sapporo, Japan; and the Shanghai International Art Exhibition, Shanghai, China.

2011
First stays in Taiwan and Thailand.
Publication of *In France* (RAM, Tokyo) and *Philosopher's Tree* (K.O.N.G. Gallery, Seoul).

2012
Publication of *Tranquil Morning* (K.O.N.G. Gallery, Seoul).

2013
Publication of *Shinan* (Nazraeli Press) and *A Journey Through Asia* (Tasveer Arts).
Receives the Hae-sun Lee Photography Award from the Photographic Artist Association of Korea, Seoul, South Korea.
The solo exhibition 'A Journey Through Asia' opens at Tasveer Arts in Bangalore and travels to several other venues in India.
Included in a group exhibition at the Kushiro Art Museum, Kushiro, Hokkaidō, Japan.

2014
Publication of *China* (Posts and Telecom Press).
Included in a group exhibition at the National Art Museum, Beijing, China.

Participe à une exposition collective au Kushiro Art Museum, Kushiro, Hokkaidō, Japon.

2014
Parution de *China* (Posts and Telecom Press).
Participe à une exposition collective au National Art Museum, Pékin, Chine.

2015
Premiers séjours au Laos et à Singapour.
Parution de *Forms of Japan* (Prestel) et de *Kussharo Lake Tree* (Nazraeli Press).

2016
Parution de *In Hokkaido* (RAM, Tokyo).
Récipiendaire du prix Higashikawa Special Photographer, Hokkaidō, Japon.
Participe à une exposition collective au Irie Taikichi Memorial Museum of Photography, Nara, Japon.

2017
Parution de *Huangshan. The Yellow Mountain* (Nazraeli Press).
Exposition personnelle au Monogram Asia Space, Jakarta, Indonésie.

2018
Premier séjour au Cambodge.
Parution de *Michael Kenna. A 45 Year Odyssey* (RAM, Tokyo), *Rafu* (Nazraeli Press), *DMZ. The 38th Parallel* (Nazraeli Press) et *One Sunday in Beijing* (Editions Bessard).
Exposition personnelle au Tokyo Photographic Art Museum, Tokyo, Japon.
Participe à une exposition collective au Savina Museum of Contemporary Art, Séoul, Corée du Sud.

2019
Premier séjour en Birmanie.
Parution de *Korea – Part 1* (Galerie K.O.N.G., Séoul).

2020
Parution de *Buddha* (Prestel).
Exposition personnelle au Sunset Art Museum, île d'Aphae, Shinan, Corée du Sud.

2021
Exposition personnelle au Museum Kot-Deungg, Pyeongchang, Gangwon-do, Corée du Sud.

2022
Michael Kenna fait don de l'intégralité de ses archives à la Médiathèque du patrimoine et de la photographie, fort de Saint-Cyr, Montigny-le-Bretonneux.
Don de la série « Buddha » à la Fondation pour les sciences religieuses Jean XXIII, Bologne, Italie.
Promu au grade d'officier de l'ordre des Arts et des Lettres par le ministre français de la Culture.
Participe à une exposition collective au Piknic Art Space, Séoul, Corée du Sud.

2015
First stays in Laos and Singapore.
Publication of *Forms of Japan* (Prestel) and *Kussharo Lake Tree* (Nazraeli Press).

2016
Publication of *In Hokkaido* (RAM, Tokyo).
Receives the Higashikawa Special Photographer Award, Hokkaidō, Japan.
Included in a group exhibition at the Irie Taikichi Memorial Museum of Photography, Nara, Japan.

2017
Publication of *Huangshan* (Nazraeli Press).
Solo exhibition at the Monogram Asia Space, Jakarta, Indonesia.

2018
First stay in Cambodia.
Publication of *Michael Kenna: A 45 Year Odyssey* (RAM, Tokyo), *Rafu* (Nazraeli Press), *DMZ – The 38th Parallel* (Nazraeli Press) and *One Sunday in Beijing* (Editions Bessard).
Solo exhibition at the Tokyo Photographic Art Museum, Tokyo, Japan.
Included in a group exhibition at the Savina Museum of Contemporary Art, Seoul, South Korea.

2019
First stay in Myanmar.
Publication of *Korea – Part 1* (K.O.N.G. Gallery, Seoul).

2020
Publication of *Buddha* (Prestel).
Solo exhibition at the Sunset Art Museum, Aphae Island, Shinan, South Korea.

2021
Solo exhibition at Museum Kot-Deungg, Pyeongchang, Gangwon-do, South Korea.

2022
Michael Kenna donates his entire archive to the Médiathèque du Patrimoine et de la Photographie, France.
Gift of the Buddha series to the Foundation for Religious Sciences John XXIII, Bologna, Italy.
Awarded Officer of the Order of Arts and Letters by the French Ministry of Culture.
Included in a group exhibition at the Piknic Art Space, Seoul, South Korea.

2024
Publication of *Japan: A Love Story* (Nazraeli Press).
The solo exhibition 'Japan: A Love Story' opens at the Daikanyama Hillside Forum, Tokyo, Japan; then travels to Asia House, London, UK.

2024
Parution de *Japan. A Love Story* (Nazraeli Press).
Inauguration de l'exposition personnelle « Japan.
A Love Story » au Daikanyama Hillside Forum,
Tokyo, Japon ; itinérance à Asia House, Londres,
Royaume-Uni.

Michael Kenna par
Tsuyoshi Kato, 2016.

Michael Kenna by
Tsuyoshi Kato, 2016.

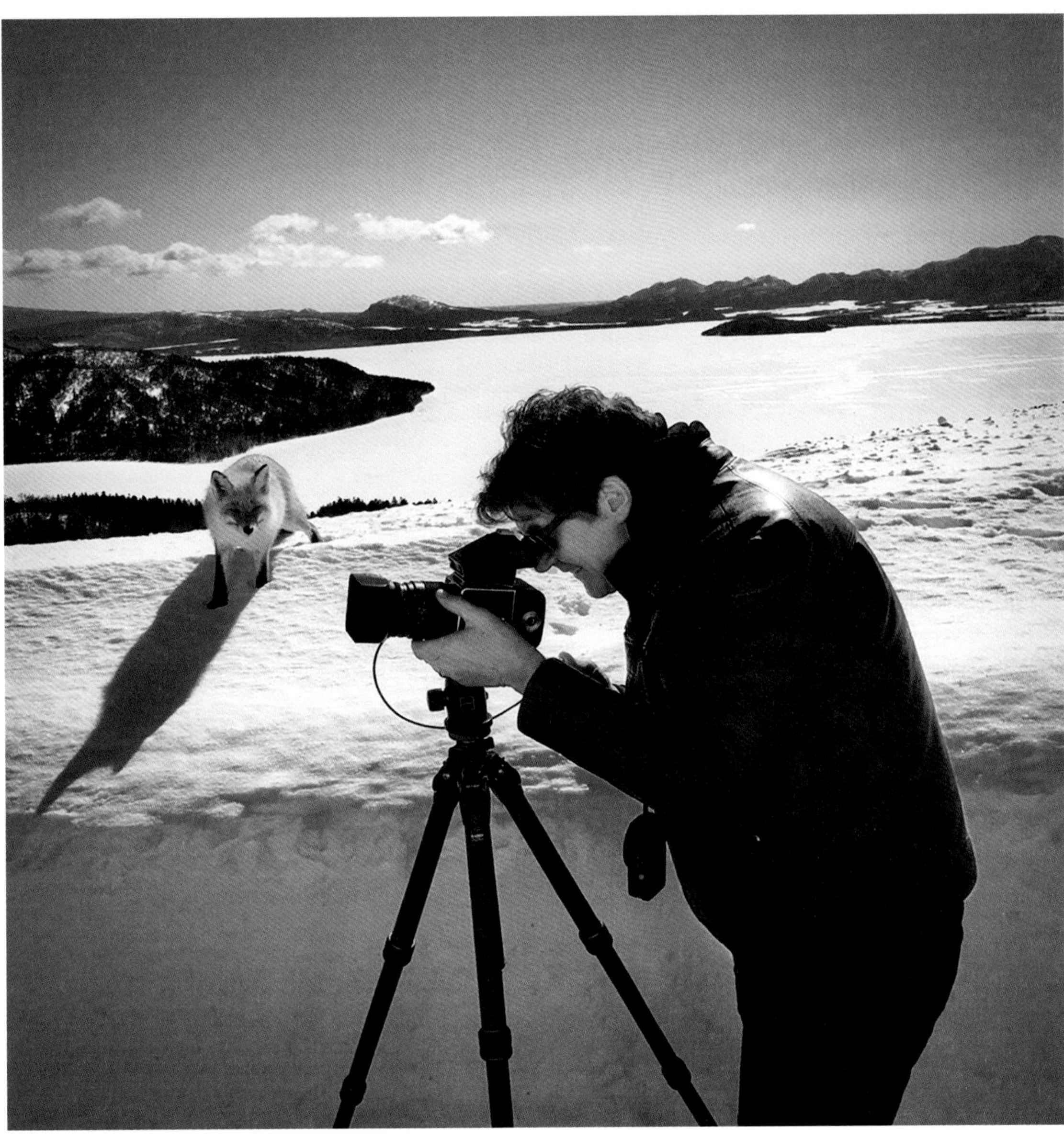

CRÉDITS PHOTOGRAPHIQUES

PHOTOGRAPHY CREDITS

ÉDITIONS SKIRA PARIS
14, rue Serpente
75006 Paris
www.skira-arte.com

Responsable des éditions
Editorial management
Nathalie Prat-Couadau

Responsables éditoriales du projet
Editorial coordination
Juliette Chambon
Maria Notó Mora

Responsable de projets éditoriaux et chargée de développement commercial
Commercial and Editorial project manager
Irène Rodriguez

Éditrice junior
Junior editor
Roxanne Rebours

Assistante éditoriale
Editorial assistant
Marion Duterque (stagiaire/intern)

Graphisme
Graphic design
Diane de Noyelle

Assistée de/ assisted by
Mathis Bécard

Maquette
Layout
Juliette Gresland

Traduction
Translation
FR – Christian Diebold
EN – Susan Pickford

Relecture
Copyediting and proofreading
FR – Sandrine Decroix
EN – Timothy Stroud

Photogravure
Colour separation
Litho Art

ISBN 978-2-37074-275-9
© Musée Guimet, 2025
© Éditions Skira Paris, 2025

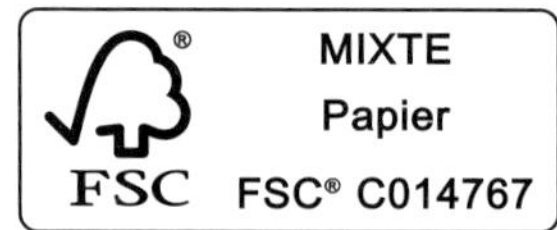

Cet ouvrage a été imprimé sur un papier certifié FSC et toutes les étapes de sa fabrication ont respecté cette certification qui encourage une gestion écologiquement adaptée, socialement bénéfique et économiquement viable des forêts de la planète, à travers des matériaux issus de forêts bien gérées, de matériaux recyclés et de matériaux issus d'autres sources contrôlées. www.fsc.org

This book has been printed on FSC-certified paper, and all stages of its manufacture have complied with this certification, which supports the environmentally appropriate, socially beneficial and economically viable management of the world's forests, using materials from well-managed forests, recycled materials and other controlled sources. www.fsc.org

Achevé d'imprimer en mai 2025 sur les presses de Graphius à Gand, Belgique.
Dépôt légal juin 2025.

Printed in May 2025 by Graphius, Ghent, Belgium.
Legal deposit June 2025.